听见孩子

一线名师给你育儿支招

吴海燕 著

浙江教育出版社·杭州

前　言

每个人来到这个世界，最深切的渴望是被人看见，被人听懂。大人如此，孩子亦是如此。

"听"的繁体字是"聽"，它的左上角是个"耳"字，表示听到的事实；左下角是个"王"字，表示"耳听为王"，告诉我们要尊重听到的事实；右下角是个"心"，代表人的情绪，心上"一"横，告诉我们要将人的情绪放在心上。我们的老祖宗造字是多么有智慧呀，一个"聽"字，就蕴藏了这么多的玄机。

听见孩子，读懂情绪，很多专家有自己独特的理论架构。杭州师范大学刘宣文教授曾经给我们讲过他的"三听"理论：当你竖起耳朵听见孩子说的字面意思，只关注孩子行为时，不算看见孩子；当你睁开眼睛，听见孩子内在的情绪，关注孩子情绪背后的想法和感受时，说明你开始看见孩子；当你敞开心扉耐心聆听，听见孩子情绪背后的意图，并开始理解接纳孩子的心理需求时，说明你开始真正看见孩子、读懂孩子了。

基于刘教授的"三听"理论，我构建了适合父母聆听孩子情绪、读懂孩子需求的育儿体系。

耐心听完	用心听见	尽心听懂	理解接纳	协助解决
竖起耳朵，认真听清孩子讲述的内容	睁开眼睛，用心听见孩子的想法和感受	敞开心扉，尽心听懂孩子的心理需求	用同理心理解接纳孩子的不良情绪，鼓励孩子进行情绪调节	鼓励孩子直面问题，自己解决问题，致力于培养孩子解决问题的能力

为了验证自己的理论是否通用，差不多有两年时间，我每天一睁开眼睛，就主动搜寻生活中的育儿困惑。这些问题都是真实发生的案例。我先竖起耳朵耐心聆听孩子或家长的问题，再用心听见他们的想法和感受，敞开心扉听懂他们的心理需求，理解并接纳他们的不良情绪，及时给予疏导，调节他们的不良情绪，鼓励他们直面问题，协助他们解决问题。终极目标是引导父母培养孩子解决问题的能力。

案例来源生活，我将其改编成适合家长阅读的统一结构——"三段式"："问题触发器"以简短的形式呈现问题；"过程巧沟通"以教育剧本对话的形式教会家长如何与孩子沟通、共情，试图通过一些精准的话术，切中问题要害、痛点，以期达到解决问题的目的；"育儿小妙招"阐述沟通技巧背后的理论依据，让家长明白为什么要这样沟通，沟通的路径、方法是什么。每个案例还原事实，既具特殊性，又具普遍性，是大众生活的映照，对解决家庭教育中普遍存在的类似疑难问题，有一定的借鉴、指导意义。

在将近600个日日夜夜里，我重复着看似单一枯燥，但又意义非凡的工作：出门采访并收集使人困惑的育儿案例，通过沟通的形式协助家长解决孩子成长中的问题；回家阅读各类家庭教育书籍、文章，寻找支撑沟通的理论依据；整理各个案例的沟通流程和技巧；以统一模式，呈现给对方。根据他们的反馈，我再进行修改、调整，对文章千锤百炼，真应了那句古话"文章不厌百回改"，越改越精彩。

从刚开始写好文章发朋友圈，以期得到友人的回应，到邀请家有小孩的同事阅读文章，以期得到实用的答复，再到完成近20万字的书稿，自己反复重写、修改，实在是殚精竭虑、呕心沥血的创作历程。

所幸，不管是未婚的年轻人，还是拥有多个子女的宝妈，抑或是文学界和心理学界的专家，他们在读了我的几篇文章后，产生了极大的阅读期待。他们为教育界能出这样一本实用的家庭教育书籍感到非常欣慰。刘宣文教授多次肯定地对我说："吴老师，你的书肯定能成为一本经典畅销书。"他的话极大地鼓舞了我，更加坚定了我出书的决心和信心。

希望本书能给你们带来一些触动和帮助，协助你们解决育儿过程中碰到的困惑，也期待这本书能成为你们育儿的宝典。

吴海燕
2024年4月30日

CONTENTS 目录

第1章 能力锻炼场

透过"随便"看本质
——如何引导孩子学会选择 …………………………… 003

拒绝拖拉,做时间的掌舵人
——如何培养孩子管理时间的能力 …………………… 007

问世间"探究"为何物
——如何培养孩子的探究能力 ………………………… 012

追蝴蝶的孩子
——如何挖掘孩子的学习内驱力 ……………………… 017

朗读训练,打开孩子理解力之门
——如何提升孩子的语言理解力 ……………………… 022

多用感官,多管齐下
——如何训练孩子的专注力 …………………………… 027

受骗源于轻信,被盗源于轻心
——如何引导孩子提高防诈骗意识 …………………… 032

都是试卷太难惹的祸
——如何引导孩子学会自我觉察 ……………………… 037

给他们写封信吧
——如何引导孩子学会解决问题 ……………………… 041

被施了"魔法"的"精灵"
——如何训练多动孩子 ………………………………… 045

不要闻打架色变
——如何正确对待孩子打架问题 ……………………… 051

退一步海阔天空
　　——如何直面孩子交往中的冲突 ························ 055

第 2 章　习惯养成区

幼小衔接，你准备好了吗
　　——如何做好小学新生入学准备 ···················· 063

前三年塑形，后三年养心
　　——如何树立小学每个学段的目标 ················ 069

没有规矩，不成方圆
　　——如何给孩子立规矩 ································· 074

双向奔赴，共护成长
　　——如何守护原则和规则 ····························· 078

细节入手，细行律身
　　——如何培养孩子自主学习的能力 ··············· 082

腹有诗书气自华
　　——如何引导孩子爱上阅读 ·························· 088

习惯养成容易改变难
　　——如何改变孩子上学迟到的习惯 ··············· 093

你是孩子一对一的金牌辅导师
　　——如何有方法地辅导孩子 ·························· 098

享劳动之乐，悟劳动之美
　　——如何培养孩子的劳动意识 ······················ 105

让劳动为孩子成长赋能
　　——如何培养孩子的劳动能力 ······················ 109

第3章 情绪把控室

你要做金刚侠
　　——如何引导孩子敬畏生命 ················· 117

冲动是魔鬼
　　——如何处理孩子打架问题 ················· 123

制造"例外"，寻找教育契机
　　——如何寻找改变问题孩子的突破口 ········· 127

乘满船星光，渡爱之舟楫
　　——如何处理孩子突发的不良情绪 ··········· 132

先处理情绪，再处理事情
　　——如何调节孩子的情绪 ··················· 137

调控马达，做情绪的小主人
　　——如何提高孩子的自控力 ················· 142

莫把任性当个性
　　——如何正确理解个性 ····················· 147

聆听心声，读懂孩子
　　——如何引导抗拒上学的孩子进教室 ········· 151

蹲下身子，聆听孩子心声
　　——如何与孩子建立情感联结 ··············· 155

第4章 德育直播间

长幼有序，和睦友爱
　　——如何养育多个孩子 ····················· 163

行稳才能致远
　　——如何养育跑得更远的男孩 ··············· 168

谁动了我的"奶酪"
　　——如何引导犯错的孩子自我反省 ………… 173

播下梦想的种子
　　——如何引导孩子从小树立梦想 ………… 178

父母不做孩子成长的绊脚石
　　——如何教育犯错的孩子 ………… 185

做有担当的小小少年
　　——如何引导犯错的孩子承担责任 ………… 189

亲其师，方能信其道
　　——如何培养孩子的向师性 ………… 193

明是非，养正气
　　——如何引导孩子关注时事热点 ………… 197

爱没有方向，但爸爸一直是导航
　　——如何培养孩子的感恩之心 ………… 201

第5章 沟通艺术厅

你会激励孩子吗
　　——如何学会表扬 ………… 207

"比"字头上两把"刀"
　　——如何少拿孩子作比较 ………… 213

在孩子心中种一棵"正向"之树
　　——如何与负向语言说再见 ………… 218

父母的言行里藏着孩子的未来
　　——如何引导孩子拒绝不文明的语言 ………… 222

不要在孩子面前诋毁另一方
　　——如何给予孩子安全感 ………… 225

走近孩子，聆听需求

　　——如何真正看见孩子 ·· 229

第6章　青春萌发园

有爱就请大声说出来

　　——如何引导孩子正确欣赏异性 ································ 235

大教无痕，慧眼识友

　　——如何引导孩子结交良友 ·· 240

不是孩子不争气，只怪游戏太有趣

　　——如何引导孩子正确认识网络游戏 ························ 245

晓之以理，辅之以心，导之以行

　　——如何引导孩子走出情绪困扰 ································ 255

他山之"玉"，可以攻"石"

　　——如何引导孩子进行理性分析 ································ 260

我捅破了"窗户纸"

　　——如何满足青春期孩子的好奇心 ···························· 265

投其所好，顺水推舟

　　——如何引导叛逆的孩子接纳意见 ···························· 270

静以修身，俭以养德

　　——如何引导孩子克服攀比心理 ································ 275

第7章　成长规划廊

守护乡音，让方言流动起来

　　——如何重视方言传承 ·· 281

循序渐进，自主分房

　　——如何引导孩子分房睡觉 ·· 285

5

孟母三迁，择善而居
　　——如何重视孩子教育 ································ 289

条条大道通罗马
　　——如何培养不善学习的孩子发展专长 ················ 294

麻将桌上的教与学
　　——如何挖掘"麻将精神" ···························· 299

职业规划要从娃娃抓起
　　——如何提前做好孩子的职业生涯规划 ················ 303

不做"隐形"父亲
　　——如何参与孩子的成长 ···························· 308

朴实无华，情真意切
　　——如何写家长会发言稿 ···························· 313

后　记 ·· 318

第1章

能力锻炼场

如何培养孩子管理时间的能力？

如何挖掘孩子的学习内驱力？

如何训练孩子的专注力？

透过"随便"看本质

——如何引导孩子学会选择

问题触发器

前几天,亲戚朋友的几个孩子来我家做客。我热情地接待了他们,端出很多种水果,询问他们喜欢吃什么。临近中午,我准备午饭,征求他们的意见问他们爱吃什么、想吃什么。下午我带他们去武坑老家玩,问他们想先去哪个景区玩。

然而,他们的回答异曲同工:"随便""无所谓""由你了""问他们吧"。

过程巧沟通

同样的情境再次出现在我家。有一天,已经读高中的外甥女来我家找我女儿辅导功课。女儿临时有事不在家,她就问我:"小姨,我要先学什么?具体怎么安排?"

我告诉她:"你现在已经读高中了,应该有自己的选择。"

她弱弱地说:"小时候,妈妈常常陪在我身边,什么时候该干什么,妈妈都会帮我安排好,我只管照做就可以了。上初中住在学校里,老师很负责用心,也会把作业时间安排得满满的,就像做好很多菜,由我们挑选着吃,不需要我去思考这些问题。所以我现在懒得自己安排,等姐姐回来再说。"

我皱了皱眉头,半开玩笑道:"如果姐姐临时有事,不回来了,你该怎么办?难道就让时间白白流逝吗?"

她可能没有想到这点，愣了愣，然后说："那好吧，我就随便拿出一样作业先做吧！"

"怎么能随便呢？"我继续引导，"你可以梳理盘点今天所有的学习内容和作业情况，在本子上简单地罗列出来，然后斟酌哪些内容是自己认为比较重要的，需要先完成的，排在前面。或者哪些内容是自己独立能完成的，不需要别人辅导的，排在前面，再循序渐进地安排其他的内容。把大计划拆成小目标，一步一步完成。"

她点点头，若有所思。

我继续出谋划策："其实规划的方法有很多，你可以根据自己的想法来设计，我都支持你。在这个过程中，如果产生了一些疑惑，需要我的协助，可以提出来，我们商量着来。"

她有点犹豫，但在我的鼓励下，首次独立完成了作业安排，尽管速度有点慢，动作有点生疏。她长吁了一口气："不梳理不知道，这么多任务没有完成，我得加快速度了。"于是她埋头学习，我没有再打扰她。

下午，为了提高她自主选择的意识，我特地带她去街上买衣服、鞋子。整个过程中，她很想让我帮她选择，我都婉言拒绝了。我告诉她："你得跟从自己内心的选择，喜欢哪样，大胆说出来。如果你愿意，可以告诉我喜欢的理由。我会尊重你的选择和决定。哪怕选定的衣物拿回去不喜欢，也是自己成长的一次机会，别错过我给你创造的自由选择的机会哦！小美女，你得有主见。"

育儿小妙招

"随便""无所谓""由你了""问他们吧"……类似这样的回答在我们生活中并不少见。这些回答是体现了孩子礼貌谦逊、客随主便，还是能透过"随便"看到其他的本质呢？

首先，孩子们人生中的每一次成长、每一个决定，可能在父母的庇佑下，被"忽视"了，被"包办"了，被"随便"了。因为有些父母为了孩子少走弯路，表面上征求孩子的意见，实则心中早有决定。孩子即使做出选择，也会被父母无情否定、拒绝。父母强势的控制欲，导致孩子没有选择的余地。久而久之，孩子就下意识地不做选择，没了自己的主见，成了生活的巨婴。父母无形中剥夺了孩子本该在实践中学会的选择能力。

其次，孩子接触太多的电子产品，上面的信息图文并茂、绘声绘色，他们只要睁着眼睛被动接收信息就可以了，不需要太多的思考。久而久之，孩子们形成惰性思维、惯性思维，从而丧失了思考力，没了主动选择的意识和能力。

怎样才能培养有主见、能独立思考并会做出正确选择的孩子呢？

一、给足爱和尊重

当孩子每一次面临选择时，父母都要以朋友的身份、平等的态度、商量的口吻询问孩子的意见，给予足够的耐心和包容，聆听孩子内心的真实想法，把话语权还给孩子。哪怕孩子的选择不是很正确，父母也不是很认同，抑或父母心中早已有了选择，也请鼓励、表扬孩子的勇敢表达。如果不是原则性的问题，请充分尊重孩子的选择，让孩子在实践中试错、总结，培养他们的主见。

二、创造选择的机会

孩子选择能力的培养离不开实践体验，包括生活中的吃穿用行，学习上的计划安排，家里的大小琐事……父母要把孩子当作家里的一分子，让孩子参与家庭大小事务的讨论，征求孩子的意见，让孩子大胆表达内心的创意想法，鼓励他们与大人讨论，培养孩子的选择意识和选择能力，让他们在自己关心的事上尝到自主选择的快乐。

三、给予有限的选择

很多孩子，特别是年龄较小的孩子，他们心中根本没有选择的概念，当然也没有掌握一定的选择技巧。因此在没有固定答案的情况下，他们面对选择很茫然，也很难做出选择。例如，问孩子今天中午吃什么，孩子脑海中一下子想不出有什么菜。对此，父母可以说出几个菜供他选择。如：中午喜欢吃年糕，还是喜欢吃面条？买衣服时，这两件衣服，你更喜欢哪件？为什么？放学回家写作业时，你可以由他自己决定先完成语文作业还是数学作业。父母可以缩小选择范围，让孩子在有限的范围内参与选择，主动思考，然后果断选择。

爱和尊重，是孩子敢于选择的底气；创造选择的机会，是锻炼孩子自主能力、培养主见的开始。给予有限的选择，降低选择的难度，让孩子不再抗拒选择，动起脑瓜主动思考，勇敢地做自己。

拒绝拖拉，做时间的掌舵人

——如何培养孩子管理时间的能力

问题触发器

周末，我与两位朋友一起去爬山。她们同时向我咨询，说家里的孩子太磨叽了，能否给支几招。

小溪告诉我，孩子6岁，马上上小学，每次让她干什么事，孩子总回应"等等"，然后继续玩自己的，停不下来。她除了催促别无他法，但孩子越是被催动作越慢。

小斐告诉我，孩子上小学六年级，周一到周四，做作业速度还可以，到了周末就开始磨叽。例如，有个周末，孩子要写一篇演讲稿参加学校的比赛，她一整天坐在电脑前浏览网站，等写好已经是下午5点了。

过程巧沟通

我让小溪举个生活中孩子磨叽的例子。

她告诉我："昨天晚上，孩子在玩玩具，玩了很久。到了该睡觉的时间，我让孩子赶紧洗漱。孩子就是不肯，说要再玩会儿。"

我若有所思，根据年龄判断："孩子年龄还小，她对时间没有概念，所以让你等等。现在正是培养习惯的黄金时间，你得抓紧调整。"

"怎样建立时间观念呢？"她迫不及待地问。

我想了想，告诉她："培养孩子的时间观念，需要专业的训练。培养好习惯需要 21 天,你要做好坚持的准备哦!"

小溪很感兴趣,催促我快点讲。

"首先,你不要给孩子贴上'磨叽'的标签,要学会欣赏自己的孩子。"

她一脸惊讶:"动作慢,不听指挥,怎么欣赏?"

我跟她半开玩笑道:"你不要总盯着孩子的缺点看,要善于用发现美的眼光去寻找孩子身上的闪光点。比如,孩子长时间专注干一件事,你能否发现她的专注力很强,她一直在拼搭积木,既动手又动脑……"

"对哦,我怎么没有想到。"小溪的眼睛忽闪了一下。

"表扬她的同时,你准备一个秒表,与孩子商量她再玩多久去洗漱。孩子可能会告诉你再玩十分钟。然后你启动秒表放到孩子面前,告诉她计时开始。你可以在过了五分钟的时候,告诉她时间已经过半,让她建立对时间初步的概念,然后在最后一两分钟不断提醒她剩余的时间,提醒孩子时间紧迫。训练几次,孩子慢慢就会培养出良好的时间管理能力。"顿了顿,我忽然想起了另外一个训练孩子时间观念的小妙招,"你可以陪孩子玩'一分钟游戏',让孩子在一分钟内跳绳、夹弹珠、听妈妈讲故事……这既可以训练专注力,又能让她感受一分钟内可以干哪些事,培养她珍惜时间的观念。"

小溪听后,微笑着表示很受用,晚上回家试一试。

小斐听完急了:"我家大孩子也可以用这个方法吗?"

我摇摇头,告诉她:"我给你另外一套方案试试。同样的,回家你要先好好表扬姑娘。"

小斐一脸疑惑:"一整天蹲在网上游荡,一篇作文写了一天,我还要表扬她?"

"你如果要写一篇完全没有写过的陌生领域的演讲稿,拿起笔就能写吗?你要花多久才能写好?"我对着她连续抛出两个问题。

她沉默了。

我继续道:"孩子能上网大量浏览别人的文章,多么好学;孩子愿意花一天的时间去充实自己,拓宽自己的视野,多么有恒心有毅力;孩子没有寻求家长的帮助,自己解决问题,多么能干独立……"

"天哪，被你这么一说，我真要回家去好好表扬孩子了。"她恍然大悟，"不过我如果要培养孩子的时间观念，该如何做呢？"

我看了看两位好朋友，意味深长地告诉她们："养成一种习惯需要21天，改变一种习惯至少90天。小溪家的孩子年龄小，处于养习惯的阶段，比较容易。而小斐家的孩子正值青春期，又养成了一定的习惯，改变一种习惯需要更多的时间和精力。"我忽然想起另一个办法，"你们家首先要召开家庭会议，全家人围坐一起，对孩子的表现进行隆重表扬，然后以商量的口吻告诉孩子，妈妈找到了能让她变得更加优秀的秘诀，询问她愿不愿意改变。如果孩子答应了，再与孩子一起，拿出作业，估算每样作业的完成时间，做上时间标记。最后启动秒表，开始计时写作业。孩子每完成一样作业，打个钩。中间记得安排休息、运动、吃东西的时间，劳逸结合。作业全部完成后，要与孩子一起总结，哪些时间把握得较好，哪些地方需要改进。你们可以适当建立奖惩制度，当孩子尝到了管理时间带来的甜头，享受你们的赞誉，慢慢就会尝试改变习惯，养成管理时间的能力。这对她适应初中生活很有帮助。"

两位朋友匆忙与我作别，急着回家去试一试这些方法。

育儿小妙招

孩子是否具备时间管理能力，直接影响学习效率和学习成绩。而孩子不是天生会管理时间的，需要父母后天加以训练培养。

一、勤于表扬，善于肯定，培养孩子的自信心

好孩子是夸出来的。父母要独具慧眼，多寻找、多发现孩子身上的闪光点，并加以表扬肯定。父母鼓励的话语是打开孩子自信心大门的钥匙，是与孩子沟通的密码，善于表扬的父母更容易跟孩子建立良好的亲子关系。关系和谐了，情感自然就融洽了，这时父母说的话，孩子更愿意听、更愿意接受、更愿意改变。

二、联结行为，借助钟表，建立时间观念

时间是个抽象概念，孩子小时候是没有时间观念的，需要父母有意识地加以训练培养。如父母先与孩子商量，征求孩子同意，双方达成共识。然后联系行为进行训练，借助闹钟、秒表计时。比如妈妈每过五分钟提醒孩子一次，是为了让孩子感知时间。父母可以借助两只手，告诉孩子时间已经过半，只剩一只手的时间；也可以借助一杯水或一杯牛奶，喝掉一半，告诉孩子时间犹如这些食物，也只剩一半了。计时执行到后期，可以不断地提醒孩子剩余时间，加强孩子对时间概念的感知，使其感受到时间紧迫。

为了更好感受时间流逝，使时间概念更明朗，父母也可以与孩子一起玩"一分钟游戏"，如一分钟跳绳，一分钟做口算，一分钟夹弹珠……让孩子充分感受一分钟的时长，让时间变得可知可感，从而让孩子体会时间的宝贵，学会珍惜时间。

三、家庭会议，协商讨论，教会孩子规划时间

父母天天紧跟孩子屁股后面，催着孩子抓紧时间，犹如唐僧念紧箍咒，越催孩子越磨叽。父母的催促会带来一系列负面影响，如孩子内心很紧张、焦虑、烦躁，甚至对自己的行为丧失信心，觉得自己不够好。

授人以鱼，不如授人以渔。催促孩子去干一件事，不如借助家庭会议，通过协商讨论，引导孩子学会规划时间、管理时间。让孩子做事有计划有目标，对所做的事有具体时间安排，有准备、有措施、有步骤、有改进，不仅让孩子有条不紊地打理自己的生活和学习，也帮助他们更好地处理各种事务。

他们会明白：今日事，今日毕，及时完成才能从容不迫。

四、劳逸结合，张弛有度，体会父母之爱

《道德经》里有云"持而盈之，不如其已"，告诉我们凡事不求盈满，方能避免盛极而衰。孩子的学习也一样，父母不能把时间安排得太满。如果孩

子长时间处于紧张的学习状态，精神得不到放松，压力得不到释放，容易产生疲倦感，精神涣散，效率不高。父母在指导孩子规划时间时，要让孩子学会劳逸结合，张弛有度，注意休息，吃点东西，看一会儿书，运动一下……总之父母要做孩子的贴心人，要提醒孩子准时休息，而不是催促孩子快点学习。父母要让孩子充分感受到关爱和体贴，孩子才会在爱的滋养下学得更好、走得更远。

问世间"探究"为何物

——如何培养孩子的探究能力

问题触发器

糯糯住在姥爷家快一个星期了，我偶尔去他家蹭饭，顺便帮他培养好习惯。为了让他充分体验农村生活，检验他的感觉统合协调能力，我准备为他量身打造独特的体验课程：接触大自然，培养探索精神、探究能力。

过程巧沟通

有一天，我们呼朋引伴，邀请了几个同龄小伙伴，一起去小溪里捉小鱼，背着自制网兜去探险，捕捉知了……

一路上，糯糯很兴奋，对此次活动充满了期待和幻想，叽叽喳喳的，就像快乐的小麻雀，不断地询问着等会儿的活动事项，我也耐心地讲解着。

到达目的地，他第一个跳下车去寻找新鲜事物。然而，一只大手拉住了他的小手："不准去，牵着姥爷的手！危险！"他的笑脸顿时凝固了，满脸不情愿。

我提醒他的姥爷姥姥："山里车少，很安全，让他放飞自我吧！"可能碍于我是老师，姥爷没再说什么，但牵着的手丝毫没有要放开的意思。

来到小溪边，孩子欢呼着准备挽起裤腿下水摸鱼，这时姥爷又来"温馨提示"："当心山里水凉，感冒了怎么办？站在岸上用网兜捕捞吧！"

姥爷的再次制止似乎没有影响孩子想要玩耍的急切心情，他乖顺地拿起网兜在水里上下狂舞着，对面的舅舅打着手电筒为他照明，姥姥站在岸上，笑得很慈祥，我站在原地。

十几分钟过去了，什么鱼也没有捞到。

我们又改为捉知了。一行人来到一棵枣树下，树有点高，长在小溪的岸边，溪岸有一点小高度。夏天天气炎热，溪里的水很浅。在我看来，这里很安全，大人只要告诉孩子注意事项，应该不会出意外，再说我小时候是摔着长大的，所以没觉着有什么危险。可孩子还没有迈出第一步，姥爷就一个箭步冲上来，拽住孩子的手，大声告诫道："不能过去，这个太危险了，网兜给姥爷，姥爷给你捉几只知了玩玩就可以了。"

没等我反应过来，姥姥拽住了孩子，姥爷冲向了枣树，捕捉起知了。

孩子试图挣脱姥姥的手冲过去，边扭捏着身体，边大声嚷嚷："姥爷，让我自己捉吧，我想自己来。我从来没有玩过这些，求求您让我捉一只玩玩吧！"

看着孩子那渴望的眼神，我好心提醒："我们是陪着孩子来玩的，你要让孩子去探索、捕捉，体会捉知了的乐趣哦！"

"那哪行呀！溪岸这么高，万一孩子摔倒了怎么办！太危险了，摔出个好歹来，我怎么给女儿女婿交代呀！我捉几只给他玩玩就可以了。"姥爷一口回绝了我的提议，似乎没有任何可商量的余地。

我只好陪着孩子坐在岸边的石头上，眼巴巴地看着。

过了一会，姥爷满头大汗地提着自己的战利品——三只知了回来了，嘴里念叨着自己小时候捉知了、捉蚂蚱的光荣历史："想当年，我……"

我琢磨着，怎么跟他们讲讲关于孩子探究大自然的重要话题。我想起一次培训，一位海归科学家分享的关于"探究"的话题，于是我对大家说："大家听好了，我来给你们讲一个故事。"

我看大家的好奇心已经被我吸引起来了，于是娓娓道来："去年，我去南京培训，非常幸运地听了一位刚从美国归来的知名科学家的讲座。他说自己去过美国、韩国、日本、加拿大等十几个国家的大学讲学，调查过这些国家的大学生，问他们小时候印象最深的探究活动是什么，小时候有没有因为爬树或者掏鸟蛋等探索大自然奥秘的活动而摔伤了手和脚。当时最大的感受是欧美国家的大学生和中国的大学生的回答截然不同。"

"有什么不同？这倒奇了怪了。"叔叔很是好奇，催我继续往下讲。

"欧美国家的大学生在小时候因为好奇心而进行探究活动导致手脚骨头受伤的概率达70%左右，而中国的数据仅为2%~5%。"

听完我的话，姥爷马上拍手叫好："看，还是我们中国教育让孩子更安全呀！"

我没有回应姥爷的话，继续道："这些数据也许不是很精准，因为只是抽取了部分大学的部分学生来调查。但从数据来看，足以说明我们的父母对孩子保护较好，但也剥夺了很多属于孩子的探究活动。他很为我们的创造能力担忧呀！"我忧心忡忡。

舅舅忽然想起了什么，接过话茬道："哦，我想起了网上的一幅漫画，有个孩子想爬树探究一些奥秘。爷爷马上跑过来扛起孙子，把孩子顺利送上树杈。当孩子要往更高的树杈攀登时，爷爷马上搬来梯子，让孩子顺着梯子往上爬。爷爷在下面扶着，周边一群家人拉着毯子围着，以防孩子掉下来，可以稳稳接住。"

我感慨道："表面上看，漫画中的家长对孩子呵护有加。事实上他们剥夺了孩子的探险机会，破坏了孩子的冒险探究行动，不利于探究精神品质的养成，这是教育的悲哀！"

"好，我们回到刚才的话题。"我将大家的思绪拉回到讲座的内容中，"科学家针对这些调查数据，对一些家长进行了跟踪采访。其中有几位家长也是科学家，文化层次高，重视教育。"

"我很好奇这些家长是怎么说的。"舅舅一脸迫不及待。

"家长们也深感无奈，因为现在孩子都是父母手心里的宝贝，捧在手上怕摔了，含在嘴里怕化了，孩子是家庭的希望，为了孩子的安全，家长每天提心吊胆，哪敢让孩子出去自己撒野呀。"我叹了口气，"他们还告诉这位海归科学家，大家生活在城市，工作太忙，没有时间带孩子常去大自然探究。"

"家长也想让孩子像自己小时候一样，爬到树上看小鸟孵蛋，趴在地上看蚂蚁搬家，下雨天聆听雨拍打在树林里发出的美妙声音……一切的一切是父母们向往的，魂牵梦萦的……"我总结道。

舅舅也叹了一口气："时代不同，这代孩子远离大自然，整天和水泥地、高楼大厦为伍，已经没有了我们这代人对土地的热爱，踩在土地上嫌脏，看见毛毛虫害怕，更不要说上树下海探险了。"

姥爷姥姥若有所思，也感慨道："我们的应试教育、我们的养育方式让这代孩子迷失了方向。看来我们老人要转变观念，学会放手，让孩子多接触大自然，多探险、多探究。"

"来，糯糯，拿着网兜，自己去捉知了吧！注意脚下安全哦！"姥爷不放心地讲述着注意事项，可孩子早已跑远了……

育儿小妙招

不同时代造就不同的孩子。20世纪六七十年代的人吃别人没有吃过的苦，做别人没有做过的事。他们敢闯敢干，冒险、探究精神俱佳。八九十年代的人，独生子女居多，他们娇生惯养，缺少精神磨炼，不够吃苦耐劳，但有个性，有想法，特立独行。"00后"的孩子正赶上好时代，国家实行二胎三胎政策，大部分父母可以养育多个子女。孩子们不再受长辈独宠，有兄弟姐妹陪伴成长，他们不再孤单。许多父母来自独生子女家庭，小时候成长的经历，让他们感受到了当时所受教育的弊端，会尝试着改变教育方向，重视知识，重视素质教育，也重视精神培育。

如何培养孩子的探究能力呢？

一、设计探究项目，激发探究欲望

孩子生来对大自然的一切事物葆有好奇心，而这好奇心正是促使孩子进行探究的起点和动力。有了好奇心，孩子才有探究欲望。

生活中，父母要做孩子探究的点灯人，有意识地设计一些适合不同年龄孩子的探究项目，并对整个探究流程有清晰的规划，避免探究活动随意、盲

目。例如，去什么地方，体验什么活动，需要引导孩子产生哪些疑问，又准备如何引导孩子主动参与体验。最后还要对此次探究活动进行总结，将动态的探究活动转化为隐形的知识储备，让孩子对每次探究活动葆有好奇心和探究积极性。

二、联系生活实际，拓宽探究空间

儿童的一切探究活动都离不开生活，所以我提倡父母将孩子的探究活动生活化。让孩子多多参与家庭劳动，进行探究体验，获取生活小技能；让孩子多多参与社会集体活动，体验同伴合作的互帮互助精神；让孩子常常亲近大自然，聆听阵阵鸟鸣声，触摸大自然的生灵，呼吸新鲜的空气……父母要极尽所能地创造让孩子亲近大自然的机会，做最好的玩伴，陪伴孩子成长。

生活处处皆是探究空间，皆可探究。父母要做生活有心人，尽量"开疆拓土"，拓宽孩子的探究空间。只有这样，孩子的生活本领才会提高，审美能力才会得到熏陶，视野也会变得开阔。

三、鼓励自主参与，培养探究能力

儿童心理学家皮亚杰认为："一切真知都应由学生自己获得，或由他重新构建，而不是草率地传递给他。"父母要以生活为探究的训练场，鼓励孩子主动参与进来，多动手、多动脑、多体验、多提问，对什么事都葆有探究意识，让探究真正发生。不管何时，孩子永远是探究的主体，父母只是引导者、合作者、陪伴者。父母不要做为孩子搭建高楼大厦的建筑工人，而要做教会孩子自己搭建高楼大厦的灵魂设计师。

只有这样，孩子的探究意识才能被激发，探究欲望才能萌发，探究思维才能得到发展，探究能力才能得到培养，实践才能出真知。正如皮亚杰所强调的：儿童只有自发地、具体地参与各种活动，大胆形成自己的假设并努力去证实，才能获得真实的知识和才能，思维也会得到迅速发展。

追蝴蝶的孩子

——如何挖掘孩子的学习内驱力

问题触发器

前段时间，我看到微信朋友圈里有一句话："被老虎追着跑的孩子固然跑得快，但永远没有追着蝴蝶跑的孩子跑得远。"这句话意味深长，让人回味。这句话中的"老虎"是不是像极了生活中老师和父母的催促，而那蝴蝶就是孩子的主动性、内驱力，简单理解就是孩子的学习兴趣、学习动力。

由此联想到当班主任时，我常常听家长们抱怨，自己家的孩子平时学习做作业，不是发呆，就是磨叽。一会儿喝口水，一会儿上厕所，一会儿找点吃的……总想着法儿找点事干，就是不愿干正事——学习做作业。

而这时的父母只能追在孩子的屁股后面，不停地催促"快点，来不及了"，再夹杂点"河东狮吼"。孩子越被催促越磨叽，越被吼越没有学习兴趣。随后家长和孩子就此发生冲突，"战争"一触即发。

这样的情况，生活中时常上演，屡见不鲜。可是一旦让孩子们干点自己喜欢的事，如打球、玩游戏，他们可能就充满活力，精神抖擞。

怎样让孩子变成"追蝴蝶的人"，主动追逐自己的梦想，主动爱上学习呢？周末朋友小聚，我们饶有兴趣地聊了起来。

过程巧沟通

小凡说:"从小到大,作为独生子女的我尝尽了学习的苦。爸妈是老师,他们总是逼着我读书、写作业,很烦人!所以我后来厌学了,爸妈没办法,只得选择妥协,由着我的性子学习。结果差点连普高都上不了,只好去读师范。"

"你是赶上好时代了,学习不好,还有机会上师范。我们这一代赶上师范是热门专业,没考上一段线根本读不了好的教育专业。"小溪委屈巴巴地说。

小凡点点头表示庆幸,他问我当时的读书情况:"麦子,你小时候应该很喜欢读书吧?"

我苦笑一下,思绪万千:"作为'70后'的我,对于读书是没有太多概念的。那个时候,你想读,就自己去读;不想读,父母也不会管着你。当时一日三餐都成问题,我又是单亲家庭的孩子,母亲巴不得我不要上学。"

"啊,不可能吧!"大家表示怀疑。

于是,我给他们讲起了我小时候的故事。

在那个贫穷的20世纪六七十年代,物资极其匮乏。父亲早亡,母亲要养活我们兄妹俩,生活是非常艰难的,更别说让我们好好上学了。

但母亲又极其开明、倔强。她让我们兄妹俩早早地分担起养家的责任,参与干各种农活。从记事起,我们就被母亲早早催起床,跟着她下地干活,插秧、割稻子、除草、打农药、摘橘子……印象中,我干过大人能干的所有活。穷人的孩子早当家,现实活脱脱地把我们变成了干农活的一把好手。我们小时候常被村子里的人夸懂事、孝顺、能干。在大人们的夸赞下,我们有使不完的劲,尽管生活很苦,但我们一家依然觉得很幸福。

同时,母亲瞄准了改革开放的大浪潮,总想着自己去做点小生意,试图发家致富。她去北京卖过服装,由于文化程度低,在北京打拼了几个月,亏完本钱沮丧地回了家。后来她又积极寻找发家致富的新路径:发展农业、养珍珠蚌、养兔子、办养猪场……

然而,一次次的努力都没能让家庭富裕起来。于是,母亲改变了策略,告诉我们:"读书是唯一的出路。"

9岁那年，我被送去学校上学。可一直散漫惯了的野丫头，宁可回到地里干农活，也不愿被约束着，端坐在教室里聆听老师上课，尽管那时的老师几乎不布置作业。

母亲一次次地拿着小棒赶着我去上学。我不知是因为贪玩，忘记把书包放哪里了，还是因为不想上学，故意把书包弄丢，反正隔三岔五，母亲总要通过村里的小广播，为我寻找书包。

就这样浑浑噩噩到五年级暑假的前几个星期，母亲实在没有办法，只好把我领回家，教我做服装（母亲是做服装的师傅）。她严格按照对待学徒的要求来对待我：早上5:30起床，晚上加班到9:00，有时上门来要求做服装的活很多，中午没有午休，晚上加班到更晚。

想想那时的母亲真够狠的，让我承包了所有学徒的活：锁纽扣孔、缝纽扣、踩缝纫机……但母亲又不得不承认我一学就会的灵巧劲。母亲曾经一度就要放下执念，让我不再上学。她不断在我耳边灌输："挺好，不用再读书了，家里多了一个赚钱养家的人，减轻我的负担。再大点，找个村里的老实人嫁了……"

她每天在我耳边念叨着："不要上学了，不要上学了……"反倒使我怀念起学校，想念学校的同学和老师。

"我想回学校读书。"有一天，我坚定地告诉母亲。可是母亲犹豫了，不知道是故意的激将法，还是真铁了心不让我上学，就是不同意。

我也不是省油的灯，一旦认定一件事，就会软磨硬泡。母亲终究没有拗过我，勉强答应我回到学校上学，但有个条件：放学、放假必须帮她打下手，学费自己解决。

越不让我学习，我越发喜欢学习，似乎跟母亲杠上了。一会儿被母亲忽悠着，假期去地里贩卖西瓜、甘蔗之类的水果；一会儿又被叫去村里戏班子前卖茶叶蛋。印象中，从那以后，我不是做点小生意，就是去打零工，每年暑假，还去粮仓帮忙……从此，学费有了着落。

我属于天生越挫越勇的人，母亲越不让我学习，我越要狠狠地学。从那以后，我每天挤时间学习，经常挑灯夜读。我通过两年的努力，终于补上了前几年荒废的学业。

初中时，刚好是中城中学最辉煌的时期，十里八乡的孩子都向往到这个学校读书，因为这里有一批非常优秀的老师。由于我是学区内学生，自然就被分配到这所学校。幸运之神再次降临在我的头上，我们这届的师资配备很好，这批老师现在都成了名师。

我在老师们的培养下，越学越有动力。在老师"一个故事，一个学霸人物"的榜样激励下，我居然也变得疯狂起来，凌晨2点，我家的灯还亮着。早上天刚蒙蒙亮，我就起床练体育弱项——跑步。那时我全靠老师的鼓励和榜样的引领，母亲对我完全是不管不顾的。

初三那一年，通过层层选拔，我以第一名的成绩，参加了台州地区的物理、化学竞赛。比赛那天，见到了我从没有见过的美丽校园，我震惊了，原来外面的世界这么精彩。

于是，我在心中定下一个目标：我要离开小山村，我要出人头地。

初中毕业考，我考出了优异的成绩，甚至超过了我的学霸同桌。但由于家庭条件限制，我毫不犹豫选择了教书育人的师范专业，因为学费全免，还有每月60元的生活补助，可以解决我的生活问题。

从此，那个曾经被母亲追着跑的孩子，找到了心中的那只蝴蝶，一路追逐着，奔赴自己的星辰大海。

大家听了我的故事，都入了迷。小凡感慨道："我很庆幸自己生在一个好时代，富足的时代，不用为上不了学而忧愁。但我身在福中不知福，倒是在父母的逼迫下尝尽学习的苦头，心累啊！"

"麦子妈妈的教育，倒值得我们这一代父母效仿，逼着孩子学习是学不好的，我们要学会智慧放养，让孩子自己选择心中的蝴蝶，追着梦想前行，才有学习的动力！"小溪做了最后的总结。

育儿小妙招

"被老虎追着跑的孩子固然跑得快，但永远没有追着蝴蝶跑的孩子跑得远。"这句话给了我们很大的启发。

一、外力驱动，跑不远

被师长催促学习的孩子，由外力驱动，尽管在拼命地奔跑，但如果没了外力的推动，他可能就跑不动了，不跑了。我原先是一个被"老虎"追逐的孩子，缺乏学习动机——内驱力。迫于家庭的生计、母亲的"小棒"威胁恐吓等外力的驱动，我被动学习，所以到了五年级，学业还是一团糟，连书包都经常找不到。可见外力驱动的孩子走不远。

二、内力驱动，易成功

追着蝴蝶跑的孩子，兴趣使然，知道自己想要什么，要干什么，目标非常明确，所以就会产生内驱力，驱动他去付诸行动，努力奔跑，然后越跑越快，越跑越有兴趣，再越跑越远……因为喜欢，所以愿意追逐；因为喜欢，所以愿意坚持；因为坚持，所以筑梦成功。

后来的我在母亲的安排下，充分感受到了工作的辛苦，与学习的轻松自在产生了鲜明的对比，所以开始为自己的行为负责，选择重新回学校读书。可母亲不同意了，我因为想学而不得，母亲越不同意，越激发了我的学习期待和学习内驱力，越发好学、爱学，从"要我学"变为"我要学"。我不仅拿回了学习主动权，还要逆"风"而行，不仅要学习，还要负责赚取学费，生活虽苦却快乐。

努力的孩子最好命，命运之神向我投来橄榄枝。我进了好学校，分进好班级，碰到好老师，参加了竞赛取得好成绩，看到了外面的世界，参观了名校，增长了知识，确立了人生的新目标。机会属于有准备的人，从此以后，我的人生因为内在驱动、主动学习而变得多姿多彩、一帆风顺。

我就像追蝴蝶的孩子一样，因为有了梦想而有了方向，然后朝着梦想愉快地上路，越跑越有劲，越跑越有兴致，越跑越远。

朗读训练，打开孩子理解力之门

——如何提升孩子的语言理解力

问题触发器

我接到一个孩子爸爸的电话，他告诉我，晚上教孩子作业，情绪崩溃了，一个题目他反复讲了五遍，孩子来来回回订正，结果还是错。他不知道该怎么办，是孩子没走心，没有认真听，还是孩子悟性不够，难以理解。他问我有没有什么办法，让我帮帮他。

过程巧沟通

我问他，类似的情况常常发生，还是就一次。如果只有一次，有可能是孩子身体不舒服，或者是情绪不佳造成的，抑或是外界的干扰影响了专注度。

孩子爸爸告诉我，孩子听不进分析、不理解的情况常有，在做数学应用题和语文阅读理解时尤为明显，语文、数学老师都找他沟通过。

"这应该是孩子理解能力不强造成的，伴有语言表达和认知上的落后。"孩子爸爸有点不理解，我解释道，"孩子在读语文课文时，是否常常卡顿，添字漏字，长句子不知道断句在哪里，读得甚至有点支离破碎……"

"对对，读课文时老是磕磕巴巴，有时都不知道读些什么。我真心着急，总是坐在旁边不断提醒她。"孩子爸爸着急地问，"对待这样的孩子，有什么办法可以训练提升她的语言理解能力吗？"

"能力是可以通过后天的耐心培养得到提升的。"为了给他打气,我毫不犹豫地回答。

星期六下午,他们父女来到我家,父亲拜托我看看他女儿具体是什么情况,并请求我对她进行简单的培训,提升孩子对语言的理解力。

我先跟孩子进行了简单的互动,借此过程观察孩子的思维、表达是否流畅,然后递给她一本课外书《夏洛的网》,让她专心看书,并按下秒表记录阅读速度。

借着孩子看书的空隙,我与孩子爸爸进行了一次深度沟通,了解到孩子一年级时,他曾经带孩子去专业的医院和感统训练中心做过检测,并按照医生指示训练了一段时间,当时的诊断是孩子的视觉广度偏窄,切换能力较同龄人偏弱。他还告诉我,孩子小时候基本是外婆带的。父母因为工作较忙,很少与孩子交流、沟通、互动。

这些反馈基本验证了我的初步判断。

孩子读完《夏洛的网》两个章节,用时34分钟。我在与她交流阅读收获时,发现她关注到了小说的一些情节和人物的品质,这比我想象中好得多。我亲切地表扬她,她很高兴。

然后,我拿来一篇课外阅读文章,让孩子读给我听,孩子出现了读书磕巴、添字漏字、读错字、长句子读得不流畅等情况。在阅读过程中,孩子碰到不认识的字,就会失去往下猜读的信心。她用祈求的眼神看着我们,犹如战战兢兢的小鹿,让她有感情地朗读几乎不大可能完成。

我在脑海中不断地搜寻着训练朗读的方法,结合孩子视觉广度不够、切换能力不佳的问题,我尝试着将长句子画上停顿符号,使之变短,让她再读一读,孩子果然不再卡顿。接着我又尝试着将一些形容词、关键词标上重音符号,一边示范一边教给她一些基本的发音方法。如气沉丹田,声音往下走,腰腹用力,想象口腔就像一个大山洞,里面装个大苹果,换气时偷偷地将尾音拉长,就像排放汽车尾气,辅以专用的朗读手势。又用手按住她的腰腹,提示她用正确的方法换气,用气息朗读。碰到不会的词语,停下来,教她反复读几遍。在我的耐心引导与鼓励下,孩子变得自信起来,读书不再磕巴，添字漏字也明显减少，居然读得很有感情。

坐在旁边的孩子爸爸很震惊，他激动地说："麦子老师，太神奇了，孩子的问题在您这里终于找到了解决的办法，而且效果这么神奇。让我想起了孩子上小学前，跟一个老师学过播音主持，那个老师的方法特别好，孩子也特别喜欢，能背下每篇主持稿，那个老师的方法跟您的差不多！"我笑笑，告诉他，我曾经请台州电视台工作人员辅导过我家姑娘两次，这些方法就是那时偷偷学的。经过多年的摸索改良，加上自己教学的经验整合，联系生活实际，想不到这方法用在孩子身上刚刚好。

孩子爸爸跃跃欲试，也拿来一篇文章，按我的训练思路和方法：画节奏、标重音、重复读陌生词组，努力先将词组读流畅，换气时偷偷拉长气息放慢气息（注意"汽车尾气"排放出来，不要收得太快，断崖式换气不可取）……

这个爸爸很有悟性，居然把我的一招一式全部照搬移植，俨然成了一位专业的老师，与孩子学得不亦乐乎。

我让他们回家每天坚持朗读，持续一两个月，直到孩子一拿到文章，便能绘声绘色地读对停顿与重音，再来找我，我再教她做阅读理解的方法和策略。

他们迈着坚定的步伐，踏着暮色回家去了。

一周后的一天，我接到一个电话："麦子老师，你猜猜，我这次期中考试考了几分？"听声音，她有点激动。没等我去猜，她就迫不及待地告诉我："93分，这是我第一次考这么高的分数。谢谢您哦！"

育儿小妙招

有些孩子先天不足，加上后天缺少亲子陪伴，导致语言、认知方面有缺陷，并伴有理解能力弱、语言表达能力不强、成绩滞后的表现，连带着影响别的功课。比如理解能力弱会影响考试时审题，做数学题时无法理解应用题内容等。其实就是底层逻辑出了问题，抽象思维不成熟。

如果孩子理解能力弱，将直接影响语文的阅读理解。学好语文的基础，首抓阅读理解训练，而朗读训练能很好地提高阅读理解能力。著名作家、诺贝尔文学奖获得者莫言认为朗读可以帮助记忆，发挥了重要作用。

朗读能训练孩子的专注力。孩子在朗读训练中，需要用眼睛看文章，用嘴巴发出声音，用耳朵听自己有没有读错，用心去感受文字传递的情感。这是多种感官合作下完成的一项协调性训练。多种感官向大脑传递信息，大脑处理信息、输出信息，这是很好的感统训练、专注力训练。

朗读能激发孩子的记忆潜能。朗读能让大脑处于"真空"状态，让孩子排除一切杂念，对文字进行处理加工。口腔、肌肉、大脑等全方位运动，能很好激活大脑的额叶、颞叶、顶叶，使大脑处于兴奋状态，释放多巴胺，帮助打开大脑表层和深层的记忆回路，改善记忆品质。

朗读可以增加孩子的自信心。父母每天对孩子进行十分钟的朗读训练，无形中培养了孩子的语言感知能力，即语感。孩子变得自信而勇敢，自然能赢得很多锻炼展示的机会。孩子上台展示将会获得大众的认可和赏识，由此形成良性循环，孩子性格变得活泼，提升了自我表现力，人也就变得更自信、阳光，由内而外大放光彩。

朗读也能提高孩子的习作表达能力。"读书百遍，其义自见""熟读成诵"，古人有很多这方面的心得体会。孩子在大量朗读的基础上，积累丰富的词汇，习得多样的表达形式。朗读的过程，就是孩子感知语言、添砖加瓦的过程。孩子站在巨人的肩膀上，进行借鉴模仿，潜移默化地习得语言，培养语感。这有利于语言直觉思维能力的形成，从感性上、直觉上、整体上去体会文章精髓，提升语言理解能力。

如何激发孩子朗读的兴趣呢？

一、亲子共读，授之以渔

亲子共读，把大声朗读变成家庭生活中每天的一项重要活动。刚开始，孩子还没有习得方法，感悟能力没有得到很好的锻炼培养。父母可以示范指导，并辅以简单的朗读方法。如上述案例中的断句画节奏、长句子变短等方法，缩短孩子目之所及的视觉广度，让孩子读得没有压力，读得更有兴趣。另外，传授一些音断气不断的偷偷换气、延长气息、过渡气息等小技巧。之后，学习标出重音、强调重点词的读法小诀窍，如重音轻读、重读、长读、短读、跳读等方法。最后与孩子一起感悟文章传递出来的情感，读出感情。经过一年半载的训练，孩子习得一定方法后，父母再尝试放手让孩子独立朗读，养成良好的大声朗读习惯。

二、积极鼓励，提供展台

兴趣是最好的老师。最好的激发兴趣的方法就是以身作则、示范引领。身教胜过言教，对于低幼儿童来说，过多传授方法如同"隔靴搔痒"。对孩子来说，最好的教育方法就是示范。父母绘声绘色、声情并茂地朗读，比正常朗读要夸张一点，可以使孩子模仿起来更加有兴趣。有时也可以借助专业的音频，让孩子多听多模仿语气语调。父母不要管孩子读得如何，尽量少批评，而是给予言语上的鼓励。哪怕孩子读错，也不要当场打断。负面的反馈会让孩子产生畏难情绪，害怕自己出错而丧失朗读积极性。等孩子读完了，再婉转指出，孩子愿意改就改，不愿意也不要强迫，这毕竟只是平时的训练，不同于学校里的课文朗读。父母训练的目的是激发孩子的朗读兴趣，要求可以适当放宽，不必苛刻。

孩子通过长期训练，具备一定的朗读能力之后，家庭可以开个小小展示会，孩子做主角，站到家庭成员面前大声诵读。孩子读完时，家人给予掌声鼓励，投以赞许的目光，一个拥抱、一个眼神、一句勉励的话语，会让孩子自信满满、精神抖擞。

多用感官，多管齐下

——如何训练孩子的专注力

问题触发器

小长假，我和几个朋友小聚。其中一个朋友一副担忧的样子，她告诉我，孩子读一年级，放学去接孩子时，老师好几次告诉她，孩子的注意力不集中，上课小动作特别多，喊他时又愣在那没反应，每节课认真听讲坚持不了五分钟。朋友发愁，不知道怎么办才好。

过程巧沟通

看着朋友满脸愁容，我让她具体描述一下孩子的表现。她告诉我："昨天刚刚接到老师的电话，反映孩子上课不听讲，一会儿碰碰同桌，一会儿钻到桌下翻找东西，一会儿拿出橡皮翻转……老师发出指令'一二三，请小朋友看黑板'，全班小朋友都齐刷刷地看黑板了，他像没听见一样，呆坐在那儿，两眼无神。"

"你有没有问过，孩子最长学习时间大概能坚持多久呢？"我问道。

朋友叹了口气告诉我："上课坚持不了五分钟！学习根本跟不上，快一年了，我心里很着急！可外面一有风吹草动，他反应倒挺灵敏，切换能力比谁都快！"

"我理解你的心情，这是一年级小朋友比较普遍的现象，因为低段小朋友以无意注意为主，我们可以通过感统训练提升他们的学习专注力。"我提醒道。

　　家里有娃的朋友听了我的话，顿时来了兴趣，催促我："怎么训练，赶紧给我们讲讲，我们都很需要。"

　　于是，我向他们分享了我带这届孩子两年来的专注力训练经验，回忆起三年前自己初见这班孩子时的情景。

　　这届孩子比较特殊，刚接管时，我就发现孩子们上课思维活跃，但专注力严重缺失，集中注意力不到五分钟，孩子们就东倒西歪，各干各的去了。我差不多要每隔五分钟强调一次纪律，大把时间花在管控上，严重影响上课效率。

　　究其原因，一方面可能是隔代养育较多，宠溺过度，孩子的专注力无形之中被破坏了；另一方面可能是部分父母不懂养育，忙于工作，散养为主，未能有意识地训练专注力；还有几个孩子情况特殊，发育没有完善，需要时间去成长。

　　鉴于上面种种原因，依托抖音平台，我采用了新型的专注力训练方法，借助音乐、舞蹈、喜剧等形式，让孩子唱一唱，舞一舞，演一演，无形中训练了孩子们的各种感官。他们的素质得到了提升，思维变得敏捷，自信心增强了，学习变主动了，关键是专注力也发生了质的变化。

　　我将每次训练过程拍摄成短视频，配上合适的动感音乐，放到抖音平台上。这既给孩子们一个展示的舞台，又可以长期将视频资料保留下来，供家长们在家辅助训练。

　　朋友们一听，都关注了我的班级抖音号。其中一个朋友提出疑问："这是你们班级训练的办法，确实挺好的。作为家长，我们在家该怎么训练呢？"

　　我微笑着表示赞赏："你问到了点子上，说明你是一个很有智慧的妈妈。"朋友听了我的夸赞甚是开心，催我赶紧列举一些可以操作的便捷的训练办法。

　　我告诉他们："训练专注力，其实很简单。你只要带孩子多玩，多用五官，引导孩子用眼睛多看、用鼻子多闻、用嘴巴多尝、用耳朵多听、用十个手指多做事、用心多感受，就能训练孩子的感官协调能力。运动是治疗感统失调最好的良药，其次是多带孩子去接触大自然，利用自然疗愈法，省钱又省心。我们还可以通过饮食疗法、生活疗法、学习疗法、医院疗法、机构矫正疗法等修复孩子的感统失调问题，训练孩子的专注力。"

育儿小妙招

什么是专注力？专注力即注意力，在心理学范畴上是指较长时间内，仍把注意力集中在某一活动上的能力。通俗地讲，指孩子能把视觉、听觉、触觉等感官集中在某一事物上，一边听，一边思考，捕捉别人说话的要点和重点，理解别人所要表达的意思，达到认识该事物的目的。专注力是一切学习的开始，是孩子最基本的适应环境的能力。

专注力包括哪些维度呢？浙江师范大学王志寰教授告诉我们，专注力训练分为三个维度：一是专注力时间持续度的训练。比如训练孩子的专注力，今天训练五分钟，明天训练六分钟……日积月累，拉长训练时间，这样的训练对孩子是有效的。二是专注力广度的训练。训练孩子眼睛所及的合适宽度。太宽，容易分心；太窄，容易发愣，恰到好处才是王道。三是专注力切换能力的训练。比如上课，老师一会儿让他看黑板，一会儿让他看大屏幕，一会儿又让他用眼睛追踪老师的脚步，这是考验孩子的视觉切换能力——敏锐的反应力，一个字："快"。

为什么相同的老师教的同一个班的孩子，专注力差距会那么大？除去先天的因素外，后天父母的重视程度，有意识的训练，对孩子的影响有多大呢？

家长在孩子学龄前不小心有过哪些破坏孩子专注力的行为呢？

小时候，孩子在专心致志地自娱自乐，探索着世界，大人们总会时不时地过来"嘘寒问暖"："饿了吗？渴了吗？要上厕所吗？吃水果吗？"亲一下，抱一下……不管孩子愿不愿意，一边让孩子玩，一边干着大人以为的"大事"，不断破坏着孩子们的专注力。这样的家长很难带出一个专注力强的孩子。所以，当一个孩子沉浸在自己的"事业"中时，家长不要干扰他，最好走开。这有利于孩子专注力持久度的培养。

怎样训练孩子的专注力呢？除了上面提到的方法外，还有哪些有效、有趣的路径呢？

一、环境渲染，兴趣激发

嘈杂喧闹的环境不利于孩子专注力的养成。当孩子专注于自己喜欢的事情时，父母尽量给他创造安静舒适的环境。如孩子上小学做作业，尽量给他腾出固定的学习房间；量身打造书桌，旁边放上书架，摆上书；让孩子在固定时间内，在他专属的房间里学习、写作业，有利于专注力的培养。

二、任务驱动，赏罚分明

家里墙上张贴专注力训练奖惩表格。每天放学回家，先与孩子聊一聊今天的作业有哪些，让孩子预估完成每样作业需要的时间，做上记号。然后用计时器计时，每当孩子在规定的时间内完成任务，给予适当的积分奖励；没有按时完成任务，分析延迟的原因。如果是拖拉磨叽导致的超时，采取事先商量好的惩罚方式，扣掉一定的分数。最后与孩子一起约定固定兑换时间，如一周兑换奖品一次，家长通过奖惩培养孩子的时间管理能力和专注干好一件事的把控能力。

三、运动先行，音乐熏陶

有专家说，运动能改善孩子的感统失调，提高孩子的专注力。父母可以选择一些弹跳类、球类运动对孩子进行长期训练，非常有效。如跳绳、运球、打乒乓球、打羽毛球、打篮球等，训练孩子的手眼协调能力、视觉追踪能力。为了激发孩子的训练积极性，父母可以变着花样练习。小小的乒乓球，可以对打、独打；篮球，可以朝前看准目标精准投篮，朝后凭着感觉投篮等。总之，要最大程度地开发新的训练项目，让孩子在轻松愉悦的运动中训练专注力。

有研究表明，音乐不仅能陶冶情操，愉悦身心，还能提高智力。孩子接触不同的音乐，学习各种乐器，可以使手指灵活，神经发达，从而很好地改善专注力，提高课堂学习表现。

四、亲子共读，方法引领

家长绘声绘色地给孩子讲故事，可以培养孩子的模仿力、语感和专注力。方法是家长一边讲，一边让孩子预测故事情节，培养孩子的想象能力和发散思维。讲完故事后让孩子续编故事、复述故事，培养孩子的语言表达能力和记忆力。中间也可以鼓励孩子多提几个为什么，培养孩子的质疑提问能力，提高孩子的思考能力。亲子共读，家长引领，孩子专注地聆听，努力地思考，挖空心思地提问，顺畅地表达，能让孩子的感觉统合能力得到有效训练，提高孩子学习的专注力。

五、设计游戏，长情陪伴

孩子喜欢玩，父母就花时间陪着他们玩。但这个玩不是玩电子游戏，而是设计儿童喜闻乐见的五感游戏。如用扑克牌算24点、打地主、开火车、听数复述、点鼻子点眼睛、听口令抢礼物、正话反说、听固定数字站起来、拍水果顺风耳、听固定词语拍拍手、"母鸡下蛋"、打保龄球等，家长通过长期的亲子游戏训练，提高孩子专注力。

训练时，要注意一些原则：时间上由短变长，难度系数上由易到难。父母满足了孩子的需求，孩子自然与其亲密，亲子关系更加融洽。

方法千千万万，父母既要有所借鉴和传承，又要和孩子边玩边创编属于自己的独有游戏项目。坚持训练很重要，不要三天打鱼，两天晒网。

受骗源于轻信，被盗源于轻心

——如何引导孩子提高防诈骗意识

问题触发器

一天中午，我收到一条短信，阿华告诉我，现在的骗子太狡猾，常常趁虚而入，诓骗孩子。最近，她女儿就被骗了。周五那天，孩子收到一条短信："祝贺你获奖了，可以免费获得十次抽奖机会，百分之百中奖，最大红包几百元，赶紧点击链接，输入验证码，以免错过中大奖的机会。"孩子想都没想，就按提示操作了。结果阿华的手机中了木马，银行账号被盗，损失了好几万元。

过程巧沟通

"麦子，在吗？"好友阿华发来了一段语音。

我马上回复："在呢，有事吗？好久不见，甚是想念哦。哈哈！"

"中午，我在朋友圈看见你写的教育类文章，触动很大。"阿华中间略有停顿，接着又发来一段语音，"麦子，你写写提醒孩子防诈骗的文章吧！现在的孩子太单纯，太容易相信别人了，缺乏防范意识。这不，上周我家女儿……"说完这件事，他忽然又似乎担心什么，提醒了我一句，"麦子，千万别提是谁说的，孩子挺伤心的。"

"是啊，不管谁碰上这事，都会伤心。我们家也发生过一件被骗的事呢！女儿为这事难过了好几天。"

"啊，骗子真是无孔不入啊！你们家被骗的经过是怎样的？"

于是，我跟他聊起了发生在我们家那件被骗的事。

我们一直教育女儿要善良，同学之间能帮则帮，女儿也一直秉承我们家的家训，但想不到，善良反被"善良"误，女儿无地自容了很久。

2020年寒假，正逢南京新冠疫情暴发。这牵动着女儿那颗善良的心，她跟南京的同学保持着密切联系，嘘寒问暖，言语中充满了温暖的关怀。

一天凌晨，她坐在沙发上，焦急地打电话。刚好我上厕所，她告诉我："妈妈，我的室友估计遇到了麻烦，她向我借钱急用。"还没有睡醒的我只是随意问了一句："以前她向你借过钱吗？"

"常借的。"

"都还了吗？"

女儿白了我一眼："当然还了，有借有还，再借不难。"

我思索片刻："南京的同学一个月没有出门了，估计碰到点难事，咱们能帮就帮一把吧！"

女儿有些犹豫："可是她借的数目比平时大很多，我没有这么多钱。"

这时，她爸爸被我们的谈话声吵醒了，一向在金钱上对女儿有求必应的他，马上接话道："把账号发给爸爸吧，我来帮你汇。"

我们在这件事上意见一致，都觉得要借。

过了十几分钟，女儿推开了我们的房门，推醒已重入梦乡的我："妈妈，我觉得不对劲，我感觉被骗了。"她一脸难受，似乎想哭。

我们立马起来，大脑异常清醒，大致听孩子将经过捋了捋。

疑点一：借钱时间在凌晨2点左右，有点不正常，但由于疫情期间情况特殊，所以这个问题被我们忽略了。

疑点二：女儿给同学打电话，提示关机，对方用QQ留言说手机欠费停机，没有通过语音通话，无法辨别是不是同学本人。

疑点三：对方发了一张表哥受伤脚缠着绷带住院的照片，借钱是用来缴住院费，借钱理由充分，但一直没有出现人脸。

疑点四：同学平时借钱基本是几十几百元，这次借钱数目是5000元，当女儿说没有这么多钱时，对方不断改口减少金额，最后提出借2000元。

疑点五：汇钱时，同学发的是收款二维码，收款人是表哥的名字。

疑点六：很急，很急，对方一直催着女儿赶紧汇钱。

…………

疑点重重！

可以断定，我们被骗了，而且在单位、学校组织"防诈骗"宣讲之后被骗了。

女儿很难受，也很自责。看得出来，这对她的打击很大。

说到这里，阿华接话了："啊，那你们是否批评教育孩子了？"

"我们第一时间对她不是指责、迁怒，不是怪她没有告诉我们细节，不是怪她太单纯，反倒安慰她。她爸爸是天生的乐天派，半开玩笑道，'没事，钱是小事，这件事让我们积累了防诈骗实战经验。'可孩子听了更加难受，红了眼，哽咽着告诉她爸爸，不是钱的问题，就是觉得心里特别难受。我知道，她耿耿于怀的是栽在自己的单纯、善良上，她懊悔，她无地自容。"

阿华叹了口气说："哎，可怜了孩子，可恶的骗子。不过你们作为父母处理事情很棒，先安抚孩子的情绪。"

"是啊，我当时抱着她安慰她，'妈妈懂，你心里难受！想哭就哭吧……'"

"后来你们报警了吗？"阿华追问道。

"好不容易熬到早上8点，我们去派出所报案、做笔录。尽管我们知道，这种案件很难侦破，可能永远停留在侦查阶段，但我们选择了报案，希望能通过我们的案例，警醒更多的人，为警察提供一些防骗资料。"

"麦子，你说得对。为了避免别人继续踩你们踩过的坑，我们需要大声告诉世界。后来你跟女儿又做了哪些交流呢？"

"我们一家三口坐下来，开了一次家庭会议。我们与孩子一起先分析被骗的原因，然后去网上大量浏览被骗的案例，接着一起商谈防诈骗策略，女儿还帮我策划了一期防诈骗模拟现场方案。第二天，我将方案拿到班级，与学生们一起实战演练，增强他们的防诈骗意识。后来女儿为这事写了一篇文章，分享给大学的同学们。"

阿华惊叫道："这方法好！我也学起来，跟孩子们一起演习演习。"

育儿小妙招

白居易说："天可度，地可量，唯有人心不可防。"随着电信网络的发展，新型骗局可谓花样百出，层出不穷。诈骗分子的手段独特，变化多端，活动猖獗，给许多家庭造成不可估量的损失。如今，他们又将目标指向防范意识薄弱、心智不成熟的青少年。特别是假期之际，孩子们使用网络和电子产品的时间增多，父母加强监管力度，教育提醒孩子，提高防诈骗意识，尤为重要。

一、整理奇葩骗术，慧眼识"诈"

家长想要提高孩子的反诈意识，首先得让孩子了解这个世界，知道诈骗的存在，更要让孩子了解多种新型诈骗手段。平时与孩子相处中，家长要有意识地跟孩子聊一聊关于诈骗的新闻，将诈骗套路说给孩子听。家长也可以与孩子一起，去网上搜索、整理奇葩骗术大全，一一罗列分类。如假冒机关单位的、假冒亲人朋友的、声称突发事故的、假冒"充值返利"的、假装帮助介绍工作的……以上种种，通常是针对人性的弱点：虚荣心，悲悯心，幼稚不成熟，贪小便宜，轻率，麻痹大意，想入非非，想不劳而获……当孩子遇到相同的诈骗手段时，他们就会有戒备心理，自然就会慧眼识"诈"。

二、策划防骗攻略，实战演"诈"

害人之心不可有，防人之心不可无。为了杜绝孩子们上当受骗，家长可以策划一些防骗攻略，以情景剧的形式，进行现场模拟演习。父母演诈骗犯，设计多个陷阱，拉孩子"入坑"。孩子在父母的引导下沉着应对，不断提高反诈能力。演习完毕，父母可以与孩子一起探讨防诈成功的原因，再一起学习防骗"六不"攻略，即教育孩子不轻信别人，不向陌生账号汇款，不透露个人信息，不点击链接，不扫码付款，不接听陌生电话。遇到事情问警察、问监护人、问当事人、问银行等。

三、开设防骗讲堂，谨防再"诈"

针对小学高年级孩子、初中生、高中生，抑或是大学生，家长可以鼓励孩子设计一节防诈班会课，征求班主任的意见，在班级开展防诈骗宣讲活动。让更多的人提高防骗、反诈意识，同时又锻炼了孩子的综合能力，积累防诈经验，谨防下次再遇到诈骗，可谓一箭双雕。

都是试卷太难惹的祸

——如何引导孩子学会自我觉察

问题触发器

昨晚接到堂嫂的电话,她说去学校值岗管辖交通,碰到了语文老师和数学老师,两位老师同时反映,孩子这半学期以来学习成绩滑坡严重,学习状态不佳。老师们表示了极大的担忧,孩子六年级了,马上要小学毕业,希望父母花点心思在孩子身上。父母文化程度有限,不知道怎么跟孩子沟通,希望我在周六与孩子聊一聊。

过程巧沟通

周六,孩子来了,很拘谨的样子。我拉他在书房坐下,嘘寒问暖后,我夸赞他道:"姑姑觉得你身上有很多优点,是很多同龄孩子所没有的。"

他吃惊地看着我:"哦,有吗?我自己都不知道哎!"

"看,你勤劳孝顺,常常帮助妈妈干活;你善良大方,同学一有什么问难,你总是愿意帮助他们;你学习态度端正,有想学习的决心。"

一顿猛夸后,他的眼睛亮亮的。我话锋一转,跟他聊起最近的考试情况。刚开始孩子有点躲闪,说:"我忘记了。"

我开导道:"我知道,无非就是个数字,凭你的能力,肯定记得很牢。也许我能帮助你分析原因,找到解决问题的办法。"

他吞吞吐吐地告诉了我。我让他分析一下滑坡的原因,他不假思索地告诉我："期中考试数学试卷实在太难了，好多题目不会。"为了说明试卷的难度，他还追加了一句，"班级一大半同学没有考到80分。"

"除了试卷难的原因外，如果从自身找原因，你觉得是什么原因导致的？"我追问道。

"可能太马虎了吧！"他轻描淡写道。

"我觉得给自己找一个马虎的原因是最不可取的。你应该是知识点不熟、概念不清等原因造成。你想，一个盲人在他熟悉的地盘走动，可以没有任何磕绊，为什么？"

他思量一下回复道："熟能生巧呗！"

"所以……"

他有所领悟："哦，应该是我平时做作业习惯不好，审题不仔细，要求没有看清楚；为了抓速度，书写太潦草，容易错；没有班里优秀的同学那么勤奋，练习做得也不够多，没有精准地评估自己的薄弱知识。我回去要调整不良习惯，查漏补缺。"

我竖起大拇指，夸赞道："你的自我觉察能力变强了，变得爱思考、爱分享了，相信这次回去落实到行动，你会有很大突破，我非常期待。"顿了顿，我继续引导，"除了上面的原因，我觉得咱们还可以深挖，至少能找出10条理由来改变我们的学习状态。"

他眨巴着大眼睛，绞尽脑汁地想着："应该是平时学习不够主动，也没有将不懂的内容弄懂，以后要多问老师，多问同学，多查资料，抓错题训练……总之就是自己没有全力以赴学习。"

我不由得为他鼓起掌来："太棒了！小伙子！觉悟越来越高了！不过说说容易，执行起来难哦！所以我们还需要什么能力？"

"意志力、自我管理的能力，就是老师常说的自控力、自律性。"

"孩子，你让我刮目相看。培养自律是很难的，你准备怎么做呢？"

"我回去制订一份学习计划吧！毕业考争取考个优秀，然后将大目标分割成一个个小目标，争取每单元进步一点点，小步前进，像滚雪球一样，积少成多，小雪球变成一个大雪球，达成最终的目标。计划上可以写一些激励自己的话语，努力让自己变得自律。"

孩子说到这份上了，我想我们有理由相信，他回去会有质的变化。回家后，他妈妈偷偷给我打电话，高兴地说："孩子变化很大，回家把手机、平板收好了，连遥控器也藏起来了。现在在书房里制订学习计划。"

我告诉孩子父母："每周开一次家庭会议，让孩子回顾一周的学习状况，及时调整做得不好的地方。父母要及时表扬孩子的努力和成长，耐心引导解决执行过程中出现的状况。孩子的自律性还不是很强，需要父母监督指导。"

育儿小妙招

很多时候，孩子不大愿意将自己在学校发生的事情告诉父母。特别是学业上的问题，考好了怕父母会提出更苛刻的要求，考砸了担心父母批评唠叨。不愿与父母沟通的孩子，说明他已经将倾诉大门关闭。父母如何做才能让孩子愿意与你沟通，分享他的喜怒哀乐？如何做到对孩子的成长动态有一个精准的了解，并根据掌握的信息，给予适当的引导、帮助？

一、接纳理解，不做唠叨型家长

爱孩子是父母的天性，但要接纳孩子的缺点和不足，不对这些耿耿于怀，其实有点难。这就是孩子不愿跟父母分享自己在校的情况，特别是他在学业上出现滑坡状况的原因。因为他们担心父母会批评教育他们，有些父母甚至会唠叨个没完没了，让孩子疲于应付，直接影响亲子关系。

表面上看，这是父母对孩子的担忧，实则这种方式是不被孩子所接纳的。考砸后，孩子自己本身心情就不大好，这时他需要的是能体谅他、包容他、接纳他、理解他的父母，与他站在一起共同面对问题，协助他分析，找到产生问题的原因，帮助他解决问题。如果父母没有能力帮到他，那就选择保持沉默，静观其变。切不可"小和尚念经"，把孩子念叨得越来越烦躁，不要做唠叨型父母。

二、及时鼓励，做智慧型父母

从他律到自律是孩子不可或缺的成长过程。自控力强的孩子，往往能掌控自己的情感、冲动和欲望。父母面对孩子出现的问题，不要与问题站在一起，而是要与孩子站在一起，多聆听多欣赏孩子，引导孩子自我欣赏。孩子受到挫折阻力，父母要鼓励引导他克服困难，使孩子的成长进入良性循环。父母在协助孩子提高自控力时，不要试图控制孩子。

上面案例中的孩子通过自我觉察，已经找到了努力的方向，剩下就是坚持。但他毕竟是孩子，要想建立持续的自律行为，还需要父母的帮助，从旁监督、管理。可以每周召开家庭会议，让孩子做短期的复盘回顾，说说自己哪些方面做得比较好，是怎样做到的；哪些方面做得还不够好，该如何改正。接着父母说说自己所发现的孩子的闪光点，给予及时肯定、鼓励，婉转提出自己的合理建议，给孩子指明努力方向。父母应该帮助孩子完成从他律到自律的过程，做智慧型父母，大教无痕。

三、引导觉察，做解决问题能手

在孩子的成长过程中，父母培养孩子的自我认知能力，即自我觉察力非常重要。觉察力包括学习能力、深度思考能力、逻辑思维分析能力等。自我觉察有两大功能：一是看见自己，感知自己当下的情绪、感受，明白自己当前的状况，为什么会出现这种状况；二是改变自己，即有意识、有选择地进行自我评价、自我改变，通过自己努力走出困境。

孩子是一个独立的个体，我们要抛开父母的身份，与孩子处成平等的朋友关系，时常找孩子沟通，引导孩子表达内心的想法，分享自己的感受，发展孩子的自我觉察力，跟孩子建立良好的亲子关系。如同上面的案例中，父母不要居高临下，而要先努力寻找孩子的闪光点，夸夸孩子，跟孩子以朋友方式相处，孩子才愿意敞开心扉分享点滴生活；然后循循善诱，引导孩子自我觉察，自我分析，自我寻找解决问题的办法，致力于培养孩子解决问题的能力。

给他们写封信吧

——如何引导孩子学会解决问题

问题触发器

有个孩子找到我,说自己很苦恼。原因是老师布置的作业比较多,他每天作业做到很晚。妈妈心疼他,让他不用写了。结果回到学校,老师检查作业,发现了他的问题,多次批评他。小伙伴们也觉得他做得不对,故意疏远他。可是每天晚上,只要作业一多,他的妈妈就不让他写。后来老师发现了这种情况,与他妈妈沟通过,但因为这事,老师和妈妈闹得不愉快。他感觉夹在中间太难,很是苦恼。

过程巧沟通

我耐心地聆听着,不时给予回应:"哦,这的确让人苦恼。"

等孩子说完,我问孩子:"你现在担心老师和同学不喜欢你,对吗?"孩子点点头。

"你很想完成作业,可是由于速度问题,每天做到很晚,妈妈心疼你,对吗?"孩子继续点点头。

"但是你又不敢辜负妈妈的爱,所以没有完成作业,但内心却很是惶恐、无奈……"

孩子眼里闪着泪光,咬住下嘴唇,努力克制自己的情绪。

"这件事的确很棘手,如果老师是你,也会感觉到无助。不过,老师要表扬你，因为你很有勇气，也很有办法，想到找我倾诉，想要解决难题。"我摸摸他的脑袋，"非常感谢你对我的信任。那你想让我怎么帮你呢？"

孩子抬起头，探询道："您是我们班主任的老师，能否帮我跟班主任说说情？"他顿了顿，继续道，"您跟我妈妈也是好朋友，能否找我妈妈也聊几句，化解他们的矛盾？"

"你很智慧，很会发现我们大人之间的情感联结。"孩子眼睛一亮，我继续道，"我可以帮你在他们之间沟通疏导，但这并不能解决根本问题。"孩子有点疑惑。

"这么跟你说吧，解铃还须系铃人。你是他们两者之间的共同联结者，妈妈爱你，这毋庸置疑，她关心你的健康和睡眠，想法没有错。但同样的，老师关心你的学业成绩，也没有错。"

孩子似乎有所觉察，搓着衣襟道："我知道，我有错。"

"你的觉察能力特别强，发现关键问题了。"我表扬道。

"其实为这事，老师调查过班级的同学，大部分同学能及时完成作业。我因为有点磨叽，还有很多不会做，想着想着，就慢了。"孩子开始从自己身上找原因。

"当然，不排除老师偶尔有布置作业多的时候，让动作慢的你雪上加霜。但你把问题归结到自己身上，很有勇气和担当。我相信，咱们一起想想办法，是可以改变的。"

孩子顿时来了兴致，一副跃跃欲试的样子。

我告诉他："你每天回家，先排查作业量，估算完成每样作业的时间，记录下来。然后挑选简单的题目先做，选自己擅长的学科先做，一边做，一边用秒表计时，看是否跟自己估算的时间差不多。完成时间比自己估算时间短的作业，给自己画个笑脸。然后再做自己认为难的学科作业，实在太难，可以邀请妈妈陪你先将题目研究一遍，把不懂的先搞懂，再去做，以免浪费时间。"

孩子听后点点头。

最后我建议他："孩子，你可以给妈妈和老师各写一封信，向他们倾诉自己的处境和担忧，表明自己的整改态度和决心。相信老师会对你刮目相看，妈妈也会为你感到高兴。如果可能，在信中建议妈妈跟老师进行一次深度沟通，寻求最好的合力教育。他们的目的是一样的，希望你变优秀，肯定会因为你的改变而感到欣慰。"

此外，我也答应他会在合适的时机找他的老师和妈妈聊聊。

育儿小妙招

现在的部分家长，相比较以前，对自己的孩子更加宠爱，不大愿意让孩子吃苦，也不大会在孩子遇到问题时，让孩子独当一面，接受挫折教育。

一、觉察，发现问题的原因

上述案例中的妈妈心疼孩子，担心孩子睡眠不足，没有错。但应该尊重孩子的意愿，询问孩子的意见，然后再决定是否早睡。

如果孩子要完成作业的意愿强烈，这是好事，说明他很有责任心，很有毅力，父母应该给予肯定。然后协助孩子完成自我觉察，找到作业做到很晚的原因。如果是因为个人原因，做作业动作慢，可以跟孩子商量提速的办法。如上面提到的：

1. 估算时间，培养时间管理能力。
2. 挑简单的、擅长的科目先做，由易到难，加快做作业的速度。
3. 碰到"拦路虎"难题，找家长协助解决，提高做作业积极性。

父母也可以通过调查班级其他同学的情况，如果发现的确是老师布置的作业量太大，可以尝试着与老师沟通，根据孩子的能力，选择周末补做，或者挑选适合孩子做的练习，确保孩子的睡觉时间。

父母还可以从孩子身上找原因，让孩子致力于自己发现问题、解决问题，是家长协助孩子成长的重要课题。因为很多时候，我们无法改变别人，只能调整自己。

解决了孩子拖延磨叽的问题，接下来就要让孩子完成情绪的修复工作，重新建立家长和老师的情感联结。

二、书信，唤起情感的共鸣

孩子给家长写一封信，通过书信交流，可以更好地实现心灵的沟通。家长体察孩子的焦虑情绪，肯定会做出调整和改变，尊重孩子的意愿，主动与老师沟通。哪怕不沟通，至少也不会再做孩子成长的绊脚石。

孩子给老师写信，显得很有诚意。有很多说不出口的表决心的话，可以通过书信传达，老师肯定会被孩子真诚的改变决心所打动。老师反过来还会表扬、鼓励孩子，起到正向引领的作用。

如果家长和老师能消除隔阂，站在教育的统一战线，将会对孩子产生深远的影响。

被施了"魔法"的"精灵"

——如何训练多动孩子

问题触发器

我最近接触到几个特殊的孩子,他们被医生诊断为多动症。据家长的长期观察,结合老师的反馈意见,这些孩子有注意力缺失,情绪把控力差,小动作多,抽动,外面一有风吹草动就会受干扰,做事拖拉磨叽等症状。孩子智力明明不错,可是到三、四年级,成绩却呈断崖式下滑,学习表现与智力明显不匹配。因为大脑发育趋于成熟,医生给出的建议是吃西药疗效明显,但家长担心长期吃西药会对孩子产生不良影响,所以比较抗拒这样的康复治疗。他们更愿意接受感统训练,试图缓解症状,提升学习力。

过程巧沟通

有一天,一对父母带着孩子来了。坐定不久,妈妈就迫切地问我:"麦子老师,孩子多动症状比较明显,医生建议孩子吃药,你觉得要吃吗?"

我笑笑回答道:"我不是专业的医生,也不是权威的心理学专家,无法给你专业的判断。但作为一个妈妈,我能理解你们此刻的心情和对药的抗拒。是药三分毒,如果可以训练,我也会选择进行专业的训练治疗。"我喝了一口水,继续说,"作为班主任、家庭教育研究工作者、妈妈、语文老师,我还是比较愿意从别的方式入手,尝试着寻找改变的新途径去协助你们。试试吧!"

我先翻看了孩子带来的大量作业和练习，对孩子的学业有了初步的了解。我选择了一张试卷，与孩子进行了面对面的沟通，然后支开孩子，和妈妈单独聊。

我告诉妈妈："你家孩子碰到难一点的题目，就会选择放弃，或者没有耐心研究下去，甚至连题目都不愿仔细读，就做下一题，有明显的畏难情绪。"

他妈妈没听完，就抢着回应我的判断，连声说："对对对，孩子一碰到难题，就会喊'妈妈、爸爸，这个我不会'。我们就会马上放下手头工作，第一时间过去帮忙解决。"

我点点头，然后犹豫着是否继续告诉妈妈一些孩子的问题。这下妈妈急了，她说："麦子老师，有什么话不妨直说，我们做好了心理准备。"

我寻思着如何组织语言，避免这些话影响妈妈的情绪。"单从试卷练习分析，我还发现孩子的理解力、思考力、审题能力、答题方法有很大的提升空间。"

爸爸和妈妈也回应了我的诊断，妈妈一个劲地点头说："嗯嗯，这些我也有同感，只是自己不专业，隐约觉得有些问题。"

这时孩子从房间里跑出来，说自己太无聊了。我告诉孩子："你可以去我的书房看看，那里有很多书哦！赶紧找一本自己喜欢的书看看吧！"

孩子听完，高兴地往里屋跑去。我暗暗追踪观察，发现孩子东翻翻，西看看，很难把目光集中在一本书上，他的寻找是漫无目的的。

我走到他的身边，详细地告诉他找书的方法："目光集中在一本书上，先看看书名、作者、封面等信息，猜猜内容是不是自己喜欢的，然后再翻看目录，寻找最吸引你的一个标题，进行第二次内容预测，最后翻到这个标题所在的页码，静心阅读，通过阅读验证自己的猜想是否与内容相符。"

听了我的建议，孩子锁定一本书，抽了出来，坐到了高背椅子上，惬意地开始了阅读。

回到客厅，我与家长进行了三十分钟的深入沟通，我告诉家长："通过试卷综合评估发现，你家孩子所呈现的问题，可能跟上课注意力缺失有关。"

爸爸点点头，告诉我："孩子的班主任曾多次打电话告知孩子在校上课情况，建议我们带孩子去医院看看，但由于我们没有重视而错失了干预良机。注意力缺失的原因有哪些？"

我根据书上专家的一些观点和自己的一点发现，告诉他们：

原因一，先天条件不足导致感统失调，父母没有及时发现，进行专业矫正训练的最佳时间是0~6岁。

原因二，后天养育不当，父母陪伴不够，隔辈养育，加上老人不懂，常常在孩子专注于干一件事时，时不时地嘘寒问暖、端茶喂饭，干扰注意力的养成，甚至破坏已养成的良好习惯。

原因三，运动不够、接触大自然太少、作息不规律、睡眠不足等不良生活习惯，也会造成孩子的注意力缺失。

原因四，挑食偏食，孩子因为味觉、嗅觉方面的失调，导致孩子营养吸收不均衡，上课容易疲倦，精神不振，从而影响学习专注力。

……

父母根据我的讲述，马上回应："天哪，你说的这些原因，我家孩子90%能对号入座。要是早点知道，早点干预训练，就不会这么被动了。"

看着爸爸妈妈这么自责，我赶紧安慰道："现在开始重视，为时未晚。"

三十分钟时间转瞬即逝，孩子的时间观念挺强的，拿着一本书和爸爸给的手表出来找我们。我通过和他聊这本书了解了他的阅读能力，他能叙述故事的大致内容，但无法捕捉到人物的特点、品质以及作者写作的风格，属于浅阅读、快餐式阅读。

最后，我就地取材，选取了一篇简单的文章让孩子读给我听，他能流利地朗读，但停顿、重音把握不准，无法独自高要求地完成有感情地朗读，说明孩子的理解力处于中等水平。到答题环节，我发现他回答速度偏慢，答题没有方向。我教给他一些方法，他的答题正确率明显提高，这些足以说明孩子智力水平正常。

这时父母问我："孩子在低段时，学习还不错，为什么到中高年级就不对劲了，成绩断崖式下滑？"

我告诉他们："小学低段的学习内容简单，知识容量不大。你家孩子智力还可以，哪怕上课不怎么专心听讲，父母也能在课余时间通过一对一辅导，将知识漏洞及时给他补上。随着年段的升高，科目的增加，知识容量变大了，难度系数提高了，孩子的学习能力不足，学习方法缺失，学习思维被动等原因，都会让孩子学习变得困难。哪怕孩子智力在线，靠课外补习跟上班级节奏，几乎不大可能了，于是课堂注意力缺失造成的学习问题就暴露出来了。"

父母听后恍然大悟。

育儿小妙招

有人称多动症的孩子是被施了"魔法"的"精灵"，因为多动是无法自控的表现。这些孩子往往有好奇心强、自控力差、小动作多、冲动任性、学习困难、缺乏耐心、做事拖拉、丢三落四、人际关系差、有攻击性的表现。他们不能及时准确地选择和过滤外界信息，将信息输入大脑，也不能屏蔽无效的干扰信息，极易受到外界信息的干扰，如一个人从窗外走过，有多动症的孩子总会不受控制地瞟一眼。他们的内心世界是动荡不安的，会对外面的任何响动有反应，他们不能心无旁骛地专注于课堂。

多动症往往与神经发育有关，最主要的原因是先天因素和后天饮食、创伤、运动、养育不当等因素。当然，社会环境、生活环境、成长环境也会有一定的影响。

最近有研究发现，多动症孩子的注意力缺陷，最根本的原因是感统失调。什么是感统呢？

感统，即感觉统合。感觉统合理论最早是由美国心理学博士爱尔丝提出来的，他一辈子致力于脑功能研究。这一理论的核心是：人体器官各部分的感觉信息输入大脑后，通过一系列的组合，经由大脑的统合作用，才能对身体内外的知觉做出正确反应。感觉统合是身体的各部位之间的一种自然、默契的配合，包括视觉、听觉、味觉、触觉、嗅觉、前庭觉、本体觉。可以简单理解为眼、耳、鼻、嘴、四肢等的协调配合，这是人的一种普遍能力。

多动症的核心是注意缺陷，凡是患多动症的孩子一定有注意缺陷，但有注意缺陷的不一定是多动症状，有多动症的孩子往往注意的广度和持续度差，切换能力偏弱。换言之，有多动症的孩子不能长时间持续地干一件事，他目之所及的视线范围较狭隘，转移视线的速度往往比较迟缓。

如何训练感统失调的孩子，以期达到治疗多动症的目的呢？

一、寻找闪光点，学会理解接纳

当发现孩子有多动症状，或者孩子被确诊为多动症时，父母要对孩子多一点耐心，多一些陪伴，多一点理解和接纳。要认识到孩子成绩不理想，不是孩子学习态度差，而是孩子的学习能力达不到。父母要善于发现孩子的闪光点，多多赏识，多多鼓励，先放大他们的优点，忽略他们的缺点，让孩子葆有学习自信心和兴趣。每周可以罗列孩子的十个优点，在隆重的家庭会议上大加表彰。在孩子心中种一棵正向之树，给予正向引领。

二、建立行为管理，及时表扬批评

有多动症的孩子做事容易失去耐心，行为冲动易怒，自控力比较差。所以父母要跟孩子事先商议，建立行为准则，进行行为管理。如通过家庭会议商议规则：什么时候起床、什么时候洗漱、什么时候睡觉……规则要细化。在孩子心中树立规则意识，约束冲动行为。如果孩子完成了行为管理的目标，家长及时给予表扬、奖励，表扬要尽可能地明确，让孩子明白自己为什么被表扬、被奖励，而且要求要逐步提高。如果孩子没有遵守行为规则，要及时予以批评、惩罚，当然这个惩罚不能太重，如减少看电视的时间、减少零花钱、增加体力劳动等。

三、多方配合训练，父母长情陪伴

有多动症的孩子往往要进行前庭觉、本体觉、触觉等训练。最佳的时间是0～6岁，越早发现，越早干预，疗效越好。除了接受专业的医院或者治疗师的训练外，家庭也要根据治疗师的训练方案进行配合训练。

家长是协助治疗孩子多动症最好的金牌训练师。孩子在家的时间最多，家长可以通过零星的时间帮助孩子进行康复训练。在此过程中，家长的陪伴尤为重要。训练中，家长要及时给予孩子肯定和爱，尊重孩子的成长规律，不要操之过急，也不要责备、怪罪、谩骂孩子。

触觉的训练可以借助波波球、波波池、平衡触觉板等专业器材来进行。如果家里没有专业器材，父母可以利用洗澡时间，先拿不同水温的水浇孩子的头部和身体，刺激皮肤，然后用沐浴乳擦身体，用搓澡布给孩子做全身按摩。洗好澡后，拿浴巾包裹孩子，抱到床上后，双手揪住浴巾两侧，让孩子滚来滚去，最后用身体乳擦拭皮肤，最大限度地刺激孩子皮肤，增加孩子的触觉敏感度。父母平时也可以借助工具如洗澡刷，刷洗孩子的全身皮肤，以期达到修复触觉失调的目的。

前庭觉、本体觉的训练可以借助平衡车、平衡钉、滑滑梯、袋鼠袋、滑车、圆形蹦床等进行，使整体感觉统合能力得到发展，增强身体协调性。如果没有专业器材，家长也可以让孩子进行跳绳、看书、下棋等活动来训练四肢、手眼协调。

四、亲近大自然，熬制一剂良方

一切运动是治疗感统失调的良方。周末，全家一起走进大自然，接触大自然的花花草草、鸟兽虫鱼，拓宽视野、增长知识、愉悦身心，构建良好的亲子关系。

浙江师范大学王志寰教授说过，世界上最好的感统训练就是抓知了。因为在抓知了过程中，我们先用耳朵听（听觉训练），再用眼睛寻找（视觉训练），然后四肢协调配合抓（前庭觉、本体觉训练），抓到手心，感受知了在掌心扑棱带给人的惊喜、害怕等感觉（触觉训练）。这是最好的、最全面的感觉统合训练。

多带孩子去接触大自然，这是最低碳、最环保、最省钱的感统训练。

不要闻打架色变

——如何正确对待孩子打架问题

问题触发器

同事小迪愁眉苦脸的，原因是儿子阿凯又跟同学闹矛盾了。这周阿凯与同学多次打架，被老师留在教室教育反省。她有点过意不去，总感觉自己的孩子给老师添了麻烦。尽管儿子每次出手，基本是出于保护自己，但人高马大的他身手敏捷，总是迅速将对手击败，弄得对方哭哭啼啼，到老师那里讨要说法。

过程巧沟通

今天中午我在食堂吃饭，碰到了小迪。她紧皱着眉头说："麦子老师，今天我儿子又跟同学打架了，现在被留在教室里。我不知道怎么办才好。"

"打就打呗，在安全可控的情况下，孩子打架并不是坏事，这是他们解决问题的手段。打架是一门技术活，打赢需要策略，打输了也是一次很好的挫折教育。"我半开玩笑道，"如果战争不可避免，那就不要回避！"

我打好饭，端着餐盘在座位坐下，大快朵颐起来。

小迪也打好了饭，紧挨着我的座位坐下，她一脸惊恐地问道："麦子老师，你刚才没有开玩笑吧？为什么说不反对打架？"

"首先我要告诉你不反对打架的原因。不少家庭只有一个孩子，他们没有玩伴，没有机会每天跟兄弟姐妹打架、斗嘴。没了家庭纷争，孩子就失去了很多实战演练的机会。锻炼少了，解决问题的能力与多子女家庭的孩子相比，要明显弱得多。"

小迪点点头说："你的分析似乎有点道理。"

"打架最能培养孩子解决问题的能力。首先大部分矛盾的产生是先有语言上的冲突，从你一句我一句的斗嘴开始，这很好地培养了孩子的语言表达能力。如果孩子想吵赢，得花点小心思，来点小谋略，这无形中培养了孩子的思辨能力。如果孩子言语上解决不了问题，就会动用武力解决。孩子打架，若想震慑对方、打赢对方，又不使对方受伤，是需要一些技巧的。"我滔滔不绝，发表着我的"怪"论。

小迪忽然抬起头，捂着嘴巴笑道："哦，根据你的分析，我儿子打架占上风，显然是有智慧、有谋略的。"

"看来你儿子是比较有智慧的。打架占上风不一定是坏事。"我回应道。

没等我说下句，小迪抢着说道："看着同学被我儿子打得哭了，作为父母很不好意思！"

"嗯，我理解你的心情，所以你要做好善后教育工作。事后，你可以先聆听孩子讲述事情经过，了解事情的来龙去脉，然后让孩子自己分析，自己判断对错，接着让孩子想想有什么办法，能让这种事情不再发生，从而引导孩子做情绪的主人，把控愤怒的情绪，将伤害降到最低。"

"哦，这办法妙！我去试试。"小迪没吃完饭，就直奔教室找儿子去了。

育儿小妙招

电影《美国狙击手》中男主的父亲，曾经针对孩子打架的事情教育过孩子，他的话堪称育儿经典语录："我不反对打架，前提是你不能做暴力的狼，也不能做温顺的羊，要做能保护自己，又能保护羊群的牧羊人。"的确，打架是孩子在群体交往中协调、解决问题的一种手段。家长不要孩子做软弱的受气包，总受人欺负；也不要孩子做暴力的狠人，总想着欺负别人。但如果有人要欺负孩子，家长要让孩子学会自我保护，不卑不亢。其实，生活中，孩子们也许为了坚持独立见解而打架，这种厮打也许只是肢体接触的嬉闹，但它能提高孩子的交际能力、自我保护能力和问题解决能力。

父母不反对打架，不过分干涉，但也不能鼓励打架。打架后，父母要处理吗？该怎么处理呢？

一、倾听，培养分析能力，积累习作素材

孩子打完架后，父母先不要急着批评教育，要先学会聆听孩子的声音，问清楚他们为什么打架，打架的经过怎样，打架的结果又如何。如果孩子能讲清楚事情的起因、经过、结果，那么无形中培养了孩子的语言组织能力、表达能力，为学习写作提供了很好的素材。

二、判断，培养责任担当，争做勇气少年

孩子打架后，父母先要处理自己的情绪，以平和的心态安抚孩子的情绪，再做好善后引导。父母让孩子自己分析谁是谁非，打架双方各自该负多少责任。一般情况，孩子总会先挑出对方的错，弱化自己的过激行为，以期躲避父母的责骂。所以，父母要重点引导孩子剖析自己错在哪里，如果总错误一百分，自己要承担几分。此时让孩子找自己的错误，说自己的问题以及应当承担的责任，目的就是培养孩子做有责任、有担当的好少年。

三、解决，知错就改，培养解决问题的能力

孩子打架后，通过自我分析，对问题有了清晰的认识。这时父母就要引导孩子自己寻找解决问题的途径和办法。如果孩子初次碰到这种事，解决起来会有点畏难情绪，父母可以做一些简单的提示，也可以引导他向身边的小伙伴、老师等求教。父母要做引路人，凡事都要引导孩子自己思考，自己解决，不让孩子产生太多的依赖性。只有这样，才能培养出解决问题能力强的实干家。

四、善后，区别对待，传授打架技巧

孩子的世界是纯真的，他们偶有摩擦，也是无心居多；他们告状，也只是找点宣泄的口子；他们表达完，转身就和好如初。孩子没有隔夜仇，他们是这个世界上最善良、最宽容的人。

对待孩子打架问题，父母可以根据有无受伤来区别对待。带有恶意的、暴力的行为，父母要严肃处理；不是故意的，无心之过的小打小闹，父母可以忽略不计，将解决问题的主动权还给孩子自己。如果对方孩子受伤了，不管错在谁，父母要陪着孩子登门道歉，让孩子明白打架是要付出代价的。善后处理，体现出有智慧的父母该有的胸襟，也让孩子拥有承担责任的勇气。成大事者，必有"宰相肚里能撑船"的雅量。我们相信，这样的处理，也会减少孩子以后打架的频率。

退一步海阔天空

——如何直面孩子交往中的冲突

问题触发器

我和表哥一起被老师请到了办公室，原因是午休时间，表哥的儿子将同学的一只鞋子扔到了学校操场上，并回教室告诉同学鞋子丢了，但没说是谁扔的。同学将情况告诉班主任，要求查找"幕后真凶"。老师反复调查，但没有人承认是自己干的。老师没有办法，用一节课时间翻看了学校的监控，发现居然是表哥的儿子扔的。结合孩子平时各种"事故"频发的不良表现，老师有点生气，于是将这事婉转告知家长。

过程巧沟通

孩子进来了，表哥很生气，准备狠狠教训孩子一通。我拉过表哥，让他冷静，然后让孩子坐下来，孩子有点受宠若惊。我让孩子抬起头来看看我，温柔地抚摸着他的头道："孩子，首先我要表扬你。"他有点不敢相信，一脸疑惑地看着我。

"因为我让你抬头看我，你非常听话地照做了，说明你是一个愿意听父母或老师话的孩子。你能不能告诉我，为什么将同学的一只鞋子扔掉？"

孩子不假思索地说道："因为他也时常将我的东西扔掉。"

"哦，原来你是想以牙还牙呀！那你能举个例子吗？"我笑眯眯地看着他。

"早上他将我的水杯踢飞了……"

"别人犯了错，一般是隐藏起来的。你为什么将同学的鞋子扔了，还要告诉他呢？"我追根问底。

"我就是想让他尝尝这种被扔东西的滋味。"他一点也没有意识到自己错在哪里。

"当时你很生气，所以才会采用相同的方式，你的心情我能理解，这是你们这个年龄会采取的处事方式。不过回过头来想想，你'报复'他，你会得到什么吗？知道自己错在哪里吗？"

他愣了愣，似乎没有明白。我继续引导："同学之间顽皮吵闹，老师能理解，也允许你们犯错。因为你们是需要通过遇到问题、试图解决、犯错改正等过程，一次次成长起来的。我相信你们老师生气的并不是你做了这件事，而是——"我故意延长声音。

他若有所思，然后挠挠后脑勺："我没有得到什么，反而让老师生气，自己受到批评教育，是因为我做了错事不知悔改吧！"

我向他竖起了大拇指："是啊，当老师问起此事，你不应该试图瞒天过海，以为老师不知道，而准备逃避责任，这是一个有担当的小男子汉不应该有的表现。你应该第一时间承认错误，并及时改正。相信你的老师会原谅你，并为你感到高兴的。"

这时，他的班主任长舒了一口气。我示意孩子自己去找班主任和爸爸好好沟通，孩子意会。

事后，班主任和孩子爸爸的情绪非常稳定，回忆以往孩子的种种表现。孩子爸爸很疑惑，感觉自己在教育孩子上非常上心，可是孩子还是状况百出，昨天为了一点小事大打出手，今天为了拒绝值日工作，与作为值日班长的好朋友闹掰，后天又为了一块小橡皮擦……爸爸妈妈不断地为孩子的一些小矛盾善后。班主任也为这些事伤透了脑筋，操碎了心，曾经反复调动座位，试图改变这种情况。

孩子爸爸叹了一口气，不知道怎么办好。我问他："你有没有发现孩子的问题大多出现在什么方面？"他一愣，似乎没有发现什么。

"孩子跟同学不能好好相处，他的人际关系很受挫哦！"表哥听我说完，恍然大悟。

他马上接话道："好像是哦！因为孩子从小是老人带的，他们不让孩子受到一丁点委屈，小伙伴之间闹矛盾，爷爷奶奶有时心疼孩子，要求孩子打回来。"

这下我大致明白了情况，我告诉表哥："不管多忙，孩子尽量自己养育。隔代亲，教育有时很难有边界，守不住爱的界限。"

孩子爸爸点了点头，后悔当初自己年轻不懂事。我最后告诉他："回家以后，不要指望孩子马上改变顽劣的秉性，要循循善诱，时刻引导他做个有担当、敢承担的男子汉。同时也要传授一些与人好好相处的技巧，让孩子改善人际关系，也许一切顽劣行为会自行消退。"

育儿小妙招

菲律宾大学临床儿童心理学家马·劳迪斯·卡兰丹曾经说过："一个社交能力低下的孩子比没有进过大学的孩子具有更大的缺陷。"细品他的话，不难发现，一个孩子能否与人建立良好的人际关系，建立融洽的相处模式，是决定他以后能否适应这个社会的关键因素。

孩子成长的过程，也是学习社会规范的过程，而这个学习过程大部分时间是在与同伴的交往过程中实现的。孩子需要朋友，需要交往的圈子，只有在交往中，才能体验生活、积累经验、感受快乐。群体中的伙伴就是孩子的镜子，通过伙伴交往，孩子们在人际交往中调整自己的行为，学会遵循各种规则。

那父母如何引导孩子直面人际冲突，建立良好的人际关系呢？

一、以身示范，理解接纳

孩子是父母的一面镜子，折射出父母的影子。所以父母要做孩子交友的正向榜样人物，平时外出应酬，方便时可以常带着孩子，让孩子亲眼见、亲耳听、亲身经历，润物细无声地在孩子心中留下良好交际的示范，让他们明白原来与人交往可以这样子，感受榜样的力量。相信孩子也会在潜移默化中开启正确的交际模式。

大人有时难免冲动生气，更何况孩子，他们在交友相处中也难免会出现一些过激行为，与同伴闹矛盾。这时父母要理解接纳孩子的行为，即使要教育孩子，也要心平气和地寻找孩子身上的闪光点，先夸夸孩子，与孩子建立良好的亲子情感联结，为后面晓之以理、动之以情铺桥搭路，有利于孩子接纳父母的意见。

二、探寻原因，自我觉察

孩子与小伙伴闹掰了，产生对立情绪，甚至大打出手，做出"出格"的事情时，父母首先要把控自己的情绪，以平和的心态与孩子交流，了解事情的来龙去脉，引导孩子自我觉察，反省自己做得不对的地方。父母不以权威压制孩子遵从大人的意见，而是指导孩子自己觉醒。只有这样的教育，才能让孩子心服口服，从内心深处改变。

三、授之以渔，报之以歌

创设平等的交际氛围。平时的家庭交往中，父母要以平等的姿态，让孩子参与讨论。比如家庭大小事情，父母可以采取家庭会议的形式，先让孩子发表意见，并给予相应的肯定，让孩子感受他是独立的个体，被家庭成员所尊重。尤其在处理兄弟姐妹之间的矛盾时，父母要避免权威一言堂，要听听多方意见，无法解决矛盾时，可以进行角色互换扮演，让孩子体验不一样的心境。也许孩子慢慢就理解了，学会谦让有礼，形成正确的相处模式。

训练孩子的各项能力。孩子不管在家里，还是在学校，难免有竞争。能力好的孩子自然是香饽饽，受大家欢迎。所以父母可以根据孩子的特点，进行强化训练。如运动不好就多锻炼，视野不够宽就多阅读，动手能力弱可以多动手，让孩子提高能力，展现个人魅力，为孩子的人际关系助力加油。

教给孩子一些交友规则。与人相处，要学会换位思考；敢于对朋友的不良行为说"不";明白"君子和而不同",交友贵在求同存异;有意见时,要坦诚提出,切记背后议论,伤了和气;等等。

创造与人交往的实践机会。家长要尽可能多地拓宽孩子的生活空间,引导孩子走出去,多与同学、邻居交往;同时也要热情邀请小伙伴们来家里做客;更要鼓励孩子多参加各种社会集体活动。活动后,多与孩子探讨交往过程中碰到的问题,引导孩子发现问题所在,运用一些交友技巧解决问题。如孩子错了,要引导孩子敢于直面问题,承担责任,道歉改过。教导孩子要尽量把控自己的情绪,不与人斤斤计较,"宰相肚里能撑船",这是成大事者应有的心胸。

第2章
习惯养成区

如何做好小学生新生入学准备？

如何树立小学每个阶段的目标？

如何培养孩子的劳动意识？

幼小衔接，你准备好了吗

——如何做好小学新生入学准备

问题触发器

晚上，表妹打来电话，说自己的双胞胎儿子马上读小学一年级了，询问我该做哪些学前准备。她身边的很多妈妈在商量着周末和暑假送孩子去幼小衔接班学习拼音和20以内加减法，她不知道该不该送孩子过去学习。最后她问我，幼小衔接究竟要衔接什么？

过程巧沟通

我想了想，明确告诉她："幼小衔接，不是大家认为的简单的知识衔接，如送到幼小衔接班学习拼音和算术。"

表妹很纳闷："那我们该做哪些衔接呢？"

"幼小衔接需要孩子适应很多方面的内容，如习惯养成、能力锻炼、人际交往、环境适应、情绪调整等。而习惯养成又包括学习习惯和生活习惯。"我向她罗列孩子需要适应的内容。

她惊呼道："天哪，需要衔接这么多内容！你能具体跟我说说吗？"

"关于习惯，小学与幼儿园有很大的区别，因为小学会开设多门学科，也开始有家庭作业，一天六节课，每节课四十分钟，对于一年级的小朋友来说，坐稳、认真听是一个极大的挑战，所以需要孩子有强健的体能。我建议从现在开始，多增加体育运动，强身健体。其次要养成早睡早起的习惯、完成作业的习惯、自己的事情自己做的习惯。因为小学老师主要职责是传授知识，帮孩子养成良好的学习习惯，激发学习兴趣，锤炼良好的品格等。上小学前，父母要训练孩子做一些力所能及的事情，如自己穿衣、自己吃饭、自己上厕所等。也就是说需要父母有意识地培养孩子一些基本生活能力。"

表妹突然打断我："等等，我要拿支笔记录一下，以后对着做，免得忘记了。"

我连连夸赞表妹道："你真是一位好妈妈，相信你的孩子会很快适应小学生活的。"我接着说道："如果身边有即将上小学的小伙伴，平时可以一起玩。也可以多认识同学校的哥哥姐姐，让他们上学那天牵着孩子的手去教室，让孩子提前建立良好的人际关系，孩子到新的环境就不会感到孤单。这些小伙伴的照顾和关心，会让孩子收获满满的安全感。"

表妹拍手叫道："姐姐，你的这些方法真好，明天我就和小区的小伙伴们约起来。"

"你的执行力很强，你的孩子未来可期，因为他们有一个用心的好妈妈。"我一个劲地夸着表妹。她激动不已，催我继续分享幼小衔接知识。

"如果学校允许，你可以带着孩子去小学校园转转，让孩子提早熟悉校园环境，认识各种功能教室，因为小学校园要比幼儿园校园大得多，这样可以防止孩子迷路。你可以牵着孩子的手一边走一边告诉他们，读小学是一件很幸福很快乐的事情，可以认识很多老师，学到很多幼儿园学不到的知识，认识很多可爱的小朋友……让孩子对小学生活充满期待和向往。"

表妹让我说得慢一点，因为她来不及记。后来我又忽然想起一件非常重要的事情："入学前最需要训练的是孩子的专注力。因为小学一天六节课，每节课四十分钟，新入学的孩子大部分很难集中精神二十分钟，有些专注力差的孩子可能坚持不了五分钟，精神就涣散了。不过不用担心，一年级老师会在课中间设计一些课间操，帮助小朋友集中注意力。如果你家孩子专注力集中时间较长，进入小学学习就非常有优势了。"

表妹有点沾沾自喜道："对于我家孩子的专注力，我是相当有自信的。从小到大，不管孩子做什么，我都不会去打扰他们。为了培养孩子的专注力，我每天给他们讲故事，每周送他们去学习乐高、打乒乓球等。特别是他们玩喜欢的乐高，一玩可以坚持两个小时。"

"哇，你的教育理念很新，培养孩子的方式很独特，值得各位妈妈学习。你家孩子完全没有必要送到幼小衔接班去学习。"

我看表妹没有回应我，似乎在顾虑什么。我解释道："从你的言谈中，我推断，你家两个孩子很优秀。对于优秀的孩子，老师们并不赞同父母送孩子去幼小衔接班学习拼音等知识。因为小学一年级老师会教这些知识，孩子如果早早学会了，可能就不愿意在上课时认真听讲了，反而会影响孩子良好的倾听习惯的养成，破坏已经养成的专注力。但如果孩子接受知识的能力明显弱于其他孩子，倒是可以提早学点。孩子带着知识储备学习，提早起飞，可以减轻他们的学业负担，增加他们的学习自信。"我建议道。

表妹还是不放心，追问道："不去补习班，心里总是有点慌。那我在家里可以陪着孩子做哪些知识储备呢？"

我回忆当时养育孩子的经历："在入学前期，陪着孩子每天坚持阅读。亲子阅读中我运用了如下策略：坚持提问题、预测故事发展、续编故事、复述故事等。我特别注重培养孩子想象力、创造力、思考力、记忆力等。除了阅读，我每天还陪着孩子在生活中识字。上学前，她就已经认得一千多字，实现了无障碍阅读。"

表妹听完我的分享，有了很深刻的感受，非常喜欢我的亲子阅读方法。我鼓励她继续按自己的培养方式去准备，孩子未来可期。

育儿小妙招

很多人对幼小衔接的理解有点片面化，强调课程知识的衔接。

父母将孩子送到补习班，提前学习拼音，提前认点字，学会做简单的算术题等，而忽视了孩子需要衔接的其他内容，如习惯适应、行为规则适应、情绪适应、能力适应、人际交往适应等多方面的衔接。殊不知这些衔接内容是需要耐心来长期培养的。

不积跬步，无以至千里。如何做有心的家长，日积月累地做好各方面的衔接准备呢？

一、充分了解幼儿园与小学学习的区别

首先，家长要明白幼儿园老师和小学老师所承担的角色与责任是不同的。小学老师以传授知识、培养习惯、锻炼能力等为主，要求相对较高，对学生学习的期望值也高。与幼儿园老师相比，最大的区别在于小学老师不会那么细心地照顾孩子的生活起居。

其次，作息时间上也有很大的差别。幼儿园上学迟、放学早，有午睡时间，一节课时间也相对较短，中间可能穿插很多的游戏。而小学上学时间早，放学时间晚，中午午休只能趴在桌上睡，也没有幼儿园这么舒服，做不到一人一床，有些学校可能不安排午休时间。作息时间、学习时间的变化会导致孩子适应不过来。

再次，学习方式也有很大的差别。幼儿园以孩子喜闻乐见的游戏为主，让孩子自主探索。而小学设立多门学科，以学习知识为主，合作探究为辅。随着年龄的增加，课程变得越来越丰富，知识难度在加深、广度也在拓展，让初入学的孩子应接不暇。

另外，行为规则也有所不同。幼儿园孩子以自我为中心，上课相对较为轻松自由，孩子可以根据自己的喜好，偶尔在班级中走动，老师不会像小学老师这么严格限制他们的自由活动。但小学上课，每人一个座位，上课时间是不允许孩子在班级中随意走动、上下穿行的。

最后，人际关系的差别也较大。幼儿园的人际交往比较简单，由老师管理小朋友。而小学会设立很多的岗位，锻炼每个孩子的自我管理和管理他人的能力，如班长、副班长、学习委员、纪律委员、小组长……有些用心的班主任，会开启"人人是班委"的管理模式。在管与被管、他律和自律过程中，孩子容易产生一些小摩擦，导致人际关系紧张，感受到前所未有的压力。

二、提前培养孩子适应小学学习生活的能力

（一）培养习惯，训练入学综合能力

幼小衔接要提前培养孩子的入学习惯。习惯分为生活习惯和学习习惯。生活上，父母要提早训练孩子自己做力所能及的事，如吃饭、如厕、系鞋带、穿衣、整理书桌等。自己动手，丰衣足食。动手能力强的孩子，学习能力和处理问题的能力也相应较强，进入小学后能较快适应老师的节奏，表现出超于常人的自信和能力，最先被老师发现并委以重任。

学习习惯的培养有很多方面，如爱观察、爱提问、爱思考、爱探究等。但最重要的是培养孩子的自我管控能力，即培养自律行为和专注力。因为幼儿以无意注意为主，容易受外边风吹草动的影响，心猿意马。这就需要父母提前加以训练，如进行亲子阅读、专注力小游戏训练，模拟小学课堂进行角色体验，教会他们怎么思考、怎么举手、怎么发言等。让孩子提早建立规则意识，形成自律行为，学会自我把控，增加他们的入学期待，从而激发孩子的学习积极性。

（二）播下希望，激发入学期待

对于孩子们来说，进入小学，意味着他们要离开学习、生活多年的幼儿园，离开朝夕相处的老师和小伙伴，迎来全新的校园、老师、小伙伴。他们对未来充满了期待和恐惧。这种陌生感会让适应能力差的孩子手足无措。所以父母在入学前要多与孩子沟通，聊聊小学的老师是多么的和蔼可亲，小学的小伙伴是多么的活泼友好，小学的校园是多么的宽敞有趣……总之，要给孩子多描绘小学学习生活的美好蓝图，给孩子播下希望的种子，激发他们的入学兴趣和入学期待。父母也可以抽时间带孩子去小学，熟悉校园，了解学校各个功能教室，满足他们的入学期待。

千万别这样告诉孩子："你再不听话，把你送到小学去，让老师修理你。"这样的沟通方式会让孩子对入学产生不良印象，甚至讨厌上学，不愿上学。到入学那天，对父母产生依赖感，不愿进学校教室，大哭大闹的孩子不计其数。

（三）提早认识，建立良好的人际关系

进入新的环境，面对许多陌生的面孔，一些适应能力差的孩子可能会无所适从，交往过程中也会因为不善沟通、不会解决问题、不会很好把控自己的小情绪而大打出手。家长要抓住这个特殊时期，与孩子多沟通、多交流，传授一些交友小技巧，如学会谦让、分享等。也可以带孩子出去走走，主动认识小区里即将上小学的小伙伴们，创造人际交往的情景，通过游戏交往、活动体验，让孩子学会合作与分享、沟通与表达，致力于问题解决能力的培养。此外，还可以让孩子提早熟悉同班或者同校的小伙伴，减少陌生感。上学那天，家长可以让孩子牵着小伙伴的手一起上学去。

（四）强身健体，设置体育锻炼课程

进入小学后，由于有了家庭作业和学业负担，作息时间发生了变化，小部分孩子体质可能会下降。所以从暑假开始，父母就要调整孩子的作息时间，与小学接轨。夏秋之际，又是流行性感冒高发季节，很多小朋友容易感冒生病。父母要提早安排一些体育运动项目，如散步、打球、跳绳等，也可以进行小肌肉锻炼，让孩子做一些精细动作，如穿针引线、夹弹珠等，训练孩子的手眼协调能力、平衡能力，从而提高抵抗力。但锻炼的过程中，需要遵从一个原则：这种体育运动是孩子喜欢的，乐于接受并执行的。

总之，父母要遵循儿童的发展规律，尊重儿童的个人意愿，让孩子轻松、快乐地准备入学事项。

前三年塑形，后三年养心

——如何树立小学每个学段的目标

问题触发器

朋友佐佐有一儿一女，老大是男孩，今年上小学四年级，从小就在自己身边。老二是女儿，今年刚上一年级，从小跟着奶奶长大，现在接回自己带。她是一位典型的虎妈，养儿子时，事事亲力亲为，对待孩子的教育比较严格。四年级开学初，我们曾经坐在一起闲聊，她说出了自己育儿的困惑和担忧，因为从小对儿子的严加管教，导致儿子性格也如她一般强势，偶有亲子小摩擦。曾经逆来顺受的小伙，现在变得有点小叛逆，擅争辩、会顶嘴，脾气开始变得有点倔。

过程巧沟通

早上，我拉住佐佐做了一个"人物专访"。

"对于儿子小学的前三年，你认为自己做得比较好的是哪些方面？"我想了想问道。

她头也没抬，若有所思道："我也没有觉得自己有做得特别好的地方，就是比较重视孩子的行为习惯、学习习惯、学习方法的培养吧！"

"你是怎么培养的？听你说，对孩子的教育很严格，你能举几个印象比较深刻的事例吗？"

她用右手的中指推了推眼镜架，然后说道："比如我比较重视孩子的坐姿、握笔的矫正，曾经还买过背背佳、坐姿支架、握铅笔神器等，试图改变幼儿过早握笔导致的错误姿势，每天像小闹钟一样提醒他。在学习习惯的养成上，我是比较和善的，很少打孩子，只是坚定、坚持地提醒孩子正确的姿势。但我发现习惯一旦养成很难改正。"

忽然，她停下手头的工作，若有所思，似乎想起了什么："在行为习惯养成上，尤其是品格、修养方面，我真算得上是个'狠'妈。有时候儿子会怀疑他是不是我亲生的。"

我顿时来了兴致，追问她印象深刻的事情。

她说："一年级时，儿子不懂事，小伙伴让他摸摸后桌小女孩的屁股，他不假思索地去干这事了。后来同班小朋友告诉我这件事。当时我冲到教室，拉出儿子，带到一个隐秘的地方，狠狠地揍了他。他当时还说自己没有摸到小朋友的屁股，所以认为自己不该被这么狠狠地修理，觉得有点委屈。但我明白地告诉他，他没有经过自己的思考和判断，就去做不该做的事，有这想法就错了。我必须让他深刻记住这件事。从此以后，孩子很少发生行为上的错误。有时我在想，是不是自己不够狠的原因，才导致孩子没有彻底改正不良学习习惯。"

"对于这事，我倒觉得你狠了点。孩子刚上一年级，不明白哪些事该做，哪些事不该做。你只要严肃地告诉他，他下次应该就不会做了。"

她现在想想那时的自己的确有点狠，但如果现在碰到这种事，她仍然会选择严惩。

后来我们又聊起了有关学习的事情，她回忆："孩子一年级到三年级时，尽管老师没有要求家长批改作业，但是我对孩子的作业一直是亲力亲为，一题一题认真批改。因为我想了解孩子错误的原因，分析他的答题思路，以便及时查漏补缺。"

我不禁对她肃然起敬，佩服于一个非教育专业的妈妈对孩子学习上的投入程度，这是很多父母无法做到的。于是我继续追问："批改完孩子作业，你又是怎么与他交流的呢？"

"我一题一题分析给他听，直到他听懂为止。"

"小学低段孩子的学习，的确是需要父母辅导的。这样会让孩子学得更加自信。不过三年级开始，你可以尝试着慢慢放手，特别到了四年级，你完全可以让孩子自己对着答案批改作业，然后将错题分析给你听：错误原因是什么？解题思路是怎么来的？以后如何避免相同的错误再次发生？这样做的目的就是培养孩子自我发现、自我分析、自我反省的能力。如此培养孩子，他在学习上会走得更远。"我是个热心肠，将自己怎么养育女儿的方法传授给了她。

佐佐连声叫好，说自从女儿上小学后，已经无暇顾及儿子了，刚好用我的方法试着跟孩子相处，也许能让孩子学习变得主动起来。她回忆，自从妹妹回来后，儿子好像也变了好多，自己会按时完成作业，及时完成各项任务，有时还会帮助她教小妹妹，管小妹妹，俨然是个小家长。

我最后肯定她："你的教育方法很好，小学前三年是孩子培养习惯的过程、塑形的过程，需要严格一点。接下来你可以慢慢放手，让孩子自己去打理学习和生活。孩子进入中高年级，你要多关注孩子的心理和情绪，多表扬、多鼓励，好好养心，会让亲子沟通更加畅通无阻。"

育儿小妙招

一、前三年塑形

学习习惯早养之。小学一、二年级，是孩子养成良好学习习惯的黄金时期。如正确的坐姿、握笔习惯，按时完成作业的习惯，认真书写作业的习惯，仔细读题、审题的习惯，预习复习的习惯……低段孩子特别喜欢听老师的话，具有很强的向师性。而学校低段教学的重点之一就是培养学生养成良好的学习习惯。所以家长只要紧跟老师步伐，将课堂习惯训练延续到家庭中，加以巩固就可以了。父母只要多提醒、多监督、勤纠正、多表扬、多鼓励，孩子就会在老师和父母潜移默化的培养中，养成良好的习惯。

不良行为即改之。低段孩子由于情绪把控力差，不会很好地分辨哪些事可以做，哪些事不可以做，容易受一些小朋友的"蛊惑"，干出一些"出格"的事。其实他们跟着感觉走，不知自己错在哪里。如果家长知道了，要及时告知孩子这些行为是错误的，不能做。就像上面案例中的妈妈一样，第一时间找到孩子，给孩子留面子，将孩子带到单独的空间，然后进行紧急处理，适当的惩罚可以对孩子起到警示作用，让孩子印象深刻，以后再也不会越"雷池"半步。

学习方法善诱之。低段孩子，尤其是一年级小朋友，识字不多，理解力不够，在学习上难免碰到困难。父母可以像上面的妈妈一样，检查孩子的作业，发现孩子的错题，寻找错误原因，分析思考路径，然后及时捋出一条孩子能听懂的正确答题思路，辅导孩子学会、学懂。双减后，低段一、二年级不留书面作业，家长可以花时间陪着孩子进行亲子阅读，辅导他们学会一些阅读策略，也是很好的育儿方式。到三、四年级，父母完全可以放手让孩子自己检查作业、发现错误，寻找错误原因，分析给父母听，父母只要做个听众即可。当然听众要给予孩子及时的鼓励和指导，唤醒孩子的学习内驱力，变被动学习为主动学习，变"要你学"为"我要学"。总之，不同年段，父母要因材施教，学习方法也要因势利导，循循善诱之。

二、后三年养心

最是言语暖人心。父母的言语影响着孩子的未来。当孩子进入三年级后，他们的认知能力已经达到一定水平，他们不愿再做言听计从的乖小孩，他们有自己的思考和对问题的独特见解，他们会反驳父母的建议，甚至完全推翻父母的观点。这会让一些父母误以为孩子变得叛逆了，而事实是孩子正在长大，有自己的个性和主见，这是一件值得高兴的事。这时的父母应该给予中肯的评价，多赏识、多鼓励，让父母的心与孩子的心联结得更加紧密，用言语温暖他们的童年。

最是成长抚人心。小学中高段的孩子心理逐渐成熟，变得懂事好学，有自己的主见，校内学习可能已经无法满足他们的要求，父母可以在节假日、周末多带孩子出去玩玩。"读万卷书，行万里路。"父母可以让孩子自己策划出行攻略，给足他们自主选择的空间，甚至可以放手让他们与小伙伴一起外出进行探究性学习。当然前期可以给予一些攻略指导。这样培养出来的孩子有主见、有魄力、有行动、会思考、爱探究。父母应给足孩子自我成长空间，为成长加速，从而实现孩子的自我成长。

最是关系悦人心。良好的亲子关系可以为孩子的一生奠基。进入高年级，父母不应以权威压制孩子，而应站在朋友的角度，接纳、理解孩子出现的不良情绪，给予安抚、引导，让孩子充分感受到父母的爱，建立亲密的亲子关系。让孩子借着父母的肩膀靠一靠，释放学习上的压力，陪着他们走过小学六年。

总之，小学六年，前三年父母要着眼于习惯培养、兴趣激发，外化于行；后三年关注孩子情绪是否稳定，心理是否健康，重点是养心润德，内化于心。

没有规矩，不成方圆

——如何给孩子立规矩

问题触发器

逛商场时，我碰到了发小与她女儿。好久不见，我们特别开心，寒暄几句后，我弯下腰跟孩子打招呼问好，孩子把头一扭不理不睬。后来我们找了一个咖啡店坐下，没聊上几句，孩子忽然要手机看小视频。妈妈不给，孩子就扯着嗓子大哭大闹，引得周边的顾客往这边看，有的甚至皱起了眉头。妈妈拗不过，只好把手机给了她，并告诉她只能玩十分钟。时间到了，发小想要回手机，孩子不肯，妈妈强行取回。孩子忽然爬上桌子，"啪"的一声打在妈妈脸上，并说讨厌妈妈，然后躺在地上撒泼打滚。妈妈很是尴尬，只能无奈地把手机重新递给孩子。

过程巧沟通

发小摇摇头，一脸无奈。我问发小："孩子读几年级了？"她告诉我孩子今年读一年级，因为小时候是爷爷奶奶带的，比较宠孩子，孩子一哭，什么都由着她，所以很多习惯没有养成，还常常撒谎。她一边叹气一边吐苦水。

我大致明白了孩子的情况，告诉她："你应该在孩子3岁左右给她立规矩，什么事情该做，什么事情不该做，什么是对的，什么是错的。"

发小很后悔说："哎，我也是第一次当妈妈，什么都不懂，坏习惯已经养成，现在改变太晚了。"

我连忙安慰她："你虽然错过了最好的立规矩时间，但现在为时不晚。因为一、二年级正是养习惯、立规矩的第二个黄金期，我们可以利用小学孩子的向师性，借助学校教育的力量培养良好习惯。"

发小顿时来了兴致，我告诉她："首先回家可以召开家庭会议，表扬孩子已经养成的很多好习惯，同时以爱的名义，告诉孩子，爸爸妈妈爱她，希望她变得更加优秀，然后与孩子一起商量制订几条容易执行的规矩。"

"我该立哪些规矩呢？又该怎样立规矩呢？"发小很迷茫。

我告诉她："规矩就是家规，就是我们小时候父母常常挂在嘴上的，要求我们做到的为人处世准则。规矩涵盖较广，包括作息、卫生、礼仪方面的内容。"

我整理了一些规矩供她参考借鉴：

1. 立担当：做错事情，要勇于承担责任，敢说"对不起"。
2. 立教养：见人要主动打招呼，哪怕微笑一下也行。
3. 立习惯：玩完玩具后要放回原位，学会整理自己的房间。
4. 立边界：分清自己和别人的东西，不要随便拿别人的东西。
5. 立尊重：不要随便打断别人的话，要学会倾听。
6. 立素质：不可撒泼打滚，不许说脏话，不要乱发脾气，有事说出来。
7. 立承诺：答应别人的事说到做到，要信守承诺。
8. 立独立：自己的事情自己做，如穿衣、洗漱、吃饭。

发小连声夸赞，说想去尝试这些规则。我告诉她，凡事要慢慢来，抱着"牵着蜗牛去散步"的心态去养孩子，欲速则不达。

后来我又跟她聊了很多立规矩的方法，然后各自回家。

育儿小妙招

也许在许多人眼里，孩子喜欢无拘无束、自由自在的生活，有了太多规矩约束，孩子就会不快乐。事实上，孩子喜欢有规律的生活，如果一个家庭有明确的规矩，孩子就会有章可循、有法可依，明白什么事该做，什么事不该做，什么时候该做什么，什么时候不该做什么。孩子能养成自律行为，能合理规划时间，明白边界在哪里，底线在哪里，这对他们的成长有利而无害。

没有规矩，不成方圆，要想让孩子长成父母所期待的样子，就必须有意识地设计孩子的成长轨迹，设立一些规矩去约束他们。那怎么给孩子立规矩呢？

有专家指出，严厉型的父母往往过于控制，缺乏善意。父母专权独断，制订规矩让孩子严格执行，会让孩子产生逆反心理，不愿打心底里去执行。宠溺型的父母往往没有边界，守不住规则的底线，孩子一哭闹，马上妥协。以上两种父母给孩子立规矩容易以失败告终。而民主型的父母，往往以友善、尊重的姿态与孩子商量，征得孩子同意后再去执行规则，孩子心里愿意接受，执行起来更容易成功。

一、商量报备，签约上墙

父母可以召开家庭会议，根据孩子的年龄和习惯养成情况，与孩子商量制订力所能及的规则。然后与孩子签署守规则合约，贴到家里比较显眼的地方，以便随时提醒孩子，养成规则意识。

二、复述规则，强化意识

父母可以让孩子多回顾自己制订的规则，复述规则。如每天看电视三十分钟，时间一到，自己关掉电视。通过这样的复述形式，强化孩子的规则意识。

三、及时反馈，循序渐进

定期观察孩子的日常行为，及时反馈孩子在执行规则过程中做得好的地方，以多种形式奖励强化行为。如对于低幼孩子，可以奖励糖果等孩子喜爱的小物品，也可以奖励看电视等活动型行为。对于高年级孩子，可以奖励养小动物等拥有形物质，也可以奖励精神方面的内容，如一个拥抱、一句夸赞等。但习惯养成是一个长期的过程，并不是一蹴而就的，需要家长保持耐心，不打骂、不纵容、不伤自尊、不唠叨、多鼓励、少批评，循序渐进，持之以恒。

四、跳出思维，学会变通

规则执行一段时间后，孩子已经养成规则意识，父母可以适当放宽要求，如制订的规则是早上7：30准时起床，晚上8：30准时睡觉，每天可以看三十分钟电视。但到了假期，孩子已经养成较好的习惯，就可以适当放宽要求。特殊情况特殊处理，让规则留有弹性，让孩子跳出思维，学会变通，以不变应万变。

双向奔赴，共护成长

——如何守护原则和规则

问题触发器

自修课上，孩子们静静地做着练习，语文老师韩楠正专注地批改着作文。她的儿子安安也静静地坐在教室后看着，不时地东张西望。忽然，班里有人窃窃私语，渐渐地声音大起来，中间老师多次提醒未果，有个胆大的学生居然站了起来，教室气氛开始躁动……

韩楠老师皱起眉头，声音有所提高，她警告学生管好自己，如果不遵守自修纪律，罚做一张练习。刚开始，这小小的警告起到了一点威慑作用。可没有维持太久，教室又炸开了锅。小家伙安安看看妈妈，又看看哥哥姐姐们，不解地问妈妈为什么不遵守自己刚才的规定，让妈妈赶紧发练习惩罚学生。作为年轻的老师，韩楠一时不知该怎么办。

上面是朋友韩楠的自述，当时由于年轻没有经验，面对孩子们，她居然骑虎难下，不知所措。她今天特地问我，如果是我，该怎样处理？

过程巧沟通

我静静地看着她，微笑着，用眼神提醒她，希望她自己进行反省。

她似乎意识到了，用双手捂住眼睛，不敢直视我，怯怯地说："麦子老师，我知道自己做得不好。我从来没有碰到过这类事情。在妈妈和老师双重身份下，面对学生不守规则，儿子提出要我守住原则和底线，我不知如何是好。这是学校教育和家庭教育的双重抉择啊！我彻底'沦陷'了。对于我这个刚入职场没有多久的新老师来说，太难了！"她故作"呜呜"状，在我面前撒娇卖萌，我已经习惯了。

"你知道自己错在哪里吗？"我继续引导。

"我知道应该引导，应该处理，但我不知怎么引导。"她一脸茫然，继而迫切地看着我，"麦子老师，别卖关子了，赶紧给我支几招。"

"作为妈妈，你该给孩子什么？"

"当然是榜样作用，说到做到，言出必行。"她毫不犹豫地说，"天哪，我当时居然蒙了，没有想到这点。"她拍打着自己的脑门，一副肠子悔青的模样。

我意味深长地轻嘘了口气："那你该给学生什么？"

她不假思索道："国有国法，家有家规，要教会学生守规则，言出必行，彰显师者风范。可是我当时觉得孩子们太辛苦了，不忍心加作业，我被自己的善良打败了。"

"我跟你的观点恰恰相反，我认为恰恰是你的善良和优柔寡断'坑'了孩子们一回。"我毫不客气地给了她当头一棒。

"为什么？没有这么严重吧？"她一脸疑惑。

"首先，你这么'不作为'，会让儿子觉得，我的妈妈做事没有原则，说话不算数，我以后可以把她的话当耳边风。"我顿了顿，只见她点了点头，用几乎让我听不到的声音自言自语道："我儿子和我老公都说我没有原则。"

"其次，你不惩罚，会让学生觉得，不遵守纪律也没有关系，老师只是说说，不会真正惩罚。"

此时的韩楠就像一个做错事的孩子，着急改正。她向我保证："麦子老师，下次我知道了，一定得守住底线，重塑妈妈形象，让儿子觉得我是一个有原则的妈妈。对学生来说，要么言出必行，要么三思之后再说话。这样才能带好班级，孩子们才会好好守规则。"

这时另一位老师夏夏抬起头，若有所思："那我们后续该怎么处理呢？"

"好，进入重点。首先，告诉儿子，妈妈为他骄傲，他是一个有原则的男子汉。其次，告诉学生，老师是个善良的老师，内心是不愿给他们加作业，增加负担的。但现场有小法官，他们要给弟弟当好榜样，让他们说该怎么办，自己讨论决定，来一场小小的辩论赛'罚还是不罚，理由是什么'。"

"哦，天哪，太完美了！我们被麦子老师的教育智慧折服了。"她们秒变"小迷妹"。

"别恭维我，说重点，最后的结局由学生讨论决定，我想，这样既给孩子一个有原则的交代，也不违背你善良的本性。学生也不会因为增加作业而记恨你，反倒通过反思，明白守规则的重要性，对下次的课堂纪律也会有一定的警醒作用。"

育儿小妙招

中国的很多职业都是先培训再上岗，但是当父母没有岗前培训。家长边摸索边学习，跌跌撞撞、摸爬滚打，好不容易积累了经验，可是孩子已经长大。韩楠老师初为人母，没有经验；初为人师，虽然接受过专业培训，但实战经验不足。当双重身份"邂逅"，她难免会被搞晕，不知所措。作为师长，我们该怎么做呢？

一、制订规则，培养意识

法国作家罗曼·罗兰说："人生应当做点错事。做错事，就是长见识。"孩子在成长中，难免会犯错。熊孩子之所以熊，是因为没有人教他懂规则、守规则。父母要有从小"立规矩，长大不难管"的意识，协助孩子制订规则，培养孩子的规则意识。

没有规矩，不成方圆。首先，让孩子明白师长制订规则的原因是教会他们为人处世的界限，避免在错误的路上越走越远，为自己的言行负责，培养自律的行为。其次，制订规则时，要与孩子商量着来，只有孩子同意接受的规则，执行起来才会没有阻力。孩子乐意接受，更容易建立规则意识。再次，制订的规则要简单明晰，不复杂，方便孩子理解、操作。这样的规则，孩子容易遵守。

请师长谨记：每个成长的小孩都会犯错，这是成长的必经之路。师长要允许他们犯错，但也要引导他们改正错误，找到解决问题的正确方法，那就是从小培养规则意识。

二、执行规则，守住底线

规则一旦制订，师长尽量不要随意改动。因为孩子年龄小，容易忘记规则，要时常提醒孩子守住规则，不要因为自己的疼爱，而不忍心惩罚他们，不能说到做不到，选择妥协、退让，那将对孩子产生不良的影响。

师长在培养孩子守规则的过程中，要循循善诱，循序渐进，让孩子从制订—打破—承担—主动遵守中明白规则的界限。"养不教，父之过。教不严，师之惰。"师长在孩子打破规则时，不要疾言厉色，应温和而坚定地执行规则，底线要稳定，不可动摇。惩罚要适度、合理，让孩子明白为什么受罚，要负怎样的后果。这是根除错误的关键，可以教会他们懂得为自己的行为负责。当孩子主动遵守规则后，师长要多用正向的语言及时鼓励他们，让他们感受自己努力后，被认可和肯定。师长要发挥自己的榜样作用，言行一致，态度坚定。

教育不仅需要温度，更需要有尺度，才能帮助孩子树立规则意识，养成守规则的习惯。正如美国心理学家、教育家简·尼尔森的《正面管教》中的一句话："没有规则的爱，对孩子来说无疑是包裹着糖衣的砒霜。"师长要从小培养孩子的敬畏之心，养成做事要三思而后行的习惯，珍爱自己。

人生中，像上面韩楠所经历的事情不会太多，我想这不失为一种体验。也许，这种窘境在多年以后，会成为她记忆中挥之不去的经典桥段，也会为她的家庭教育和教育生涯积聚经验和力量。随着人生经历越来越丰富，她也会像我一样，面对突发状况更加应对有方。学会沉着冷静地思考，以损失最少为原则去处理事情。既要学会赏识，也要学会守住规则和底线。老师顺利把球踢回给学生，把主动权交还给学生，让学生自己决定。妈妈让儿子见证处理过程，培养规则意识，既守住了底线，又教育了学生，维护了有原则的老师形象，守护了孩子们的健康成长，可谓一箭三雕。

细节入手，细行律身

——如何培养孩子自主学习的能力

问题触发器

亲戚小聚，我碰到了小菲和她六年级的儿子。孩子很活泼，也有点小躁动，静不下来。吃完饭，小菲向我吐苦水，说孩子不乖，她操碎了心。她要求不高，只要儿子完成老师的寒假作业就行。她每天给孩子定的任务不多，但孩子还是无法主动完成，需要她反复催促。下周开始她回单位上班，孩子一个人在家，她不知道怎么办才好。从三、四年级开始，孩子成绩一路滑坡，现在成绩居于班级中下水平。

过程巧沟通

我让小菲唤她儿子过来，当面与他聊几句。

这孩子不怕生，嘻嘻哈哈地过来了，但没有坐下，一直问："你找我什么事？赶紧告诉我，我还要回房间打游戏呢！"

我盯着他看，他倒落落大方，一点也不拘谨，我琢磨着孩子内心很强大。然后我开口道："孩子，我早就留意你了，发现你很活泼，充满朝气；你很有礼貌，我们一叫，你就赶紧跑过来了；你很有智慧，因为眼里闪烁着智慧的光芒。"

一顿猛夸后，孩子倒是不好意思起来，摸着脑袋嘿嘿地笑。

小菲接话了，说："很难得碰上麦子老师，你想不想通过麦子老师的帮助，改变学习现状呢？"

我跟他开玩笑地说道："你想不想从普通的孩子一跃成为惊艳同学们的对象？"

孩子顿时来了兴致，但又有点半信半疑。妈妈在一旁列举了一些我成功改变孩子的案例，孩子立马安静地坐到我身旁，眼巴巴地看着我。

我又是一顿猛夸："哇，我发现你很有上进心，有想改变自己的决心，这样的孩子不怕学不好。"孩子的兴致更浓了，听得更加专注。

小菲觉得很神奇，孩子的表现出乎她的意料，印象中，她的孩子专注力不是很集中，听她说话常常心不在焉，偶尔会敷衍。

孩子也告诉我："老师上课，我的思绪总会翻飞，而且我不喜欢语文课。"我让他读一段文章给我听，他读得很流畅，很有节奏感，语感完全没有问题。

我告诉他："你的专注力完全没有问题，而且到六年级了，专注力完全掌控在自己手里，就是看自己愿不愿意集中注意力去听。"

孩子点点头，表示认同。我摸摸他的头，明确告诉他："要想改变学习状况，需要在自律性、自控力方面做出调整和改变，你的提升空间很大。"

小菲说："哎，这孩子要改变的坏习惯太多了。怎么就单抓学习自律性？我有点不明白。"

我让她别着急，慢慢分析给她听："作为六年级的孩子，他已经具备自我约束、管理的能力，只要孩子对学习感兴趣，就能掌控自己的专注力。而兴趣来自学习的成就感，成就感来自优良的学习成绩带给他的成功体验。"

小菲似懂非懂，微微点了点头说："你能具体说说怎么操作吗？"

我也点点头，微笑着告诉她："你要想提高孩子的学习兴趣，培养学习自律性，促进学业成长，首先要让孩子调整一下学习重心，以预习新内容为主，复习旧知识为辅。"

小菲还是不明白，也不知道怎么操作。我向她慢慢解释其中的道理，她觉得有道理，告诉我："我想起小时候，因为学习跟不上，被留了一级，重新去读旧内容，似乎一下子开窍了，成绩变优秀了，学习兴趣自然变高了，所以我才有了今天的幸福生活。你刚才讲的，我理解为，让孩子利用暑假两个月时间，预习完新内容，下学期去上学，好比留了一级，重新学习，他会变得很有自信。"

"可以这么理解吧！两者有相通之处。"我肯定了她的联想。

"那我们该怎么预习呢？你是老师，能告诉我们一些预习的流程吗？"小菲问出了关键问题。

我点点头，回答道："当然可以啦。"

于是我把预习新内容的流程告诉他们。

第一步，读课文，熟悉内容。

第二步，思考课后题，努力寻找答案。

第三步，可以买一些教辅资料，或者网上寻找配套课件，一边翻阅自学，一边记录重点笔记内容。

第四步，买一套简单的练习，检验自己的学习效果。让孩子自己去对答案批改，自己去分析错误原因，自己去思考、总结、归纳。

妈妈很用心，一边听一边记笔记。

我提醒他们："刚开始学习时，父母要先辅导几次，然后慢慢放手，让孩子自己去摸索预习过程。你们不要在意孩子学得有多好，只要学个半桶水就可以了。原因是下学期回学校还要继续学，若学太好，容易让孩子骄傲，进而对学校的学习产生懈怠的态度。"

小菲点点头道："嗯，我懂。"

最后，我还告诉小菲相关的训练自律性的流程和注意事项。

第一步，全家召开重要的家庭会议，与孩子一起商量制订预习计划和自律规则，明确奖罚制度。

第二步，开始执行，父母先协助孩子学会预习方法，然后放手让孩子独立完成预习计划内容。

第三步，每周召开家庭会议，隆重展示一周自律性培养的阶段性成果，给予孩子鼓励和奖励，激励他继续保持。

育儿小妙招

英国文豪萧伯纳说过:"自我控制,是最强者的本能。"只有自律的孩子,才能挖掘自身的内驱力,从被动学习变为主动学习,对学业、以后的工作大有裨益。

上面案例中的孩子,因父母管束太多,尚未养成良好的学习习惯,学习兴趣不高。如果想在短期内全部改变,对孩子、父母来说,挑战较大。所以父母可以从细节入手、小处着眼,将大问题化解成一个个小问题去解决,这样孩子愿意接受,父母调整养育方式也相对简单、易操作。

一、树立榜样,正向引领

"以人为镜,可以明得失。"榜样不仅是一面镜子,也是一根标杆、一盏指明灯、一枚指南针,给人以正向引领。

首先,父母是孩子的第一个榜样典范。孩子每天默默关注着父母的一言一行,如果父母是自控力极好、自律性极高的人,孩子自然也会在父母潜移默化的影响下,变得自律。

其次,榜样可以来自多方面,父母平时引导孩子关注身边自律的同学、亲朋好友;也可以关注书中的名人,孩子学习榜样人物的事迹,从而好好学习,养成良好的自律习惯。

二、制订计划,目标导行

习惯养成容易,改变难。父母要想培养孩子的自律性,首先,可以召开家庭会议,多多发现孩子的闪光点,放大他的优点,清楚明白地表扬孩子,给予孩子信心和鼓励,挖掘孩子的内驱力,使孩子找回学习自信。

然后,让孩子提出自己需要改进、提高的地方,并与孩子一起商量着制订改变计划,并解释清楚具体操作步骤和流程。前期父母要扶着,先扶后放,张弛有度。如上面案例中的妈妈一样,以预习为突破口,让孩子预习完下学期新内容，提前起飞。预习后的孩子犹如一个老驾驶员，带着知识储备去学习，领跑在前面，跑赢昨天的自己。有了自信，改变学习现状就指日可待。

制定目标时，目标不能太大，要尽量简单、可操作，让孩子跳一跳就能摘到果子，尝到学习的甜味。

假期是孩子娱乐的大好时光。父母与孩子商量制订计划时，要以玩为主，每天抽出一小部分时间用来学习、做作业，他们才会乐意接受，不产生抵触情绪。

三、坚持不懈，从小抓起

学习习惯的培养不是一蹴而就的，而是需要循序渐进的。尤其是小学低段孩子，他们自我约束力差，自己想怎么来就怎么来，习惯养成后，也会经常反弹，所以需要父母不厌其烦地监督、训练，提醒孩子"倒车请注意"。而对于高年级孩子来说，他们的一些不良习惯已经养成，要改变固化的不良行为，势必让孩子心里不舒服，内心感到痛苦，好比要给一颗成长中的小树修剪枝条，剪的过程就是"痛"的过程，势必引起抵触心理。因此，好习惯要从娃娃抓起，避免长大后才去修正。

四、及时反馈，赏罚有度

美国心理学家罗斯和亨利曾做过有关反馈重要性的研究，实验说明反馈对孩子极为重要。及时反馈，能让孩子更清楚自己的学习状况，及时做出合理的调整、改变，有助于孩子学习新知识、新技能，带动成绩稳步提高。

所以父母在培养孩子自律性时，每天要定时、及时反馈情况，引导孩子做出相应的调整。特别是培养初期，反馈尤为重要。孩子执行过程中，比较自律，父母可以通过奖励、表扬的形式加以推动，巩固良好行为。当孩子出现懈怠、懒散等状况，父母不要操之过急，也不要盯着缺点不放，要耐心指出问题所在，给予正向引领，不打击、不辱骂，多鼓励、少批评，切勿唠叨。

对于低段孩子，给予适当的物质奖励，有利于养成自律行为。孩子进入高段后，父母要慢慢转变奖励机制，以精神奖励为主，如一句表扬、一个拥抱、一个微笑等，让孩子收获自律带来的成就感。

奖惩制度如何确立呢？父母可以通过家庭会议，全家商议表决通过。形成文字，和孩子签下契约，贴到显眼的地方，方便每天作为及时反馈的依据。奖励可以采用积分的形式累积，兑换奖品，让孩子养成延缓享乐的习惯，培养自控力。惩罚可以与孩子商量，选择他愿意接受的，又可以起到很好约束的方式，如孩子没有达成目标，就要缩短喜欢的项目的玩耍时间，以便培养自我约束力。

当然，除了家里父母的鼓励、赏识、奖励外，学校老师的激励也非常重要。父母可以将孩子的表现分享给老师，帮助老师增加对孩子的了解，及时反馈表扬。家校合力，达到事半功倍的教育效果，激励孩子向前。

总之，父母培养孩子的自律性，要从细节入手，通过每天对细小行为的约束来达成小目标，步步积累，从而达到大改变的效果。

腹有诗书气自华

——如何引导孩子爱上阅读

问题触发器

丹丹老师对孩子的教育很是上心。有一天,她突然问我:"父母给孩子讲故事从孩子几岁开始比较好呢?看什么书?男孩和女孩在读物选择上有什么区别?有没有什么办法让孩子爱上阅读?"一连串问题带动了办公室老师们加入讨论的兴致。

过程巧沟通

小项老师首先皱起了眉头说:"我家孩子2岁了,特别喜欢听故事,反复听一个故事,不会厌倦,还不让换故事。有时我的喉咙都读冒烟了,实在困得想睡觉,可是孩子仍旧精神亢奋,一个劲嚷着要继续听相同的故事。"

很多妈妈感同身受。小鱼老师说:"我儿子今年3岁,特别爱看绘本,我不知道怎么引导读绘本,只是读上面的文字,一会儿就讲完了。"

"麦子老师,你是怎么培养女儿爱上看书的?"小王老师打断了我的思绪。

"对于孩子的阅读,我是非常重视的,记得怀孕初期,就每天给孩子读故事了。"

小伙伴们投来惊艳的目光:"哇,麦子老师从胎教开始培养,真是一位用心的好妈妈,难怪姑娘这么优秀。"

"我对孩子阅读兴趣的激发，阅读习惯、阅读能力的培养是非常上心的。从孩子生下来开始，我就天天给她讲故事。刚开始，孩子还不会讲话，也不大懂故事内容，所以她无法安静地坐着听大人讲故事。我会在每天固定的时间，拿着一本低幼启蒙经典读物，如《格林童话》《安徒生童话》等跟在她的屁股后面跑，追着讲故事给孩子听。孩子一边听一边玩，尽管是无意识地被动听故事，但效果还是有的。等她大一点，偶尔会主动要求听我们讲过的故事。我会在孩子睡觉前给她讲故事，这时的她总算能安静下来了。随着年龄的增长，她渐渐学会说话，也积累了一些词汇量，能听懂一些故事内容。这时的她会主动提出要听故事，由于词汇积累不多，只能理解一些她听过的、听熟的故事，这就是孩子为什么在这段时间，总喜欢听同一故事的原因。"我饶有兴趣地分享着。

　　小项老师恍然大悟，若有所思道："我家姑娘好像比较喜欢读故事类童书，我家儿子比较喜欢看图画类童书，更多的时间爱看科普读物，如《我们的身体》《恐龙世界》等。"

　　"对的，男孩大多趋向于理性思维，他们喜欢看科普类读物；女孩大多比较感性，喜欢看童话、小说等情感线比较强的儿童读物。"我解释道。

　　丹丹老师听完大家的讨论，急了："我儿子快4岁了，我还没有给他读过课外书，是不是太晚了？我该怎么办？让他听录音可以吗？"

　　"3岁看大，7岁看老，阅读起步确实有点晚了。但只要你现在开始，也是来得及的。最好的阅读模式是亲子共读，就是爸妈讲故事给孩子听，并在讲述中间插入一些问题，引发孩子动脑思考。在故事发展中期，也可以引导孩子预测故事内容，猜猜即将发生什么事情，或者可以让孩子创编故事、续编故事，培养孩子的想象能力。讲完故事，让孩子复述故事，有声有色地讲给你听，提高孩子的记忆力。"

　　我滔滔不绝地谈着阅读方法。小项老师打断了我："哇，麦子老师，这些方法真好，真是我们这些新手妈妈们引导孩子爱上阅读，培养阅读习惯的及时雨。"

　　丹丹老师似乎还想知道更多，一直眼巴巴地看着我。我说："其实只要你坚持给孩子讲故事，总有一天，孩子会爱上阅读的。一旦爱上，你就会喊累。这时我还可以给你支一招，每次讲故事前，与孩子约定，孩子提几个问题，你就讲几个故事给他听。这将极大地激发孩子的思考能力和挑战欲望，同时也给自己讲故事时间设限，两全其美。"

"哈哈哈，这招高！"办公室里响起了欢乐的笑声。

育儿小妙招

阅读是人类获取知识、认识世界、发展思维、获得审美体验的重要途径。有研究发现，阅读能力对孩子理解、分析能力的培养起到关键性作用。

如何培养孩子的阅读习惯呢？孩子几岁开始阅读比较好？如何激发阅读兴趣？如何培养阅读能力呢？

一、营造家庭阅读氛围

孩子爱上阅读，需要父母用心营造浓厚的书香氛围。家里摆个书架，放满各类书籍，让家庭飘满书香。孩子随处可以看到书，随手可以拿到书，如客厅沙发上、床头柜上、餐桌旁，甚至厕所里，都可以放书。父母也要常常阅读，给孩子当榜样。孩子在家人的耳濡目染下，会慢慢爱上阅读，享受阅读的快乐时光。

二、创造课外阅读时间

让孩子养成良好的阅读习惯，并非一朝一夕能做到，而在于长年累月的坚持和培养，所以培养孩子阅读习惯越早越好。有心的父母可能从胎教就已经开始给孩子读一些启蒙读物了。

如果你的孩子快要上小学了，还没有开始培养阅读习惯，那就抓住阅读习惯培养的第二个黄金期，跟着老师的节奏培养阅读习惯。如每天晚上完成老师布置的阅读量，根据年段的不同，传授不同的阅读方法。低段以听故事、回答问题为主；中段以想象、创编、复述故事为主；高段孩子已经具备一定的阅读能力，可以引导孩子圈圈画画，做阅读笔记，写阅读感受等。

周末父母可以带着孩子去图书馆挑书、借书，或是去书店买书，接受阅读的熏陶；节假日组织家庭阅读分享会，聊聊书中人物，聊聊阅读中产生的疑惑以及发现的有趣问题；也可以邀请小伙伴一起到野外阅读，亲近大自然的同时，聊聊书中内容，别有一番滋味。

三、制订长短期阅读计划

父母要增强孩子的目标意识，对于阅读也一样。可以跟孩子一起商量制订一份阅读计划表，表格中可以设定长期目标和短期目标。如今年孩子准备读完几本书，一年要完成多少量，一学期、一个月、一周、一天的阅读量又是多少。引导孩子将大目标分解成几个小目标，让孩子努努力就能完成，极大效度地激发孩子的阅读兴趣。然后将这些阅读目标写在纸上，贴在家里显眼的墙上，让孩子每时每刻都能看到阅读进度。父母也可以与孩子一起设置一些阅读奖励机制，孩子每完成一个小目标，可以实现一个阅读小心愿。如看一本书，就去旅行一次，"读万卷书，行万里路"，拓宽孩子的视野，激发孩子的阅读兴趣。

四、开启亲子共读模式

亲子共读模式，指父母绘声绘色地讲故事给孩子听，是培养孩子阅读习惯的最好方式。特别是低幼儿童识字不多、理解力不够、缺乏阅读方法，亲子共读能很好地解决种种问题。父母在给孩子读故事时，建立了良好的亲子关系，父母就是孩子最好的老师。亲子共读时可以从以下几点出发。

题目引发想象：父母可以引导孩子根据题目展开猜测和想象，如讲《白雪公主》前，可以问问孩子："看到题目，你猜猜会发生什么故事？你的脑海中浮现了怎样的画面？"

预测故事发展：故事讲到中间可以停一停，问问孩子："假如七个小矮人是一群坏巫师，白雪公主该怎么逃生呢？"也可以让孩子预测："接下来又会发生什么事情呢？"培养孩子的想象力。

续编故事结尾："白雪公主嫁给了白马王子，可能会发生哪些离奇有趣的故事呢？你能接着续编故事吗？"

复述故事内容："读完整个故事，你能将故事讲给我听吗？"可以让孩子复述整个故事，考验孩子的记忆力和创编故事的能力。

探究深层话题：对高年级的孩子，父母可以加入一些话题，如：喜欢里面的哪个人物？为什么？书中作者的哪些写作方法值得我们学习？

总之，亲子共读能让阅读走向深层理解，让阅读变得有效。长此以往，孩子的阅读理解力变强，阅读方法更多样，作文表达水平提高，语文成绩自然顶呱呱。

习惯养成容易改变难

——如何改变孩子上学迟到的习惯

问题触发器

早上8：20，我和孩子们已经开始上课。忽然，教室后门被人打开，从门缝里探进一个小脑袋。小亚眼神闪过一丝惊慌，随后低下头"嗖"的一下窜到课桌前，手忙脚乱地翻找书包，"啪"的一声放下语文课本，"咣当"一屁股坐下来，结果摔了个四脚朝天。全班孩子被这波操作惊呆了，继而哈哈大笑起来。小亚尴尬地摸着脑门，不知怎么办才好。下课，我打电话问小亚妈妈，了解孩子经常迟到的原因。妈妈无奈地告诉我，孩子做事不慌不忙，起床慢，吃饭慢，做作业慢，总之习惯太差了。

过程巧沟通

下午放学后，我约了小亚妈妈，聊聊如何帮助孩子改变迟到的习惯。小亚妈妈如约而至。我们寒暄了几句，直接进入主题。

小亚妈妈一脸迷茫，不知怎么办才好，她告诉我："小亚是姥姥带大的，隔代亲，姥姥对小亚特别宠溺，舍不得让孩子干任何事，一切都由姥姥代劳，姥姥剥夺了她很多动手实践的机会。也怪我忙于工作，忽略了对孩子生活习惯的培养，这是我们父母的失职。"

我微微点头，示意她继续。她想了想，叹了口气道："她从小到大都磨磨叽叽，吃饭要边跑边喂，一碗饭不知要喂多久。那时我初为人母，年轻不懂教育，只觉糟心，深感养儿不易。"

我也表示理解："是啊，我们同为妈妈，我理解带孩子的难处。"

"孩子上幼儿园更糟心，不管怎么叫都起不了床，好不容易去上学，结果到学校差不多可以吃午饭了。她还三天打鱼两天晒网，一星期上不了两天学。"

"哦，跟上幼儿园时比，孩子现在有很大的进步，每天能在8点左右到校。"我半开玩笑道。

妈妈有点难为情地说："可能是私立幼儿园的原因，幼儿园老师太仁慈了，从不因为孩子迟到而责备、惩罚她，我们也秉承快乐学习的理念，让孩子散漫地读完了幼儿园。"

"是啊，我跟你一样，孩子上幼儿园时，也不太重视孩子习惯的养成。潜意识里觉得，自己小时候没有上过一天的幼儿园，也过得好好的。等孩子上小学再好好养习惯。上小学后，我发现错了，改变一种已经养成的坏习惯远比养成一种好习惯难得多。"我继续分享，"上小学第一天，孩子很兴奋，在我的鼓励和姥姥手忙脚乱的协助下，她完成了穿衣、洗漱和吃饭等程序，高高兴兴上学去，没有迟到。好景不长，没过几天，孩子又迟到了，连续多天踩着铃声进入教室。老师是我的好朋友，从我女儿小时候就认识，她可能在等待着，没有批评我女儿。姥姥也深知要让孩子守时，不然会耽误学业，但在她长期的'纵容'下，似乎也无'回天之力'，除了每天催促她，'快点！快点！要迟到了！'别无他法。"

小亚妈妈深有感触，也略感无力，她问我："是什么触动了你要改变？"

"有一天，我送孩子去学校。她慢吞吞地进入校园。铃声响了，她才加快脚步匆忙进入教室。远远地，我看见孩子战战兢兢的样子，真是五味杂陈。她的内心多么惶恐，老师对她的印象多么不好，她错过了多少授课内容，这会影响多少知识的学习……我无地自容。所以从那时起，我下定决心要将孩子迟到的习惯改掉。"

小亚妈妈听我说完，顿时来了信心，迫切地看着我说："怎么改的？有什么小妙招赶紧传我几招。"

"刚开始，我是通过摆事实、讲道理，晓之以理、动之以情地教育她，培养她的时间观念，短期内收到一定效果，但随着姥姥接送，她的坏习惯又反弹了，回到原点。我陷入了沉思，哪里出问题了呢？"

"对对，其实我和她爸爸也努力过，但以失败告终。"妈妈似乎找到了知音。

"接下来，我进行了多次实践改革。首先从改变自己开始，给孩子做好榜样。自己早睡早起，自己负责接送，自己负责监督管理作业，让姥姥得体退出。"

"嗯，我也改改睡懒觉的习惯，给孩子当好榜样。"妈妈信心满满。

"我是抓教育契机，家校合力，发动老师的力量，给予老师惩罚的权利震慑孩子，才让她开始改变的。"

"我们不心疼的，教育是需要适当惩罚的。"妈妈表示支持。

"我当时选择了一个早上，让孩子睡个够，不催不提醒，由着她的性子来。结果她迟到一节课，当她发现时，为时已晚。我们学着她以往的样子，慢吞吞地准备早饭，慢吞吞地开车。她急坏了，反过来催促我们快点。这时的我就变被动为主动，让她感受催别人的滋味。"

"这方法好，真高明！"妈妈一个劲地夸我。

"这时刚好老师打电话给我，询问迟到事宜。我跟老师事先沟通好，互相唱双簧。我把惩戒的权力放给老师，班主任也配合我们，让她站在门口，还狠狠地批评了她。孩子很少被老师批评，偶尔的批评教育效果非常好，简直是立竿见影。"回想当时情景，自己是有点狠。

"为了彻底改变她的不良习惯，我们晚上召开了第一次家庭会议，父母和姥姥先做自我检讨，批评自己催促太多，管理不力；接着把剩下的时间交给孩子，让她分析自己迟到的原因，聊聊迟到后的感受；然后以点带面，引导孩子回顾做哪些事也是拖沓磨叽，需要改进的，并一一罗列；最后全家总动员，商量寻找解决的办法，尽量以孩子的办法为主，并将好的办法一条一条用笔记录下来，全家人一起签订执行契约。"然后我将存在手机里的契约内容发给小亚妈妈看。

她看后如获至宝："天哪，这是个宝贝，我拿回家可以模仿着执行。"

执行契约：

1. 买一个小闹钟，定好起床、睡觉、做作业的时间，开启闹钟提醒模式，把姥姥叫起床变为自己起床，变被动为主动的自我管理模式。

2. 每天开家庭短会，家庭成员先总结习惯改变进展，及时表扬，赏罚分明，然后重点抓作业速度和效率。

（1）妈妈每天负责接送，了解作业情况。

（2）分析作业难易，商议完成时间。

（3）分解作业，妈妈辅导与孩子自主完成结合。

（4）劳逸结合，关注情绪。

3. 制订奖惩协议，及时反馈、奖励。期末颁发终身习惯养成杰出奖。

小亚妈妈边看契约边听我介绍，连连夸赞："这是个好主意！"

最后，我提醒她："习惯养成容易改变难。孩子的习惯是在反弹—纠正—反弹的反复中慢慢改正过来的。父母决心要大，坚持要久！如果还有其他的习惯问题，也可以借这股'东风'，借力打力，一并改正。"

育儿小妙招

很多专家说，养成一种习惯只要21天，而改掉一种习惯并重新养成一种好习惯需要约90天。这只是一种观点，实际情况我们无从考究。但可以说明一点，习惯的养成，不是一朝一夕间速成的，而是需要耐心地、充满智慧地长期坚守。想改变一种习以为常、根深蒂固的"坏习惯"，也是需要花时间、花精力的，甚至需要父母与孩子进行"持久战"。因为改变一种习惯永远比塑造一种习惯的成本更高。

老话说："3岁看大，7岁看老。"所以父母要抓住这个关键期，养成能影响孩子一生的各种好习惯。

一、抓黄金契机，家校合作借力打力

习惯养成容易改变难。从小学第一天开始，父母就要着眼于培养孩子各

种学习习惯，如怎么握笔、怎么书写、怎么检查、怎么快速运笔等。晚上的作业时间，可以与孩子商量，将时间切割成几个小段，包括做作业、玩耍、阅读、运动，要劳逸结合，才能让孩子轻松愉悦地养成良好的习惯。如果孩子没有养成良好的学习习惯，父母也要在孩子小学低段时帮助孩子及时调整、改变。父母要智慧地创造教育的黄金契机，借助孩子认同、信任的人帮助孩子养成好习惯，如抓住每个小学孩子都有向师性，愿意听老师的话的特点，发挥老师的权威作用。家校合力、借力打力，帮助孩子改正坏习惯，养成好习惯。这将起到事半功倍的作用。

二、父母直管，守住爱的边界

隔辈的宠溺，往往不容易让孩子养成良好的习惯，反而会助长孩子养成坏习惯。父母尽量自己接过养育的接力棒，选择合适的时机解放老人，让老人得体退出。父母亲手接管孩子，才能守得住爱孩子的边界，宽严有度。同时，父母陪着孩子一起学习，会让孩子感受到爸爸妈妈对他的重视和爱，有利于培养良好的亲子关系，只有亲子关系变得密切，孩子才愿意听父母的，一切坏习惯也会随着时间的推移和父母的重视而得到改善，改变起来更容易。

三、召开家庭会议，签订执行契约

全家总动员，召开家庭会议。父母先自我批评，坦诚地检讨自己做得不够好的地方，给孩子自我觉察的蓝本；然后让孩子对自己的习惯做自我解剖，一家人商量着讨论解决方法；接着将解决的办法以契约的形式写在纸上，与家人完成互相约束的签约仪式；最后还可以制订习惯养成奖惩公约，及时反馈、评价、激励，赏罚分明。真正让孩子成为学习的主人，变被动为主动，变他管为自管，变他律为自律，养成守时、惜时的好习惯。

特别提醒：有些孩子的慢是感统失调引起的，需要找专业人员进行测评，然后进行有针对性的家庭矫正训练，才可以达到"治愈"的效果。矫正最好在0~6岁进行，这样效果会更好。

你是孩子一对一的金牌辅导师

——如何有方法地辅导孩子

问题触发器

暑假初，表弟告诉我，他的儿子读二年级了，他没有时间监督管理，想把儿子送到补习班补课。杭州的家长很"卷"，一个孩子在暑假要报好多班，不是在培训班，就是在去培训班的路上。他问我该报什么班。

家里的堂弟联系我，说他的女儿这次考得很不好，尤其是阅读理解和作文失分较多，问哪里有补阅读和作文的培训班。

以前学生的家长联系我，说儿子读五年级了，学习一般，问我衔接初中该补什么。

他们还想了解我家女儿有没有送过辅导班，平时又是怎么辅导的。

过程巧沟通

有一天，我恰好有空，他们也有时间，我将他们拉进一个小群，用微信视频进行线上沟通。

采用这么有创意的方式，三位家长始料未及。他们兴奋地互相打招呼问好，催促我赶紧给他们讲讲。

我难为情地说："小学六年，我们没有给女儿报过学科类补习。那时的我忙于工作，很少关注孩子的学业，更没有时间教她，孩子是姥姥带得多。三年级期末考，孩子考得不理想，当时的我也为此焦虑过。"

表弟忙问："你难道没想过要把孩子送到补习班补课吗？"

"那倒没有，我们总想着等孩子大点应该会好起来吧！真如我所愿，迎来孩子学习转机的是三年级，孩子的学习态度、学习习惯、学习兴趣发生了很大变化，成绩也有了质的提升。此后，我们再也没有因为孩子学业问题而发愁。因为她学习稳步前进，一直到大学都有学习热情。她具备了我们父母放心的终身学习力。"我如是回答。

堂弟疑惑不解，问道："避开先天智力因素，你认为是什么改变了孩子的学习力，让她在学习的路上越走越稳健呢？"

我的思绪回到孩子三年级时，对当时印象很深刻，我告诉他们："三年级是孩子学习的转折期。记得那时的孩子语文和英语学得不好，作为教师的我特别内疚，从此将重心转移到家庭教育，努力当个合格的妈妈。我和老公分工辅导女儿的学业。我负责纠正并训练孩子的学习习惯，同时辅导她的英语和语文。她爸爸辅导数学和科学。姥姥得体退场。家庭成了有效的学习场所，父母成了女儿名副其实的家庭金牌教练。"

以前学生的家长眉头紧锁，为难地说："麦子老师，您是老师，当然会教了。我们不会呀，怎么办？"

"我教你们一些简单的辅导方案，保证你会。你只要坚持，肯定有效。"我给他们吃了定心丸。

"我家孩子很多习惯没有养好，怎么纠正训练呢？如果出现学科薄弱的情况，如何查漏补缺呢？请给我们支支招吧！"堂弟迫切地说。

于是，我将事先梳理好的文章《如何训练孩子的习惯》发到群里，供他们参考。为了让他们看明白，我让他们边看边听我具体分析讲解训练过程，有时我还辅以动作演示。

如何训练孩子的习惯

一、补学习习惯，抓学习态度

首先，抓孩子握笔、坐姿、书写习惯。女儿书写动作慢，我经过观察诊断，发现"罪魁祸首"是握笔、坐姿不正确。所以我重新手把手教她正确的握笔姿势，这是写好字、提高速度的不二法门。那时我借鉴了很多名家的握笔、坐姿方法，整理了属于自己的方法，一直沿用到现在，教学生的效果挺好。如：

口诀法（三个一）：大哥二哥对对齐，两指中间留一缝，手离笔尖一寸，眼离书本一尺，胸离桌面一拳。

找点法（五个点）：铅笔接触虎口一点，大拇指二点，食指三点，中指四点，小指贴近桌面五点。

形象法：握笔一二指围成一个圆圈似小水井，水井朝上，不要倒出水来。通过形象的说法，通俗易懂，边讲边演示。

提示法：时常提示孩子两脚平放、背直、肩平、屁股只坐一半凳子等，效果立竿见影。每天坚持训练握笔五分钟，直到孩子养成正确的习惯为止。

一直到高中，女儿做作业的速度在班级名列前三，号称"作业快手"。字迹工整，行款整齐，速度上乘，这些小成就是靠长期有心训练出来的，补习班帮不上忙。只有父母才是世界上最好的一对一补习金牌老师。

其次，改变孩子做事拖拉、不会整理的习惯。记得当时孩子的动作特别慢，你要她在桌子上找个本子什么的，她可能翻一节课都找不到，因为桌子凌乱不堪。你让她送个东西去办公室，她总是磨磨叽叽，挪不开步。直到现在我都在怀疑，孩子那时是否感统失调。

那时我也用了很长的时间，试了很多的办法训练：

第一步，授之以渔。我先教孩子学会怎么整理书桌，如大本子和大本子放一起，小本子和小本子放一起，叠整齐；大的放左边，小的放右边；等等。尝试各种方法，亲力亲为。

第二步，秒表计时。教会孩子后，我特地买了一个秒表计时器，培养孩子与时间赛跑的能力。计时开始，孩子就有了紧迫感，整理速度自然上去了。经过一个学期的强化训练，孩子的动手能力增强了，整理方法熟练了，整理意识提高了，习惯也养成了。然后我们再去训练别的习惯，如学习整理房间、整理衣柜、整理书包等，让孩子触类旁通，家长慢慢放手。

经过日复一日的训练，坏习惯在我的发现和坚持纠正下，一个个被扭转。我们知道，养成一个习惯只要21天，而改正一个习惯可能需要几个月。因为此时的孩子像正在随性生长的小树，枝丫任意狂长，四处蔓延。我们要想把孩子改造成我们想要的样子，裁剪的过程是痛苦的，他可能会反抗、敌对、反弹，但我们只要陪着孩子，好好沟通，用心培养，用情感化，总会养出好习惯来的。

二、补知识漏洞，授学习方法

陪伴是最长情的告白。父母如何在学科补习上，查找知识漏洞，亲力亲为地传授方法呢？

第一步：诊断先行，寻找原因。父母和孩子一起将他做过的试卷、练习整理成一本错题集，然后与孩子一起分析错误的类别，整理知识漏洞，梳理错误原因。

第二步：归类命题，触类旁通。父母可以将错题擦掉，让孩子重新做，看会不会做。然后寻找一两道同类题目让孩子说说解题思路，如果会了，就没有大问题了。

第三步：借助他人，请教学习。印象最深的就是女儿和她爸爸常常为了一道题而争论不休，现在回想起来，多么温馨美好。有时我们也会寻找班级任课老师的帮忙。有时我们碰上自己不会的学科，可以引导孩子上网查资料，寻找解决的办法。现在网络这么发达，只要有心，问题总会解决的。

曾经，有个亲戚找到我，说孩子阅读理解很不好，总回答不到点子上，问我怎么办，让我帮忙补补。我告诉他求人不如求己，如果他愿意，我来培训父母学会教孩子阅读的方法，然后父母每天去执行。因为父母有大把的时间与孩子在一起，每天只需要抽十分钟训练阅读理解，一个学期后，孩子就可以提高阅读能力。亲戚答应了。

第一，聆听初诊。我让孩子读一篇文章。发现阅读理解不太好的孩子，往往阅读节奏、阅读停顿、阅读重音把握不准，更不要说读出感情、读出韵味了。所以我要求亲戚回家后首先训练孩子学会朗读课文，读出停顿、读出节奏、读出重音，然后再训练读出感情。因为只有会读了，我们才能判断他是否理解文章。这样坚持训练一段时间，我再教他下一个步骤。

第二，传授方法。我在训练阅读理解时，方法是三步走：

第一步，读懂课文，边读边思考每一段写了什么。

第二步，读题目，圈关键词，标出有几个问题，并标上序号，看看分值等，以便孩子能抓重点，分层次精准完整回答，避免跑题、离题，或者没有回答完，丢题。

第三步，原文找答案。小学的阅读理解题，大部分是以提取信息为主，再向感悟延伸。我们要训练孩子在原文找答案、找依据，培养他们提取信息的能力，寻找答案的来源。

其实方法还有很多，针对不同的孩子，我们在实践过程中，可边调整，边教边积累经验。

看我整理的文稿，他们发出了惊叹："一个孩子的成长，家长付出了多少心血呀！我们听了都很感动。你这方法很实用，适合大部分有心的家长。我们今晚受益匪浅。"

临近结束，我还告诉他们："孩子小学时，如果父母狠抓巧养，一、二年级是家长养好孩子习惯的黄金期，父母辛苦辅导一两年，幸福一辈子。三年级，父母可以得体退出，让孩子自由飞翔。我因为错过了女儿的习惯培养黄金期，所以一直陪读到初中才放手。"

表弟感慨道："教育是一场没有彩排的直播，不能重来呀！"

育儿小妙招

补课一直是个热门的话题。国家明令禁止寒暑假补文化课，家长们却难懂国家政策的初心。他们担心双减后，孩子的基础知识薄弱，跟不上班级的大步伐。父母望子成龙、望女成凤心切。

父母把希望寄托在补习班，把希望寄托在别人身上，真的有用吗？补课真的适合所有的孩子吗？那该补什么呢？如何根据孩子学习情况而补呢？

一、拓宽思路，培养全能型孩子

孩子学业优异，建议不用补课。父母应该将培养重心放在孩子全面发展上，让孩子德、智、体、美、劳全面发展，成为全能型人才。闲暇时光，父母引领孩子多阅读，拓宽视野、增长知识；寒暑假，带着孩子去外面走走，读万卷书，行万里路；每天抽五分钟，挑战一道思维题，培养孩子的自我学习能力，培养创新思维。

二、因材施教，找准问题补到点子上

孩子学业普通，父母也无须盲目折腾。首先，父母要通过观察了解，孩子的学习习惯、学习态度、学习方法是否存在问题，因为补习班是没有办法补这些问题的。坐在大班补习，只会消磨孩子的学习动力，可能让问题更糟，这就是有些孩子上补习班仍没效果的原因。针对这类孩子，我建议父母应该先从学习习惯、学习态度、学习方法入手，缺啥补啥，才能"药到病除"。

排除上面原因，父母可以关注孩子的知识漏洞，诊断分析是哪些内容没有掌握，头痛医头，脚痛医脚，对症下药。如果是基础知识不扎实，那就从积累开始；如果是阅读理解没有方法，那就去专项训练阅读技能；如果是习作表达不畅，那就鼓励孩子多阅读，多写多练。父母要做研究型、学习型的家长，发现孩子的问题，做孩子一对一的金牌辅导师，才能精准有效地解决问题。

三、发展特长，忽略短板补长板

孩子学业薄弱，努力了也很难学得如意，父母就要放平心态，发展孩子的特长。如果孩子文艺方面颇有天赋，那就去参加这方面的培训；如果孩子语言表达很有天赋，情商较高，那就多给锻炼的机会；如果孩子资质普通，一时间也没发现什么特长，那就养三观、做好人，做个能温暖别人和自己的人。条条大道通罗马，长大后，总有一份工作适合他们，三百六十行，行行出状元。在专业的领域，孩子做喜欢的事情，可以把事情做好。

总之，父母要根据孩子自身的特点，选择他的特长、爱好去培训、补习、拓展。忽略短板补强项，才能让他在某个领域发出耀眼的光芒。父母不要总盯着短板不放，不要一味地去补短板，这样的补习模式，只会让你的孩子泯然众人。

有些父母可能会说，自己没有文化，没有时间，怎么办？没有文化，只要有心，学习一点育儿方法，总比不学强。没有时间，可以挤，因为孩子的成长只有一次，错过了就只能静待花开了！

享劳动之乐，悟劳动之美

——如何培养孩子的劳动意识

问题触发器

暑假，远在天津的表妹联系我，由于夫妻俩工作太忙，没有时间照管孩子，跟我商量能否帮她带几天孩子，重点纠正不良的习惯，特别强调培养孩子的劳动习惯。我接受了这个艰巨的任务。

过程巧沟通

我刚接触佑佑这孩子，发现他很阳光，很有礼貌，举手投足间体现出来自大城市的不一样的气质和修养。我打电话告诉表妹："你家孩子情商很高，智商在线，见什么人讲什么话。你把孩子的三观养得很正，未来可期。"

表妹听了我的反馈甚是高兴。

那天中午，孩子看上了我家的那几只大鸡腿，要留下吃饭。我准备了馒头、鸡腿和芹菜。机会难得，我赶紧寻找可以锻炼孩子能力的劳动项目。我瞄准了几棵芹菜，做起了文章，为他量身打造了劳动课程。

我向他挥挥手，示意他："佑佑，过来帮小姨干活。"他很乐意地跑了过来，应声道："小姨，需要我帮什么忙？"

"择菜！"

他愣了愣，犹豫了一下："小姨，这是什么菜？我从来没有干过这活，我不知道怎么干，您能教我吗？"

我的大脑有片刻断片：什么情况，一个即将上三年级的孩子居然没有做过家务？这时我下定决心准备好好培养他的劳动能力。我告诉他这是芹菜。他听后居然惊呆了，有点不可思议："啊，这是芹菜啊，我吃过，我以为它是没有叶子的。"

我也惊呆了，他居然不知芹菜长什么样。这是怎样的十指不沾阳春水！他大概意识到我的反常，补充道："我家有个保姆，她从来不让我干活，不过我很喜欢做事的。"

我看了他好一会儿，马上说："小姨教你好不好？"他满心欢喜地答应着。

我一边示范，一边讲解，就像在上一节劳动课，他认真地学着。

临时有事，我出去了十多分钟。赶回厨房时，我发现佑佑还在认真地干着，但弯着的腰直起来了，不知怎么的，人漂移到离垃圾桶一米远的地方，随意扔着芹菜叶。再放眼厨房的地面，已经一片狼藉，满地的芹菜叶，就像晒谷子。佑佑摘叶子已经变成了咬牙切齿地"扯叶子"。

我能想象，他没有完全掌握劳动技能，将一半的方法还给了我。我又不得不重新教劳动方法："左手拿芹菜，用右手的大拇指和食指掐芹菜叶子。"

半个小时过去了，他终于干完了这项"艰巨的任务"。他深嘘一口气，不好意思地摸摸脑袋："嘿嘿，我去拿扫帚扫地。"你们或许能想象得到，他扫地又用了多长时间。

做事得有始有终，我耐心地等待着。最后我教他把芹菜根剪掉，他已经拼尽了全力。

那顿饭，他吃得很香，他告诉我，这是他吃过的最好吃的中饭。

育儿小妙招

什么是素质？素质就是一个人在社会生活中思想和行为的具体表现。素质包括思想品德素质、文化素质、身体素质和个性心理四个维度。其中，身体素质是学习的本钱，而劳动教育在这些素质培养中起到关键的作用，老师、父母不可忽视对孩子劳动素质的培养。

现在有些孩子饭来张口，衣来伸手。家长舍不得孩子参与劳动，美其名曰"读好书"就行了。孩子自理能力、动手能力较弱，劳动意识淡薄，劳动能力严重缺失。

劳动究竟有怎样的作用？对孩子会产生哪些深远的影响呢？当代父母如何改变养育方式，提高孩子的劳动意识？

一、劳动能启智明理

民生在勤，勤则不匮。热爱劳动是中华民族几千年的传统美德，所以我们要以劳立品，以劳树德，以劳修行，以劳启智。父母要跟孩子一起，列一份家务清单，让孩子通过体验各种劳动，获得劳动技能，积累劳动经验，增长知识，开阔眼界，认识自然规律。培养孩子做事勤快、意志坚强、吃苦耐劳、勤俭节约的品质。

二、劳动能强身健体

法国著名教育家卢梭说："培养身心两健的人，必须在体力劳动中才能完成。"劳动能锻炼筋骨，使关节灵活自如，有利于身体血液更好地循环，能改善呼吸，提高免疫力，增强少年儿童的体质，还能使人身心愉悦。尤其是少年儿童，更要时时参与劳动，在营养良好的情况下，劳动能促进骨骼的发育成长，磨炼意志，增强体质，起到强身健体的作用。

三、劳动能锻炼大小肌肉

劳动能促进孩子各器官的正常发育，提高器官功能，促进器官相互之间的协调发展。家务劳动并不是简单的体力劳动，而是提升智力和体力的机会，是调动各感官协调工作的过程，能很好地锻炼孩子的感觉统合协调能力，促进大肌肉和小肌肉的发展，增强孩子以后适应社会的生活能力，增加生活阅历，让孩子拥有更多的生活智慧。

四、劳动能提高学习力

专家认为，孩子结束了一天紧张的学习，回到家里，如果能帮助父母扫扫地、择择菜、洗洗碗，边劳动边与父母聊天，会拉近父母与孩子的距离，使亲子关系更加亲密。孩子从脑力劳动切换到体力劳动，劳逸结合，张弛有度，身心得到放松，补充了学习能量，能够提高学习力，锻炼专注力。

五、劳动能培养责任感

劳动要从娃娃抓起，家里有家务，大家分担着做。父母应该让孩子感受到自己就是家里的一分子，让孩子做力所能及的事，增强孩子的主人翁意识。孩子从小分担家庭事务，培养家庭责任感，为以后自己组建小家庭、融入生活，打下坚实的基础。

让劳动为孩子成长赋能

——如何培养孩子的劳动能力

问题触发器

现在大部分家庭里，孩子是父母的宝贝，含在嘴里怕化了，捧在手心怕摔了，一家几代人围着孩子转。所以很多家长没有让孩子参与劳动、体验劳动、爱上劳动的意识。哪怕老师布置了劳动作业，有些大人也会敷衍，甚至应付老师了事。孩子的劳动意识淡薄，甚至没有劳动意识。

过程巧沟通

开学第一天，班级四个小男孩值日。小鱼和小泽打扫教室，小兴擦黑板，小旺摆桌子、倒垃圾。大家分工非常明确，同学们各司其职。

四个小朋友正满头大汗地忙着。小鱼和小泽拿着扫帚龇牙咧嘴地拼命挥舞；小兴站在凳子上，手里拿着一根小棒，小棒另一头套着一条湿抹布正在卖力擦着；小旺一手拿着垃圾桶，一手拿着雨伞正准备出门倒垃圾。

那天正逢下雨，学校允许家长进入校园接孩子。四位家长提前到达教室。没等孩子们反应过来，家长们冲到他们身边抢过劳动工具。

小鱼奶奶说："老师，我家小鱼在家从没有劳动过，他哪会扫地啊！还是我来吧。"

小泽爸爸没说什么，但已经接过孩子手中的扫帚："爸爸来帮你扫地，你赶紧去做作业吧！"

"小兴，赶紧下来，站在凳子上多危险呀！奶奶来帮你。"

再看门口的小旺，死死拽着雨伞和垃圾桶不放，嘴里喊着："妈妈，不用了，这些我会做，我自己去倒垃圾。"

我就静静地看着，思考着怎么跟他们聊聊关于孩子劳动这事。

终于打扫完毕，我请几位家长坐下来，说："下午非常感谢你们为孩子们打扫教室，老师看了很感动。你们辛苦了！"

"应该的，应该的。"大家异口同声道。

"孩子从小到大没有干过这些事，他们哪会呀！要不，以后我们家长轮流到班级大扫除一次吧！"小泽爸爸提议道。

我摇摇头，婉言道："家长们，劳动要从娃娃做起。孩子的世界里，不仅仅只有学习，我们还要教会他们以后立足社会、养活自己的劳动技能。你们别看他们现在还小，但劳动意识要从小培养。如果小时候你不让他们干活，等再大点，你想让他们干，他们就不愿意了。"

家长们若有所思。小旺妈妈倒是说话了："老师，您说得对。其实我家孩子平时在我们的耳濡目染下，还是比较喜欢劳动的。刚才我只是觉得雨下得太大了，想帮帮他。他平时在家也是很乐意干活的。"

"看得出来，所以我要为小旺同学点赞。他很有自己的主见，也很有责任和担当。我相信这些与父母的养育观念、父母的榜样作用有关。"

其他几位家长纷纷表示要向小旺父母学习，培养孩子的劳动能力。

此时，我忽然想起一对祖孙。于是我将他们的故事讲给四位家长听："我们学校有一位同事，他是非常称职的爷爷，爱干净，干什么事都很在行，是打理家务的行家里手。不管干什么事，他都带着小孙子，孙子静静地看着、模仿着。爷爷看在眼里，喜在心上。"

四位家长听后，都觉得不过瘾，希望我继续分享他们的故事。

于是，我又给他们举了一个例子，是孩子妈妈告诉我的。"有一次，爷爷切菜做饭，孙子想帮忙，但由于孩子只有3岁，他担心孙子切到手。于是爷爷就和孙子一起，用小木头做了一套安全的炊具。每到饭点，爷爷系上围裙开始在厨房忙碌。小孙子也'依样画葫芦'，在厨房里的木质小煤气灶旁忙开了，洗菜、切菜、倒油、炒菜……一系列动作行云流水，一气呵成。"

小泽爸爸感慨道："这就是爷爷潜移默化的影响啊！值得我们学习。谢谢老师给我们讲了这么生动的案例，我们很受用。"

小鱼奶奶忽然也想起了他们的邻居，开着一家连锁文印店。她说："老板很有头脑，开了十几家连锁店，家里也积聚了一定的财富，他们培养孩子的理念也值得大家效仿。"

小鱼奶奶口中的老板，我是认识的，也曾经去过他家。于是我接过奶奶的话匣子："他们从不娇惯孩子。我每次饭点去他家，看到最忙碌的竟然是两个孩子。他们在厨房忙碌，一会儿择菜、洗菜，一会儿倒垃圾、摆碗筷，忙前忙后。饭后，两个孩子用石头剪刀布决定谁洗碗，温馨而有趣。"

"对啊，从小到大，他们家里的活四个人轮着干、抢着干，大家从没有觉得干活是一种负担，反倒是一种享受。哎，我们家呀，全都是老太婆我的事……"小鱼奶奶叹息道。

小旺妈妈很好奇，问道："我很好奇，这习惯怎样养成的？"

"我问过文印店老板娘，她说，一方面父母是勤快的人，给了孩子正向的引领；另一方面是从小给孩子激励，孩子每干完一件事，都会得到一定的报酬，零花钱是他们自己靠劳动获得的。劳动已经融入他们的生活，刻在骨子里。"我回答道。

小鱼奶奶补充道："每个暑假，他们父母也会鼓励孩子去自己文印店卖冰棍，赚的钱存入他们自己的银行账号。他们孩子可会算账了，凡有顾客不小心将钱打入公司账户，他们必会第一时间要求打回去。"

我们不禁感慨："他们培养孩子的理念很超前。"

育儿小妙招

放眼社会，现在不少年轻人"小事不愿做，大事做不来"，毕业后就业难，"啃老"已经成为他们的一种新常态。他们就像永远没有"断奶"的孩子，生活在父母的"襁褓"庇佑下，踏踏实实做起"啃老一族"。他们不以此为耻，反倒觉得理所当然。而父母的态度也是耐人寻味，对于此现象已经见怪不怪，被"啃"麻木了。

聚焦校园，尽管国家提倡"光盘行动"，学校三天一大会，两天一小会，教育孩子节约粮食，践行"光盘"行动，但在部分孩子那里，浪费已成习惯，他们往往把这些教育当作耳边风，我行我素，以自己喜欢的"独特"方式，悄悄倒掉饭菜，浪费触目惊心。

孩子怎样才能深刻体会"谁知盘中餐，粒粒皆辛苦"所传递的节约意识？怎样才能深切领悟"纸上得来终觉浅，绝知此事要躬行"的实践意义呢？

一、定时定点，上好劳动课程

劳动要从娃娃抓起，从小培养孩子的劳动意识，锻炼劳动能力，养成劳动习惯，让劳动为孩子成长赋能。劳动平时只靠学校教育是远远不够的，家庭是孩子的第一课堂，父母是孩子的第一任老师，所以父母应该心里有杆"秤"，从小给孩子定时定点，打造一份劳动规划表，上好"劳动课程"。

从牙牙学语开始，到上小学前，孩子就具备了劳动的能力。父母就要有意识地让他们干点力所能及的小事，如早上自己上厕所、中午自己吃饭、晚上自己洗澡；平时可以帮爸爸妈妈套垃圾袋，做饭时择菜，吃饭时摆碗筷，爸妈下班时帮忙拿拖鞋、拎包……

一日三餐，上班下班，周而复始，大人每天重复着相同的工作，也应让孩子在不同时间点像大人一样忙碌起来，参与劳动，做一只勤劳的小蜜蜂。让劳动成为孩子生活的一部分，就像睡觉、吃饭、呼吸一样自然，必不可少。

二、商议决定，列出家务清单

随着年龄的增长，孩子在父母培养下，具备了一定的劳动素养，也从劳动中体会到了快乐。孩子长大了，懂事了，全家可以坐在一起，开个以劳动为主题的家庭会议。结合学校劳动指南，与孩子商量着制订劳动规划表，分年级设置家务清单。

针对一年级孩子，设置"我是家务小能手"劳动清单。商量孩子可以学会干什么家务，如穿戴洗漱、整理收纳等。如果学校能开展"穿衣系鞋带""整理书包"等劳动技能比赛，让孩子的劳动技能得到检验，相信会将孩子参与家务劳动的热情推向高潮。

针对二年级孩子，设置"我是环保小卫士"劳动清单。现在国家大力提倡垃圾分类，回收可用垃圾，变废为宝。学校也大力推行国家政策，教育孩子给垃圾找到正确的"家"，将垃圾桶分为"可回收"和"不可回收"。父母在家也要与孩子多讲讲垃圾分类知识，以身作则，可以让孩子当"小老师"，培训家里老人进行垃圾分类。甚至可以把垃圾分类、扔垃圾工作承包给孩子，让他们定时去小区垃圾箱扔垃圾。周末也可以鼓励孩子到小区里进行公益宣讲，做"垃圾分类小达人"，推动小区垃圾分类工作。

针对三年级孩子，设置"我是小小厨师长"劳动清单。教育是什么？就是教会孩子获得幸福生活的能力。而劳动就是孩子幸福生活的基础。民以食为天，父母首先要教孩子学会做饭、学会生存，先解决温饱问题。三年级孩子已经具备一定的能力和常识，父母可以教会他们淘米做饭，做简单的菜肴，如炒鸡蛋、凉拌菜，还可以教点孩子喜欢的烘焙、包粽子、包饺子等。总之要让孩子变着花样学做菜，周末一家人还可以系上围裙，一起准备美食，享受爱的味道。我想，孩子也会因为其乐融融的家庭氛围，爱上做菜。

针对四年级孩子，设置"我是小小园丁"劳动清单。科学课一定会涉及植物板块。父母可以顺势而为，在家里的菜园或者走廊上开辟一块"小花园"，陪着孩子播种、浇水、松土、除草，见证花开花谢的幸福时刻，培养园丁精神。

针对五年级孩子，设置"我是小小农民"劳动清单。五年级的孩子开始步入青春期，由于荷尔蒙快速分泌，孩子变得冲动。这时父母可以在家的附近开辟一块"小菜园"；城市有条件的家庭，可以去郊区租借一块地，周末陪着孩子去地里耕作，感受一年四季的变化和收获，在地里挥洒汗水，释放多余的精力，享受劳动带来的酸甜苦辣，不失为这个年纪一次神奇的体验。

针对六年级孩子，设置"我是小小工匠"劳动清单。父母要传递"三百六十行，行行出状元"的理念，职业没有高低贵贱之分，要学一样、专一样、精一样，长大后才能找到一份好工作。周末和寒暑假，父母可以带孩子去接触传统工艺，如雕刻、陶艺、木艺等，了解工匠精神，挖掘孩子的兴趣和特长，提早做好职业生涯规划。

三、榜样先行，传授劳动技巧

要想孩子学会劳动、爱上劳动，家长自己也得是爱劳动的人。父母起到让孩子耳濡目染的榜样作用，孩子才能把劳动当作一种习惯。除了父母的"身教"引领外，父母的"言传"也很重要。因为孩子一开始还没有掌握劳动要领和技巧，如果父母不手把手地教，孩子可能会因为动作生疏而失败，从而失去劳动信心和积极性。

前面提到，我们学校同事作为爷爷，他自己爱劳动，孙子在他的熏陶下，小小年纪，劳动起来有模有样。他非常支持孩子培养劳动习惯，特地打造了一套安全的劳动炊具，让孩子动手又动脑，祖孙在厨房其乐融融。这样的孩子长大后，不仅会生活，也爱生活。相信孩子也会给自己和未来的家人创造幸福的生活。

四、适当奖励，激励劳动精神

家长需要给予孩子一定的报酬等奖励，让他干得更有劲，激发劳动内驱力。比如父母可以在墙上挂一张"劳动激励表格"，孩子根据"家务清单"完成任务，打个钩，一段时间后，统计一次，可以获得相应的积分。或者直接一点，明明白白告诉孩子，因为他劳动了，所以可以获得一定的报酬，直接给他开工资。父母在这过程中，还可以教孩子慢慢学会理财，将劳动所得存入银行，说不定等孩子上大学，他自己的学费就攒够了。这个方法让孩子既学会理财，又学会劳动，还为家长"减负"，真是"一箭三雕"。

第3章
情绪把控室

如何**处理**孩子**打架**问题？

如何**处理**孩子突发**不良**情绪？

如何**正确**理解**个性**？

你要做金刚侠

——如何引导孩子敬畏生命

问题触发器

十几年前的一个中午，孩子们排好队准备去吃饭，值日班长告诉我，宽宽同学这几天很顽皮，食堂就餐纪律连续多天因他被扣分。我了解宽宽，他自我把控力差，班级的大部分扣分因他而起。我该找他好好聊聊，让他改正坏习惯，培养集体荣誉感了。于是我唤住即将出行就餐的队伍，示意最近扣分较多的同学主动留下来。我们班的孩子很诚实，四个男生慢悠悠地出了队伍。我想让他们安静下来，于是让他们站在旁边稍等我片刻。忽然我听到有人窃窃私语，站姿也是东倒西歪，一副吊儿郎当的样子。我踱步过去，询问情况。结果有个孩子告诉我，是宽宽在念叨，似乎说着"我要跳楼"。

过程巧沟通

没等其他孩子听清楚，我就示意其他三个孩子赶紧去食堂吃饭。宽宽一看，独留他一个，立马眼泪汪汪的。我拉着他坐到讲台旁，拿纸巾帮他擦掉眼泪，并扶住他的肩膀道："孩子，知道老师为什么只留下你一个吗？"

孩子摇摇头，一脸茫然。我继续道："因为老师深爱着你，觉得你最聪明，如果有我的帮助，你改变更快。麦子老师想到了一个专治就餐纪律的小妙招，觉得你值得信任，准备教给你，让你当食堂堂长，帮我管理食堂纪律，你愿意吗？"

孩子一脸受宠若惊，连连点头。

我继续道："你喜欢麦子老师吗？相信麦子老师吗？"孩子点点头。

"那你能告诉老师，你刚才在说什么吗？"我诚恳地看着他。

他犹豫了一下："我想跳楼。"

"你想在哪里跳？"我试探性地问出第二个问题，以探他的虚实。

他摸摸后脑勺说："我想从自己老家的三楼跳下去。"说完他哭出了声。

我的内心咯噔了一下，亲耳听见孩子这样说，还是慌张的。我在脑海中不停地搜罗着以往处理过的各种事件，但表面还是佯装轻描淡写："哦，为什么呀？"我的语气稍稍上扬，表现出一脸的不可置信。

孩子拿纸巾擦掉不断涌动的眼泪，的确伤心至极。我赶紧站起身，一把抱住孩子，他的泪水打湿了我的白T恤。等孩子的呼吸稍稍平稳，啜泣声微弱下来，我轻拍孩子的背道："那你能告诉我，究竟发生了什么事吗？"

孩子从我怀里离开，重新坐到了凳子上，审视了我好一会儿，然后继续哭泣。我继续起身抱住他，安抚他的情绪。几分钟过去了，孩子停止了哭泣。

"妈妈昨天晚上打我……"

"这样啊，妈妈做得不对，不应该打你！下次麦子老师帮你批评她。"我积极回应着。

孩子哭声更大了："她每次都打得很重……"孩子一个劲地数落妈妈的每次教训。

我默默听着，偶尔回应几句"哦，啊"。

孩子稍稍犹豫了一下，倾诉忽然中断。我能感觉到他有所顾虑。

"对爸爸妈妈有什么不满，你可以告诉我。我能有选择地告诉他们。"我循循善诱。

"我觉得爸妈偏心。他们对哥哥特别好，什么都满足他。我就像捡来的，天天被他们管着，可严格了。"

我盯着他看了一会儿："哦，何以见得？举个例子。"

"哥哥有好几个电子产品，我没有。"他委屈巴巴道。

"哥哥读大学了，应该是哥哥要用平板电脑学习吧！你要用手机干什么？"为了手机的事，我曾经跟他妈妈聊过。

他不回答我。

"打游戏。"他笑了，鼻孔冒出两个泡泡来。

"游戏会让人迷失方向，失去控制能力，麦子老师觉得你这想法不合理。别的要求我可以满足你，但这事免谈。"我一口回绝。

他见我态度坚定，也没再说什么。

聊了一会儿，见他的情绪趋于平稳，我就想着如何让他明白生命的可贵，学会敬畏生命、珍惜生命。

"对于死亡，你没有体验过，所以才会轻易说出'跳楼'这个词。现在，我们来构想一个"死亡"情境。我是编剧兼导演，你是演员。我将摄像头架在三楼地面，你站到凳子上，假装这是三楼走廊，你低头往下看，这么高的楼，你跳下来，将有几种结局？第一种，一楼是泥土地，你跳下来，脚着地，也许死不了，但脚断了，手断了，脊椎断了。你被送往医院，很庆幸，生命保住了，但瘫痪了，这辈子只能躺在床上，吃喝拉撒都得靠父母。你也见不到亲爱的老师和同学们。你希望是这种结局吗？"

孩子的头摇得像拨浪鼓，一口否决了。

"好，那咱们继续想象第二种结局，假如你跳下来，当你脑瓜着地时，'砰'，脑袋像西瓜一样四分五裂，脑浆四溅，血流成河……"我一通惨烈的描述吓得他皱起了眉头。

"但这种痛是撕心裂肺的，可能比被打疼一万倍，你愿意吗？"

他马上要从凳子上下来，说："老师，我不跳了！"

这时我扶住他，让他平稳下地，然后半开玩笑地告诉他："对不起，作为演员的你已经跳下来死了，死亡没有回头路。咱们只得继续往下拍。接下来拍的是鬼片。你看！这时黑白无常……以你以往的倔劲，肯定不听使唤，他们可能就在半路将你挂在树上，又是一顿皮鞭，打得你皮开肉绽，死去活来。"

听完我的恐怖描述，他紧皱眉头，嘴巴快歪到后脑勺，疾声道："老师，我不想死了，我要回去。"

"这可由不得你了，咱们继续拍鬼片。现在你来到阎王殿前，惨叫声不绝于耳。"我又是一通血淋淋的描述，听得他毛骨悚然。

"关键这种惩罚没有尽头。一个不珍惜生命的孩子死后，连块墓地都没有，只能埋在一堆黄土下暗无天日，当你饿了，扛着；当你渴了，忍着；当你想爸爸妈妈了，见不着……蚂蚁咬你，蜈蚣啃你，蚯蚓钻进你的裤腿里……"我绘声绘色地讲述着。

"老师，我没有想到死后这么可怕，我再也不说'跳楼'了。"他讨饶道。

"好吧，既然你后悔了，以后不再想着寻死觅活，那我们就穿越回到现实吧。"

孩子狠狠地点点头。

"哈哈我们回来了，世界多么美好啊，以后可千万别想着死哦。周末，麦子老师建议你跟着爸爸妈妈去医院的康复中心看看。那里住着很多的老人，他们倾其一生，卖掉房子，祈求医生救他们一命，哪怕再活几天。他们不单单有着对死亡的恐惧，更多的是他们对这个世界充满留恋。因为这里有他们的亲人朋友，有温暖的阳光，有太多的牵挂。"

"麦子老师像你这么大的时候，也有过类似的念头，因为我生活在单亲家庭，过得很辛苦，但我扛过来了。你看，现在的我多么幸福，做着喜欢的工作，有你们这些可爱的孩子相伴，有温馨的家庭。将来你也会有自己的事业，有自己的爱人，生活也会很幸福。总有一天，你变懂事了，妈妈不再打你，再过几年，她也打不动你了，那时的你说不定会回过头来感谢打你的妈妈，是她让你经受挫折，变得坚强。"

他点点头，"嗯"了一声。

"你要做金刚侠，做打不死的小强哦！"我握紧拳头向他挥舞。

他破涕为笑，也挥舞着小拳头，与我拉钩。

中午，我牵着他的手下楼吃饭，他破天荒地给我打了汤，一直跟在我的屁股后。下午两节是我的课，他听得特别专注。

放学后，我简单地将与孩子的交流经过告诉他的父母，并跟他父母做了一个小小的约定。孩子妈妈表示自己尽量控制情绪，不再动手打他，与他好好沟通。

孩子似乎也在一夜之间懂事了好多。从此以后，他上课变得更专注。我也没再听说妈妈打他，孩子每天都很快乐。

这个孩子现在已经参加工作，听说还是研究心理的专业人士，真好！

育儿小妙招

我时常在网上看到孩子因情绪问题而选择结束生命的报道。这些突发事件引起了社会各界对孩子心理状况的高度重视。学校每学期都会组织心理老师和专业人士，对学生的心理状况进行电脑统测评估、个案评估，并对红色预警同学进行重点关注和心理疏导。近一两年，抑郁的学生越来越多，据不完全统计，每几个孩子中就会出现一个孩子有情绪方面的问题，抑郁也开始呈低龄化趋势。

关注情绪，及时处理孩子的不良情绪，成了当前最重要的养育研究方向。父母如何及时觉察孩子的不良情绪，并进行有效疏导，让孩子释放情绪，将有些不良的情绪苗头扼杀在萌芽当中呢？

一、觉察负面情绪，寻根究底

社会各界都在极力保护孩子，尽量将不好的信息封锁起来，不让孩子听到。但这世界毕竟没有不透风的墙，孩子多多少少会通过网络、大人之口听到这些负面消息。他们在懵懂的年龄，偶尔遭遇一些小挫折，如被父母揍了、被老师批评了、被同学欺负了，可能会盲目跟风，产生一些危险念头，甚至还会觉得这是一件很酷的事。

父母要做生活的有心人，留意孩子的情绪，发现孩子情绪低落，或者突发反常时，要耐心询问孩子到底发生了什么事，探寻情绪背后的原因，寻根究底，引导孩子及时消化不良情绪。

二、拒绝暴力沟通，调节情绪

孩子的大部分情绪，来源于学业的压力、家长的压力等。当父母发现孩子出现不良情绪时，先要管控好自己的情绪，拒绝暴力沟通，理解、包容孩子。如果是因为父母的原因，如上面的案例，父母管控太严，让孩子无法承受，已经造成了心理伤害，父母就应及时调整自己的教育方式，不要粗暴地对待孩子，而是换一种比较温和的、孩子愿意接受的教育方式，极大地包容孩子，给予孩子最大的安全感。

同时，父母要寻找孩子身上的闪光点，好好鼓励他、表扬他，要教给孩子一些调节情绪的方法，通过一些爱的语言和动作，引导孩子宣泄自己的不良情绪，说出来、哭出来、发泄出来。只有这样，孩子才能找到快乐、自信生活的真谛，父母才能重新与孩子建立良好的亲子关系，让孩子回归正常生活，将突发的抑郁情绪扼杀在萌芽之中。

三、想象"死亡"情境，敬畏生命

心理专业人士对一些有过轻生行为的孩子做过一项调查，问他们是否后悔。大部分孩子回答对自己的行为感到后悔，因为这不仅让给予他生命的父母伤心难过，还给自己造成了很大的心灵创伤和身体损伤。他们不知道跳下去会变成这样，他们不明白死亡的可怕。

所以，父母在孩子还小、比较懵懂的时候，可以尝试着跟孩子聊聊死亡，想象"死亡"情境等，让孩子明白"身体发肤，受之父母，不敢毁伤，孝之始也"。人死不能复生，生命只有一次，如果选择轻生，这是对父母最大的不孝。同时，孩子通过想象、演绎，感受死后的情境，就会明白活着就是最大的幸福。

冲动是魔鬼

——如何处理孩子打架问题

问题触发器

朋友打来电话，语气中充满了担忧。原来是她老公阿强跟邻居发生口角，被警察拘留了。一问缘由，是一些鸡毛蒜皮的小事。两家的孩子是同学，又是邻居，自然常常在一起玩。两个男孩子最近打了几架，前一天，朋友儿子的脸被邻居的儿子抓伤。阿强找上门去，语气表情不得而知，大致是警告对方，如果他们不管管孩子，继续这样打他家孩子，下次他也让孩子打回来。邻居跟他吵了起来，还报警说他恐吓。

过程巧沟通

事后，我给阿强打电话，几句寒暄后，直奔主题："阿强，我听说了你的事，替你感到难过。不过吃一堑长一智，通过本次事件，你有什么想法吗？"

他顿了顿，叹了口气说："哎，说起来被人笑话，事后想想，孩子们是同学，抬头不见低头见，以后碰见真尴尬。"

他忽然又好像想起什么："我当时也是一时冲动，看见孩子脸上很多血，有点心疼。于是我就问孩子当时发生了什么，孩子告诉我，对方常常欺负他，他们打架，儿子经常打输。所以我就气不打一处来，一方面觉得自己的儿子没用，另一方面觉得自己出面，可以防止类似的事情再次发生。"

他想了想又道："其实当时也没有想太多，一时冲动，就冲到邻居家去了。"阿强这时突然沉默了。

"如果回到当时，你还会这么做吗？我们如何避免类似的事情再次发生呢？"我继续问道。

阿强毕竟只有小学文化，似乎没有想太多，便说："我当时只是开玩笑警告她，可她却当真了。"

我不想去纠结他当时的真实想法，只是应和道："是啊，良言一句三冬暖，恶语伤人六月寒。当时你如果语气婉转一点，和气一点，少一点警告恐吓意味，结果就完全不一样了。毕竟是她的孩子欺负了你家的孩子，回头她会好好教育自己的孩子。我们的目的也会轻而易举地达成。"

"是啊，忍一时风平浪静，退一步海阔天空！说话需要艺术啊！"他再次陷入沉思。

"其实，孩子打架不一定是坏事。孩子们在发生冲突时，言语解决不了才动用了'武力'解决。这件事如果处理好，有利于培养孩子解决问题的能力。"我意味深长地说。

"真的吗？那我该怎么教育孩子呢？"阿强来了兴致。

"孩子打架后，回到家肯定很委屈，我们见了也很心疼。这时父母先要安抚孩子的情绪，可以抱一抱来安慰他。如果伤得严重，父母先处理伤口，等孩子情绪稳定一点，再问问孩子究竟发生了什么事情。聆听过程中，父母要保持清醒的头脑，准确判断自己孩子有没有错。因为大部分孩子为了规避被批评的风险，可能会选择隐瞒真相，专挑对自己有利的方面说。接着让孩子分析自己有没有错。我们摸清事情的来龙去脉后，再协助孩子解决问题。而不是由家长出面，带着不良情绪上门讨伐。这样的处事方式，不但解决不了问题，反而会使局面变得糟糕。"我细细说与他听。

"不去找对方父母，那我该怎么做呢？任由孩子被欺负吗？"阿强有点不解。

我继续分析给他听："首先，你可以教会孩子一些自我保护的方法，如被欺负时，可以大声告诉对方，'打架不对，你再动手，我要告诉大人或老师'，言语上先进行威慑。发声才是改变命运的开始，退一步不一定会海阔天空，身后可能是万丈深渊。我们要教育孩子，不惹事，但也不怕事。"

阿强听了有所领悟，他催我继续讲。

"言语威慑后，对方仍然要动手，你就要教会孩子一些生存的本领，学会保护自己。首要保护好自己和他人的重点部位（脑袋、脸、生殖器、肚子等），尽量不能攻击这些要害部位。"我半开玩笑道。

阿强也笑了："你说得也有点道理。"

"不管发生什么事，父母先管好自己的情绪，再沉着冷静地处理事情。如可以打电话跟对方父母好好沟通，讲明事情经过，相信对方父母会好好教育孩子。如果对方父母不好说话，我们也可以让孩子自己去找老师帮忙解决，相信老师会公平公正地处理好事情。"我停了停，"孩子没有隔夜仇，吵过马上忘记了，第二天说不定又玩在一起了。大人如果闹矛盾了，就没有那么容易翻篇了。"我点到为止。

"是啊，冲动是魔鬼。当时如果不是急糊涂了，也不至于……"阿强追悔莫及。

育儿小妙招

孩子在成长过程中难免会和小伙伴发生冲突。父母时常为孩子处理冲突，这是个永恒的主题，无可避免。孩子在校或者在外被欺负了，父母该怎么办？要像案例中的家长一样出面解决吗？其实大可不必。

一、避免参与，不做矛盾"催化剂"

孩子在小的时候打架很正常。打架有时是有效解决冲突的方法。他们刚刚也许大战三百回合，打得天昏地暗，曾在心里暗下决定，这辈子老死不相往来，但转个身，他们就忘记了这回事，又玩在了一起。因为孩子的心胸非常宽广，他们没有隔夜仇，所以家长不要代劳，不要轻易参与问题解决。父母一旦加入，有可能将小事变大，解决起来更麻烦，搞不好就会发生类似案例中的口角，激化了矛盾。

二、无痕训练，培养解决问题的能力

一般来说，打架是双方都有过错的，大部分时候两人半斤八两，偶有孩子太弱，常常受欺负。不管怎样，父母在了解情况时，不要只听孩子的片面之词，要综合分析，先从自己孩子身上找原因：为什么我的孩子总是被欺负？是对方的原因，还是自己的原因？然后和孩子深入讨论分析，找到解决的办法。父母与孩子一起商量对策，既要教会孩子与人和睦相处之道，也要教会孩子保护自己，培养孩子解决问题的能力。因为你不可能陪他一辈子，不可能事事时时为他保驾护航。

三、多方合力，巧妙化解矛盾

如果孩子真的很弱，你多次教育培养后，他仍然经常被欺负，父母可以尝试教会孩子自己去找老师帮忙解决，相信大部分老师会秉公处理，帮孩子化解矛盾。也许找老师后，事情仍然没有得到妥善解决。父母再去采取比较温和而有力的态度，找对方孩子或者父母好好沟通，和平解决。万分之一的可能，你碰到了不讲理的父母，只能采取不得已的方式。但反击不是目的，反击的意义在于警告、威慑。父母要做孩子最坚实的后盾、靠山，给他最大的安全感。

当然，孩子打架分很多种情况——无意的、故意的、校园欺凌等，应根据严重程度，采取相应的对策。总之，我们父母要做生活的有心人，与孩子常常沟通细谈，如发现是校园欺凌事件，要第一个冲出来，可以暗中拍下欺凌视频，保存证据，及时到派出所报案，保护孩子刻不容缓。

你弱的时候，身边的坏人很多。你强的时候，整个世界对你和颜悦色。要想孩子不被欺负，就得好好培养孩子，让他变强。

制造"例外"，寻找教育契机

——如何寻找改变问题孩子的突破口

问题触发器

一次研讨会的最后一个环节，主持人让与会的老师谈谈自己在带班过程中遇到的比较棘手的问题。其中一个老师谈起班级里的一个插班生，学生刚刚休学一年回来，因为心理上的问题，他一到学校就会觉得身体不舒服，如腿疼、手疼、胃疼等，身体时好时坏，时常请假回家。老师担心孩子情绪问题，建议家长带孩子去看看专业的医生或者心理咨询师。但老师又想通过班主任的力量去改变这种现象，帮帮这个孩子，她希望大家给她点建议。

过程巧沟通

资深的心理辅导老师兼心理咨询师给了她一些中肯的建议："如果班主任有心协助，可以寻找教育的契机，也就是我们常说的改变孩子的突破口。你可以找找孩子最近表现最好的一次。"

这位老师一脸无奈道："这孩子表现不太好，我根本找不到他的优点所在。"心理老师补充了一句："你可以寻找孩子表现不佳之外的一次'例外'表现。"

"太难了，我找过了，就是找不到'例外'。"老师撇撇嘴道。

活动最后，心理咨询师温馨提示那位老师："班主任是非专业的心理人员，不要想着怎么解决问题。"

我当时不大明白这些专业的隐形规定，更不明白她善意的提点后面隐藏着怎样的玄机。

但在我的印象中，班主任就是一个"万能"的人，有时似保姆，有时似警察，有时似朋友，有时似演员……既要成得了文员，又要当得了武将，班主任天生就是为了解决孩子们的各种成长问题而存在的。

我的脑海中一直盘旋着刚才未解决的问题，回到家还在思考着。

寻找"例外"的教育契机，如果找不到"例外"，老师能否自己制造点"例外"？这个想法在我脑中突然灵光乍现，我被自己的大胆想法吓了一跳。

没错，就是人为地制造一次"例外"。孩子最喜欢得到的"例外"会是什么呢？如果是学习成绩，老师又该怎么制造呢？迅速提高成绩，提高孩子的学习内驱力，带动孩子正向情绪的时间节点在哪里？后续又需要哪些"甜言蜜语"和"糖衣炮弹"呢？策略的理论依据是什么呢？一连串的问题让解决问题的路径逐渐清晰起来。

于是我打电话给那位班主任，与她分享了我的思考和制造"例外"的策略。这位老师顿时来了兴致，问我道："麦子老师，具体怎么操作呢？我很期待。"

我告诉她："首先你要选择一次重要的考试，提前悄悄给孩子辅导功课，让孩子熟悉答题思路，简单地说，就是确保孩子能在考试中快速提分。"

老师发了一个表情包道："嗯，这个方法不错，我可以尝试一下。"

"发布成绩那天，你要带着惊讶的表情、饱满的情绪，像发现'新大陆'一样在班里公布这个孩子学习上的进步；让同学们给予一分钟的掌声鼓励，并且寻找他的闪光点，狠狠地夸夸他，让孩子在闪耀的'聚光灯'下熠熠生辉。"

"棒极了！这样的教育'例外'说不定真能改变孩子。因为这孩子是有上进心的，想读好书的。"老师连连夸赞道。

"最后，老师还可以给孩子一个大大的拥抱，一个特别的独一无二的'礼物'，让他拥有别人所没有的东西。让他慢慢接纳自己、悦纳自己、爱上自己，爱上老师和同学、爱上班集体。"

"对哦，除了同学的鼓励，应该还有我特别的爱和鼓励。嗯嗯，我感觉自己应该能挽救这个孩子了，真好！"听得出来，老师的言语里是满满的兴奋感，"我还可以为孩子做点什么吗？"

"当然，你还可以当着孩子的面给家长打电话，告诉家长孩子的进步，并要求家长晚上回家好好鼓励孩子。至于怎么操作，你要私下将沟通策略告诉家长。"

"做好事要做全套，麦子老师想得太周到了，我替孩子谢谢你。"

"你先不要急着谢，这种'例外'需要长时间的坚持，需要老师的无私奉献。"最后我不忘补充道。

老师表示，只要能帮到孩子，她愿意一试。

育儿小妙招

面对特殊的孩子，父母和老师要用特殊的方法去解决。上述案例中的孩子在大家眼中可能一无是处，成绩处于低谷，状态持续低迷，人际关系濒临崩溃……在大家眼中，他可能就是找不到"例外"的问题少年。

除了父母，班主任可能就是那个跟他情感联结较深的人，是他休学一年还愿意回来的那个特殊的存在。父母和老师要给孩子一点点光，照亮他迷茫的前路，牵着他的手走出心理的阴霾。

一、提前补习，谋点"红利"，重燃学习希望之火

中国父母很看重孩子的学业，孩子受家长的影响，也对学业情有独钟，取得好成绩时，他会高兴不已；成绩不理想时，他会悲伤流泪。所以老师可以为这个孩子私下补补课，谋点高分"红利"，让突飞猛进的成绩改变他以往对自己的认知，让他对学习重新燃起希望，也通过此环节让孩子感受老师之爱、同学之情，在他心中种下一颗希望的种子："我是能学好的。"

二、充分激励，点亮"聚光灯"，感受师生温暖之光

一个人取得好成绩，如果没有被大家看到，没有坐在路边鼓掌的人的呐喊助威，那只是独自的狂欢。为了能让孩子接纳自己，也让同学对他刮目相看，需要老师有心帮助，制造隆重的仪式感，这样才能让"例外"真正产生效应，发生"化学反应"，将正向之树植根于学生的灵魂深处，使之生根发芽、长叶开花、修成正果。

此外，如果是特殊的孩子，可能也存在原生家庭的原因，比如单亲家庭、缺少关爱等。单单改变学校生态环境，提高孩子的学习内驱力是治标不治本的。

做个形象的比喻，孩子好比生病的"鱼"，家长把孩子交给老师或者专业的心理咨询师、心理医生，他们把孩子的病"治好"了，可是"鱼"回到原来的水中（原生家庭），家长不清洗鱼池，不对水质进行消毒处理，也就是家长不改变教育观念，孩子还是会"生病"的。

所以班主任要联合家长，学习沟通技巧，对孩子多一点耐心、多一些陪伴、多一些温暖，陪他度过这个艰难的时期。家长可以怎么做呢？

当家长接到班主任的"报喜"电话后，要做充分的谈话预案，将谈话流程理一遍，如果自己不会，可以向班主任求助，请班主任出谋划策，实现家校沟通合力。

一夸。父母见到孩子，要流露出十二分高兴、自豪的情绪，甚至可以特地向身边的亲朋好友"炫耀"孩子的进步，夸夸孩子，让孩子听后喜上眉梢，甜在心头。

二问。父母带孩子回家，全家人坐下来，隆重地召开家庭会议，宣布"特大喜讯"，放大孩子的进步，然后问孩子，他到底做了什么才取得如此好的成绩。孩子可能会说老师提前帮他复习了，那家长就要引导孩子感谢老师，同时郑重地告诉孩子，如果他像老师教的那样，提前复习，做好考试前的充分准备，也是可以逆袭的。

三奖。父母趁热打铁，像老师一样，可以用一个拥抱、一个吻、一句

话、一件孩子喜欢的物品，给予孩子及时的鼓励、奖励、反馈，让孩子从中获得自信心、成就感。

四陪。孩子的成长问题不是一下子就会改变的，也许还会反弹。所以类似的制造"例外"要坚持一段时间，甚至很久，父母要有足够的耐心和毅力，陪着孩子走下去。

如果孩子心理问题特别严重，建议家长带孩子找专业人士进行治疗解决。总之，办法总比问题多，只要有耐心，慢慢寻找解决方案，总会找到契机的。

乘满船星光，渡爱之舟楫

——如何处理孩子突发的不良情绪

问题触发器

冬明已经两个星期没来上课了。他奶奶一直说孩子身体状况欠佳，我也没有放在心上。但从奶奶躲闪的言语中，我感觉到有点异样。我跟他奶奶说，如果有什么需要我帮忙的，尽管开口，我会竭尽所能帮助他的。犹豫片刻后，他奶奶道出了实情，说孩子不愿意来学校上课，一直把自己关在房间里，也不下楼。他奶奶每天将饭放在门口就离开，不然孩子房门也不出。他奶奶表达了自己的担心，希望我去看看孩子。

过程巧沟通

交代好班级的事，我匆忙赶往冬明家。他奶奶老远就在村口等我了，把冬明的情况大致告诉了我。据孩子反映，他在读小学一年级的时候，曾经将大便拉在裤子里，同学们说他很臭。之后，他就觉得这件事一直困扰着他，挥之不去。他总感觉同学渐渐疏远他，不愿跟他玩，他觉得自己有社交恐惧症。冬明也曾到网上查阅相关的抑郁症信息，觉得自己对得上号，自己诊断为抑郁症。

奶奶还告诉我，冬明的爸爸妈妈感情不和，正在闹离婚。而且父母常不在身边，从小到大都是爷爷奶奶带的，因为这种特殊情况，冬明从小就特别敏感，也很脆弱、多疑。但唯一让奶奶感到欣慰的是，孩子特别聪明，对文字很敏感，可以做到过目不忘。对此，我也有很深的感受，冬明一年级时，与他第一次见面，他居然能将我的参考书一页一页读下去，一字不差，围观的一群家长惊呆了，称他为小神童，因为没有人教他认字，冬明只是通过平时看电视就记住了那么多的生字。

我告诉奶奶别担心，我会跟孩子好好沟通的。奶奶非常信任我，握着我的手泪眼婆娑。

孩子住在二楼楼梯口的房间，刚踏上楼梯，我就开心地大叫："冬明，冬明，麦子老师来看你了！身体舒服点了吗？我和同学们都很想念你呢！哦，累死我了，快点接一下我啦！"我欢呼着，连声叫他，假装自己什么情况都不了解。

房间内没有任何反应，我轻轻敲了敲门，然后推开门。天哪，我看到了房间里窗帘拉着，乌漆墨黑的，看不见孩子的人影。视觉稍稍适应后，隐约可见床的位置，还有床上被子底下隆起的大包，似乎有人在挪动。

我弱弱地问了一句："冬明，我可以进来吗？"

他犹豫片刻之后，发出"嗯"的回应。这时我绊到了什么东西，故意惊叫道："哦，天哪，什么东西，差点绊倒我了。我胆子小，怕黑！冬明，能将窗帘拉开一点点，给麦子老师一点点光亮吗？"

他奶奶顺势将窗帘拉开一道口子，我用眼色示意奶奶赶紧下楼。房间里只留下了我和冬明。

我悄悄拉开被子，看到了一个逐渐变胖的冬明，头发凌乱，眼神迷离。天哪，这哪还是我曾经认识的翩翩少年。

不知怎么的，我的眼泪夺眶而出，一把抱过孩子，哽咽着说道："孩子，麦子老师和同学们都很想念你，盼着你早点去上学呢！"

只见冬明回应道："真的吗？我感觉同学们不喜欢我！"

"怎么会呢？你相信麦子老师喜欢你、爱你吗？"他点点头。

"那你相信麦子老师能帮你解决一切问题吗？"他仍然点点头。

我捧起他的小脸蛋，狠狠地亲了一口："谢谢你的信任，麦子老师感到特别幸福和快乐。"他的眼里泛起了点点泪光。

"你能告诉我到底发生了什么事吗？"他迟疑了一下，似有顾虑。我继续道，"你放心，什么话该说，什么话不该说，我会把握好分寸的。你要相信麦子老师的能力。"他点点头。

他向我说起了一年级时的那件久远的事。我安静地听着，没有打断他。他一边说，一边哭，说自己没有朋友，很孤独。

听完他的倾诉，我再一次抱住了他："哭吧，哭吧，这的确是件让人难过的事。"他不停地啜泣着，我也不停地拍着他的背。

估计他哭累了，抬起头擦拭着眼泪，有点不好意思。我凝视着他，真诚地告诉他："孩子，麦子老师要向你道歉。对于你说的事，我居然一点儿也没有印象，所以也不知道这件事在你心里留下了阴影。我相信同学们也完全不记得四年前发生的小事了。作为班主任，这是我的错！是我忽略了，不够细心！"

孩子抬起头仰视着我："真的吗？你们不记得这件事？"

"当然，谁会记得这么久的芝麻小事呢！再说这种事时常发生。前几天，我因为吃坏肚子，来不及跑厕所，还弄脏了裤子呢！不过，这对成人来说，的确是一件令人尴尬的糗事。"

他居然捂住嘴巴笑了："老师，真的是这样的吗？"

"当然，我怎么会骗你呢！"他如释重负。

后来我们又聊了很多，我还答应他，回去要为他举行一次隆重的欢迎仪式。

他很期待。

回到学校，我将语文课变成了班队课。我告诉孩子们："冬明碰到了一点麻烦事，他觉得自己很孤独，没有朋友。那怎样让冬明感受到我们班级的温暖、同学的友爱呢？"我将问题抛给了五年级的孩子们，由他们全权策划整个回归活动。孩子们很热情，小组讨论热火朝天。

周一早上，同学们早早地准备着，冬明却姗姗来迟。没等冬明探进脑袋，教室里响起了持久而隆重的掌声，同学们大声欢呼着："欢迎冬明回到班集体，我们爱你，就像老鼠爱大米！"有些热情的男孩子，居然抱着冬明亲吻着，女同学也跑过来，接过他的书包，推着他入座。冬明一脸不好意思，摸着脑袋嘿嘿地笑。

接下来，我把时间交给了班委，主持人让大家夸夸冬明，同学们一口气说了冬明三十多个优点，搞得冬明一脸怀疑道："我有这么好吗？"整节课，大家嘻嘻哈哈的，冬明很快乐，我很欣慰！

下课后，大家围着冬明，男孩要教冬明玩"木头人"游戏，女生抢着拉冬明跳花绳。他们还商量着放学、周末要去冬明家做客，帮他补课。

冬明每天都笑嘻嘻的！

毕业那天，冬明抱着我哭了很久，久久不愿离去，承诺会常回来看我。果不其然，第一周周五晚上，我接到了他的电话，说自己很想念我和小学的同学们，晚上想得哭了。

这话我信。

多年以后，我们仍保持着联系，这个孩子未来可期！

育儿小妙招

孩子有突发状况，如出现做事提不起精神，不愿与人沟通，整天闷闷不乐，甚至不愿去学校上学等情况，父母要高度重视，尽量敞开心扉接纳孩子的不良情绪，并寻找孩子不良情绪背后的原因，及时沟通干预，解决问题。如果自己解决不了，可以带孩子去找班主任，因为班主任懂点心理学和教育学，和孩子有一定的情感联结。如果班主任干预后，情况仍然没有好转，应及时寻找心理专业的老师和医生进行咨询，将不良情绪扼杀在萌芽状态。因为不良情绪出现之初，是解决问题的关键节点。

与孩子交流过程中，父母要掌握怎样的沟通技巧呢？

一、理解接纳，让孩子宣泄不良情绪

进入青春期，随着荷尔蒙的分泌，孩子的情绪难免出现小波动，出现如人际关系受挫，学业成绩不理想，甚至莫名其妙的情绪低落。父母不要试图

跟孩子讲道理，让孩子明白这些不对，甚至批判、指责孩子脆弱、不懂事，这会事与愿违，让事情发展更糟糕。父母要理解接纳孩子在特殊时期表现出的不良情绪，给他温暖的怀抱，给他结实的臂膀，让他好好大哭一场，释放自己的压力和不良情绪，开闸放水，疏通情绪淤堵点。

二、耐心聆听，让孩子打开封闭心门

父母接纳理解了孩子，与他取得了很好的共情后，孩子才会把父母当作他的知心朋友，打开封闭的心门，倾诉心底的秘密。这时父母不要急着发表自己的意见，要耐心地聆听，给予真诚的回应，让孩子感到自己是被尊重和理解的，他的倾诉才会畅通无阻。孩子描述得越具体细致，父母越能深入地了解孩子状况，就越能找到解决问题的突破口。

三、读懂需求，让孩子回归正常生活

耐心聆听孩子的声音，不光要读懂孩子表达的字面意思，还要听懂孩子内心的需求，读懂他向父母发出的求救信号。只有满足了孩子的需求和渴望，才能真正解决情绪问题。如案例中的冬明，家庭情况复杂，父母闹离婚让孩子缺乏安全感；隔代养育、对孩子宠溺过度让孩子以自我为中心；同学关系受挫让他倍感孤独。一年级的事件只是一个导火索，触碰到了他情绪的爆发点。家长要读懂孩子内心真正的需求，他渴望被爱：父母的爱、同学的爱、老师的爱……所以父母要给予他各种爱，让他感受到爱，让爱包围着他。如父母多陪陪孩子；家长主动邀请小伙伴到家里做客，让孩子建立良好的友谊；家长周末可以常带孩子去大自然接触各种生物，让孩子心胸变得开阔；老师可以引导爷爷奶奶如何理性地爱孩子……

只有被爱滋养的孩子，情绪才是稳定的，不管遇到多难的事，都能挺过去。

先处理情绪，再处理事情

——如何调节孩子的情绪

问题触发器

我在网上刷到一个视频，孩子考试不及格，妈妈情绪失控，她逼着孩子拼命地刷练习题。孩子一边刷，她一边唠叨："如果不提高正确率，把你送到派出所去。"孩子一边哭一边写，结果可想而知。妈妈一把揪住孩子的衣领子，真的把孩子送到了附近的派出所。孩子胆战心惊，哭得稀里哗啦。可是旁边的妈妈还是无法平息心中的怒火，喋喋不休。这时警察严肃地提醒这位妈妈，注意控制不良情绪。

家长辅导孩子学习，弄得鸡飞狗跳、情绪崩溃的例子有很多。晚上我接到了一个邻居的电话，她对着我哇哇大哭，说孩子期末数学成绩只考了68分，她生气地抄起棒子打孩子，爸爸不让打，结果她和爸爸吵起来了，场面一团混乱。

过程巧沟通

我挂了电话，匆匆披上一件衣服，赶到邻居家。

孩子坐在飘窗上哇哇大哭；爸爸生着闷气站在走廊上抽烟，一根接着一根；妈妈披头散发，站在厨房里啜泣。

见我进去，大家收敛了一点，倒茶有之，哭诉有之，叹气有之。我耐心地聆听着。

一小时过去了，他们终于不再吭声。我咳了咳，小心地问："愿意听听我女儿考试考砸了的故事吗？"

"你女儿这么优秀，怎么可能考不好呢？"他们一脸惊讶。

我将思绪拉回到多年以前——

我家女儿在学习上是属于晚开窍的。

一年级第一次数学考试，她考了78分。放学时拿着试卷"招摇过市"，兴奋地把试卷递给我，并让我快点签字。那时的她估计对分数是没有概念的，在她的世界里，只要有分就是好事。我们那时也一脸宠溺，摸摸她的小脸蛋说："哟呵，不错嘛，78分。"

她头也没抬说："嗯，我们班小朋友都有分数。"

渐渐地长大一点，她对数字有了些许概念。每次放学，我们大老远就能看到她。如果她一脸通红地跑过来，声音高亢，我们猜今天必有捷报。如果孩子慢慢悠悠地向我们走来，我们基本可以断定她遇到伤心事了。

二年级下学期的一天，放学后，我和很多家长在门口接孩子。班级小朋友都出来了，唯独不见女儿。有个小朋友告诉我，因为她参加口算检测94分（95分优秀），被老师留下来了。小朋友说完跑了。

说实在的，当时我面对家长们异样的眼光，内心有点尴尬。但更担心的是自己的孩子，班级唯一一个没有优秀的她，幼小的心灵会产生怎样的不良影响。这件事会影响她学习数学的积极性吗？

果不其然，孩子一直低着头，慢慢悠悠地向校门口走来。我能感觉到她看见我了，但她不管不顾地一直往家里走。

我默默地跟着，没有说话。

回到家，坐在沙发上，我内心平静，语气温和地告诉她："不管发生什么，你都是妈妈的好孩子，妈妈依然爱你。"

孩子抬起头，一脸疑惑："妈妈，我告诉你，你真的不揍我吗？"

我抚摸着她的脸，安慰道："哦，现在你很担心，也很害怕，对吗？"

孩子狠狠地点点头，没有说什么。

"孩子，谢谢你告诉我现在的心情，说明你信任妈妈。"

没等我说完，孩子委屈地哇哇大哭起来。我抱着她，轻拍她的背。等她哭完，我问她："现在心情好点了吗？能告诉妈妈发生什么事了吗？"

"今天口算考试，我只考了94分，班级最后一名。"她看了看我。我"哦"了一声回应她，示意她继续。

"上课时，老师给每个小朋友发了本子，唯独没有我。放学了，小伙伴们都回家了，可我……老师说晚上妈妈还会批评我。"

我微微一笑："你现在除了担心，还很委屈，妈妈理解你现在的心情。但事实上，妈妈有没有批评你？"

"没有。"

"知道为什么吗？"她摇摇头。

"因为你平时学习认真，一回到家就写作业，学习成绩也挺好的。妈妈相信，这次口算只是个意外。你一定能赶上去！"她狠狠地点点头。

我继续引导："你现在愿意拿试卷给妈妈看看吗？我们一起来找找错误的原因吧！"

她快速地从书包里取出试卷，我们母女俩认真地研究起来，爸爸也加入队伍。

后来我们将6道错题全部抄出来，发现8与7之间的运算规律题全错。后来我和她爸一琢磨，想起老师上这一课内容时，她刚好参加科技比赛请假了，应该是知识没有掌握。

我们很真诚地告诉孩子："这次口算没有考优秀，不是你的错，是我们的原因。你落下的功课，没有及时给你补上。"孩子恍然大悟，舒了一口气，并要求我们告诉数学老师。我们欣然答应会处理好此事。

第二天，我找到数学老师，告诉她情况，拜托她帮孩子补上这一课，并婉转表达了孩子的担心，希望她帮助孩子提升一下学习兴趣。

沟通很愉快，老师意会。

那天下午放学回来，孩子特别开心，说老师夸她学习用心，不仅分析错题，还找到了解决问题的办法。老师相信孩子一定会学好数学的。

老师的言语里，藏着孩子的未来。三年级，她的数学成绩开始起飞，领先于其他同学。

听完我的讲述，他们很受触动，孩子妈妈不好意思地说："老师，实在不好意思。作为父母，我太惭愧了。我只关注成绩，却忽略了孩子的情绪。一家三口情绪崩溃，像世界大战一样，让您见笑了。"

"老师的方法很好，您给我们一家上了生动的一课呀！"孩子爸爸也很羞愧地说。

我点点头道："是啊，我们要先管控好自己的情绪，再去处理孩子的情绪，然后再致力于解决问题。"

育儿小妙招

小孩可能会因为抢一个玩具而哇哇大哭；小学生可能会为捍卫自己心中的价值而学会隐藏；中学生也可能因为压力，而越来越隐匿自己的情绪。所以觉察孩子的情绪成了父母的必修课。

父母的情绪是孩子成长的晴雨表，也藏着孩子的未来。

父母应管理自己的消极情绪，给予孩子正向的引领；鼓励孩子调节不良情绪，释放压力，做一个受欢迎的高情商之人，意义重大。

每天放学，家长接送孩子，先要学会察言观色，关注孩子的心情怎么样。当发现一些不良情绪影响孩子时，家长先要管理好自己的情绪，给自己一个情绪缓冲时间，让自己冷静，再告诉自己"冲动是魔鬼"，大事小事，天大的事，都会成为过去的事；然后以平和的心态、亲切和蔼的语气与孩子沟通交流，让孩子打开心门，宣泄不良情绪，释放压力。

那父母如何觉察孩子的消极情绪呢？又有哪些沟通技巧呢？

真诚感谢：父母真诚地感谢孩子信任自己，愿意打开心门倾诉发生的事。这不仅仅能关注孩子的情绪，更培养了孩子的口头表达能力，使亲子关系更加和谐。

耐心聆听：父母蹲下身子，像对待朋友一样平等地对待孩子，耐心聆听孩子讲述发生的事，父母少说话，用点头、"嗯啊"等表示回应。让孩子顺畅地讲述经过，探寻事情真相。

深入分析：孩子可能还不具备自我觉察的能力，更不会分析自己学习上出现的问题，父母可以以过来人的经验，协助孩子发现问题，引导孩子分析问题产生的原因，提高认知，培养思辨能力。

巧妙协助：教育孩子的终极目标是培养孩子解决问题的能力。当父母已经协助孩子发现了问题，接下来就要智慧地引导孩子，自己想办法去解决问题。受年龄限制，有些问题可能不是这个年龄能独立解决的，父母要巧妙地协助孩子找到解决的对策，让孩子充分感受父母的爱。

不管发生什么事，家长要先处理自己的情绪，然后处理孩子的情绪，最后再处理事情。只有这样，才能化危为机，建立融洽的"你开心，我开心"的亲子关系，培养出身心健康的阳光少年。

调控马达，做情绪的小主人

——如何提高孩子的自控力

问题触发器

中秋节，一群朋友小聚。聚餐时，一位年轻妈妈接了一个电话后情绪低落。一了解方知，原来是她女儿卡迪打了小伙伴的脑袋，下手有点重，对方家长很是心疼。朋友十分苦恼，一边倾诉一边哭泣。她觉得女儿挺单纯的，很喜欢和小伙伴们一起玩，可大家似乎不太喜欢她女儿，家长们时常告状。女儿不受欢迎，她觉得这会影响孩子的身心健康。她决定学习"孟母三迁"，让孩子离开现在的学校，到别的学校上学。

过程巧沟通

我看她如此伤心，便让她释放自己的情绪，想哭就大声哭。她哭了很久，情绪稍稍稳定后，我问她："每当有人来告状，你是不是很难过，很尴尬，略微有点生气？"

她点点头，一脸委屈。她告诉我，女儿卡迪挺善良的，很喜欢和大家玩。在她心中，女儿的优点很多，她不明白大家为什么不喜欢她女儿。

我让她举例子说说哪些事困扰着她。她说了很多，其中一件事使我印象深刻。她说："去年的一个傍晚，卡迪正在操场奔跑，迎面走来一对母女，女儿骑着自行车，妈妈跟在旁边护着。卡迪可开心了，迎上去抓住车头要求一起玩。不承想，女孩妈妈一把拽掉卡迪的手，不让卡迪靠近。正在角落的我看着女儿落寞的背影，别提有多难过了。"

我点点头，表示理解："作为母亲，我能理解你此刻的心情。不过面对很多家长的投诉，你是怎么处理的呢？"

她告诉我："女儿自尊心强。当着别人的面，我是不会教育她的。回去后我会询问女儿，究竟发生了什么事情，再进行教育。不过据我女儿所说的经过，我觉得她大部分时候做得没有错，是大家太大惊小怪了。为了保护女儿，我就安慰她别放心上。"

我隐约感觉到问题所在，婉转地问她："你就不怕孩子为了逃避责任，不告诉你真相吗？"朋友表示女儿不会这样做，她知道女儿的秉性。

我们继续交谈，聊到了孩子3岁前的养育情况。她告诉我："女儿1岁半前是我带的，挺好。后来由于工作忙，交由奶奶带到老家，待到3岁半。奶奶带，隔辈亲，凡事都以她为中心，迁就她、包容她，女儿才变得有点霸道。3岁后，我接手管孩子，为了弥补这一年多的陪伴缺失，我舍不得凶孩子，对孩子宠爱有加。因为我妈妈小时候就这么宠我的，我也没有被宠坏。不过孩子爸爸的教育完全跟我不同，较为严苛。"

我若有所思，一时不知说什么好。旁边的一个朋友接话道："卡迪有点自我，别人不迁就她，她就会生气搞破坏。上次，我女儿在拼乐高，卡迪想加入，女儿不同意，卡迪就生气了，一把将模型全部推翻。这可是我们一家三口花半天时间才拼成的家园模型啊！女儿见自己的心血付诸东流，哭得那叫一个伤心啊！"

听她一补充，我大概了然。我转身问卡迪妈妈："事情发生后，你是怎么处理的？"

卡迪妈妈云淡风轻地说："我把女儿带回家，和她爸爸一起帮忙把推倒的乐高拼好。"

"然后呢？"我追问一句。

"回家后，我和她爸爸一边搭建乐高模型，一边教育女儿。"她回忆着当时的情景道，"我告诉女儿，这是花花小朋友花很长时间才完成的，以后不能这样做。"

我又问她，后来有没有带女儿去向小朋友道歉。她笑笑说："我的女儿自尊心特别强，是不会向别人低头认错的，我和她爸都说不动她，就不了了之了。"

我微微一笑道："你和她爸爸协助她重新组装被破坏的乐高，用实际行动教育女儿，犯错不可怕，要勇于承担责任，并试图解决，弥补过错。在这过程中，卡迪应该能感同身受，体验搭建的不易，这比言语教育更有效。"孩子妈妈听了很开心。

我继续道："但美中不足的是，你们只将事情处理了一半，后半部分因为女儿的执拗，而选择了妥协，没有让她当面向小伙伴道歉，有点遗憾。"

她表示认同，我们相谈甚欢。聚餐结束，我答应她，会用几天的时间研究她女儿的问题，帮她找到问题所在，并寻找解决问题的办法。

育儿小妙招

上述案例中，卡迪是一个认知水平比同龄人超前的孩子，她见多识广，有主见，自尊心强。正如她妈妈所说，她喜欢跟小朋友们玩，她希望得到小伙伴们的认同，她没有坏心。这样的孩子为什么不受大家欢迎呢？父母又该如何干预呢？

一、角色体验，换位思考

老话说得好，"3岁看大，7岁看老"。也许孩子3岁前有很长一段时间是奶奶带的缘故，隔代的宠溺，让她成了家中的"小皇帝"。家人把她放在了中心位置，她接受了大家围着她转的"爱"，所以没有学会察言观色，没有学会考虑别人的感受，只享受他人的关注。所以，一旦有小伙伴没有以她为中心，没有顺她意，她就搞破坏、捣乱。

对于这样的孩子，父母可以尝试着在家里进行角色互换表演，比如：让孩子扮演小朋友花花，自己扮演女儿卡迪，重新模拟破坏现场，采访"花花"为什么哭，并与孩子演一演如何说服小伙伴，让自己加入一起玩的情境。这个游戏不仅能让孩子体验别人的情绪，学会换位思考，还能教会她控制情绪，培养解决问题的能力。相信孩子会有所触动，下次与小伙伴交往时，会用上一些交友的策略，发脾气前也能三思而行。只有这样，交友的环境才会变好。

二、延缓满足，控制欲望

父母可以将孩子良好的行为和延缓满足训练有意识地结合起来，让孩子学会等待，学会控制欲望。比如：孩子看中一个乐高玩具，想看某一部动画片，想吃什么零食，父母就告诉他，他有哪些不好的行为，需要改正了，才能满足这些要求。如上例，只要卡迪向花花道歉了，就可以看喜欢的动画片；只要卡迪有意识地改变与小伙伴的相处方式，就可以得到想要的玩具等。训练过程中，父母合适的表扬犹如及时雨，会滋润着这棵小苗，使孩子长成父母想要看见的样子。

同时，父母也可以主动出击，邀请与孩子合得来的、有共同语言的小伙伴到家里做客，让孩子以小主人的身份，热情招待小伙伴，让他感受自己的热情，体会他人的情绪。这样做既为孩子训练自控力提供了很好的机会，又拓宽了孩子的朋友圈子，更增进了小伙伴之间的友谊，让大家对孩子有所改观，能帮助孩子成为受欢迎的人。

三、成为观众，关注他人

以自我为中心的孩子，特点比较明显，比如自控力差，自我认知能力不强，很难发现自己错在哪里，也无法真心诚意地向对方敞开心扉认错道歉，还伴有敏感多疑等。这样的孩子有时会把哭当作武器，通过哭闹达到自己的要求，不达目的不罢休。父母迫于压力，只得牺牲原则，选择妥协，这更加助长了他的坏习惯。

如果父母后知后觉，不在教育上调整航道，显然对孩子人格的健康发展不利，与当前的交友环境格格不入，更会让孩子的性格产生缺陷。直接影响是，孩子长大后，在人际关系上，不管是夫妻之间，抑或是同事之间，还是与陌生人的交往之间，都容易出现沟通障碍。

父母如何加以训练呢？可以每周召开家庭会议，或者有重大事件发生时，一家人围在一起讨论，避开孩子擅长的话题，让他专注于关注别人的发言，聆听别人的声音。先让孩子成为听众，然后再让他发表意见。这个过程既让他学会等待，又让他学会把控自己的情绪，还让他学会察言观色、关注他人，真正做情绪的小主人。

这些训练不是一蹴而就的，需要长期坚持、反复训练，直到他养成良好的习惯为止。

莫把任性当个性

——如何正确理解个性

问题触发器

五年前的一个晚上，我接到一位爷爷的电话。以往的沟通中，这位爷爷对老师有许多恳切的要求：他孙子是一个爱面子、自尊心很强的人，喜欢表扬，如果老师批评他，他会失去学习兴趣，会更倔……希望老师多表扬他。这次电话中爷爷的态度改变了，透露出对孩子教育的担忧，商量着与我沟通，让我觉得他很诚恳，也令人感动！于是我放下手头工作，与他敞开心扉交谈，真诚给予他中肯的意见。

过程巧沟通

电话那头传来礼貌的声音："老师，实在不好意思，这么晚打扰您！不知方便不方便与我聊几句？"

我很忙，正在处理一篇文稿，但我能从他的语气中感受到些许担忧，我马上跑出书房，借着聊天的空隙，活络活络筋骨："什么事？您说。"

"我孙子到了五年级，我发现他不对劲，脾气有点倔，时常顶嘴，稍不顺他意，就发脾气。以前我们说他，他愿意听，现在好像不听使唤了。这周两次接到投诉电话，说他欺负女同学。孙子说他没有欺负，很生气，要找女生讨说法。"

直觉告诉我，他希望通过我去解决女生告状问题。于是我非常诚恳地向他道歉："不好意思，对于此事，我作为班主任一无所知，是我失职。女生打电话告状这件事很困扰您吧？"

"没有，没有！老师您这样说，我更加不好意思了。是我没教育好孩子。"爷爷立马解释。

我听得出他言辞中的恳切，于是问他："这件事您是怎么处理的？"

"我一直认为教育孩子不能太严格，担心这样会使他的棱角磨平了，人变得没有个性！老师您也知道，现在社会，孩子需要个性……"

现在我终于明白了他的心声，为什么每次跟他交流孩子的问题，他总是满口答应我，回家一定会好好教育孩子的，可是孩子仍然我行我素，改变不大。于是我顺着他的思路道："您是一个好爷爷，教育理念新，追求孩子的个性教育，希望他拥有快乐童年，想法没有错。但对于个性培养，我有自己的见解，您愿意听一听吗？"

"非常乐意！"

"我心中的个性教育，是希望他在课堂上思维敏捷，回答问题有很多种答案，可以发表与他人不一样的言论。所以上课时，我特别希望听到小朋友说，'老师，我有更好的见解''我有更好的理解''我有第二种解题思路'。如果个性培养的是思维，那一定是发散性思维、求异思维，也就是创造性思维。不仅思维需要个性，还有解决问题的能力和方法也可以多元。"

我列举了很多，爷爷一个劲地表示赞同："对对对，所以我孙子特别喜欢您，说您在语文课上总表扬他思维敏捷，回答与众不同。但别的一门课他就不太喜欢了，因为老师不让他回答，他有点被忽视的感觉。"

对于这事，我做过调查，知道老师不让回答的原因，是因为这孩子很难控制自己，有时候老师刚列出题目，他不举手就说出答案，影响了全班小朋友思考问题。老师希望他先思考，再举手，然后回答问题，给小朋友一个缓冲思考的时间，因为老师关注的是全班同学是否听懂。

爷爷听完我的解释，明白了老师的用意，他答应我会跟孩子好好沟通。

我们相谈甚欢，最后我也抛出最想与他交流的话语："思维培养、解决问题、学习方法等讲求个性，但我认为在培养孩子的习惯和品格上，不要太追求个性，尤其是道德品质。对就是对，错就是错，我从不给予个性表达。对于那些不良的言行举止，我们要敢于说'不'，严令禁止，甚至可以适当惩罚，老话说得好，'养不教，父之过。教不严，师之惰'。"

电话那边的爷爷突然沉默了好久，然后高兴地告诉我："看来我要调整自己的教育方向了！"

育儿小妙招

一些家长认同西方的快乐教育理念，倾向于摒弃中国传统教育模式，追求"快乐论"。无论孩子犯了什么错，哪怕编造了谎言试图逃避责任，这些家长会选择无条件相信孩子。他们过度关注孩子的自尊心，过度保护孩子的个性，俯下身子，迎合孩子的喜好，满足孩子的需求，没有自我决断的意识。有时这样的"民主"教育、"快乐"教育，反倒会事与愿违，培养出一个骄横无礼、以自我为中心、过于个性、不服管束的孩子。多年以后，父母会为当初错把任性当个性的行为，感到悔恨不已。

那父母该如何培养孩子的个性呢？

一、清楚个性，不是爱你没界限

什么是个性？个性就是个别性、个人性，是个人特有的思想、性格、意志、情感、态度、兴趣、气质、能力等不同于他人的特性，这种特质表现于外在的言语方式、行为方式和情感方式等各方面。任何人都有个性，个性是人的存在方式，是人在生理素质的基础上，在一定的社会条件下，通过社会实践活动、接受教育等形成和发展的一个比较稳定的特性。

父母应在尊重孩子的自然生理素质基础上，在孩子后天的社会实践、接受教育中，引导孩子形成比较稳定的个性特征。但尊重不是完全满足和迁就，自己心中得有杆秤，哪些个性需要培养，哪些个性需要打磨，不要因爱孩子而失去了边界。这样培养出来的有个性的孩子，才能适应社会的需求，不被他人所排斥。

二、遵循规则，要把品德放心间

保护孩子的个性，培养孩子的个性时，父母也要遵循一定的规则。以不伤害他人为基础，能与人友好相处，那么这种个性的存在是大家普遍能接受的、看好的。尤其是在道德品质养成上，没有个性可言，对就是对，错就是错。当孩子出现品德问题时，父母要及时予以教育和修正，不能为了保护孩子的个性而轻描淡写、一笔带过地教育。这样会让孩子觉得父母在这件事上没有原则性要求，改不改无所谓，起不到立竿见影的教育效果。孩子屡教不改，慢慢就形成了他自认为对的习惯，这将成为他成长的绊脚石，致使他在以后的社会交往中，频频受挫，苦不堪言。

三、培养个性，铸造"四敢"少年

当代社会，的确需要有个性的孩子。父母如何在良好品德的约束下，培养孩子的独立人格呢？

培养孩子敢想。孩子在思维上求新求异，对什么事都有好奇心，喜欢问为什么，富有想象力和创造力。

培养孩子敢说。孩子敢于发表自己的意见，乐于分享，当与大家的意见不同时，可以想办法说服对方，善于沟通，也善于听取别人意见，思维学会变通。

培养孩子敢做。孩子勇于直面困难，致力于想办法解决问题，有果敢的决断能力，就是平常所说的领导力。

培养孩子敢当。不管发生什么事，哪怕自己做错了，孩子要勇于承认错误，承担责任，做有担当的好少年。

总之，培养个性，就是培养孩子敢想、敢说、敢做、敢当。当然一切培养都建立在父母稳定的情绪上，只有这样，才能培养出一个有教养、情绪稳定、对事不斤斤计较、不钻牛角尖的品格纯良的好少年。

聆听心声，读懂孩子

——如何引导抗拒上学的孩子进教室

问题触发器

开学第一天早上，我走进校门，远远地看见大屏幕下蹲着一个胖乎乎的小男孩，他闭着眼睛，哭得撕心裂肺。旁边的两个家长崩溃地拉扯着他，嘴里在念叨着什么。直觉告诉我，这又是一个开学不想进教室的"熊孩子"。忽然，一个穿白衣服的家长朝我看过来，我看他似乎有点眼熟。教师的职业本能促使我走过去。我看到了一张充满惊喜的面孔——他是我的老乡。他告诉我，这是他堂哥的孩子，刚从外地转学过来。孩子自己要求转学，但是过了一个暑假，不知为什么就反悔了，开学第一天就不愿进教室，甚至闭目反抗。孩子妈妈左劝右说，见孩子仍不为所动，干脆死拉硬拽，试图强制执行。但事情并没有朝他们期待的方向发展。

老乡向我发出了求救信号，我试图尝试让孩子先睁开眼睛，停止哭泣。

过程巧沟通

我搂着孩子的肩膀轻轻入怀，拍拍他的肩膀，他安静了很多，但仍在啜泣。也许因为我是陌生老师，他有点抗拒，身子扭动了一下，眼睛依旧没有睁开，一大滴眼泪自然滑落。我惊呼一声："呀，要掉了！"

也许是一惊一乍令他好奇，他停止哭泣，睁开眼睛看着我。我连忙拿起纸巾轻轻擦掉他的眼泪，微笑着说："知道我是谁吗？"

他茫然地摇摇头，我继续与他套近乎："我是你堂哥的小学老师哦！"一听堂哥的名字，也许是听过我们的故事，他眼睛里的光闪了一下，转瞬即逝。

"你堂哥以前在我们班可优秀了，这次拿了一等奖学金，我感觉你跟他有相同的潜质。"我一顿猛夸，他似乎忘记了自己要干什么了，也忘记了哭泣。我顺势把他带离妈妈身边，请他到门卫室坐下。

我打开我们班的抖音号，为他放起了我们班的活动小视频，他饶有兴趣地看着，我激情飞扬地介绍着我们班、我们学校。然后问他，他以前的学校有没有这些活动，他说没有。我问他转学后现在分到哪个班，他告诉我是四（12）班，我故作惊讶道："呀，你的运气怎么这么好，居然分到了明星班，你们的老师非常优秀，我有个亲戚的孩子想进这个班却没有机会呢！"他听后表现出极大的兴趣。接着，我问他以前学校的情况，大致了解后基本能判断，他不愿进学校不是留恋以前的学校，也不是不喜欢现在的学校和老师。

我凭多年班主任的经验判断，问题出在家长身上。

我轻抚他的额头问他："你为什么不愿进教室呢？你能告诉老师什么原因吗？也许我能帮你解决问题。"他犹豫着。

我尝试着猜："你现在很害怕，很担心，对吗？"他抬起头开始好奇起来，点点头。

"你担心爸爸妈妈把你放在老家，他们回大西北，担心自己想妈妈，对吗？"他使劲点点头，开始有点想表达。

我示意他自己说。他告诉我："妈妈把我托在家教中心，她马上回大西北，我不愿意离开妈妈，所以反悔了。我不是不喜欢老师。"

我基本摸清了孩子不愿上学的原因，寻思着找他妈妈聊聊，一转身发现两位家长已经消失得无影无踪。门卫告诉我，他们刚才匍匐着身子从窗子底下溜走了，把孩子放心地"丢"给了我。

解铃还须系铃人，我打电话唤他们赶紧回来。趁着等待的时间，我告诉孩子："以后不管发生什么事，你不要想着哭，要动脑筋直面问题，想办法解决问题，因为哭泣是解决不了问题的。"他点了点头。

后来，我鼓励孩子敞开心扉告诉妈妈，自己为什么哭，为什么不愿上学，并提出合理的要求，希望妈妈陪他一个月，让他先适应这里的生活。孩子妈妈欣然答应。

育儿小妙招

开学初，我时常会在校门口看到几个孩子不愿进教室。有些父母一边拖拉着孩子进教室，一边大骂，试图通过恐吓等手段让孩子屈服。殊不知这样做，有可能使孩子讨厌学校、讨厌老师，甚至讨厌家长，长此以往，产生厌学心理，得不偿失。

家长该怎么做，才能让孩子高高兴兴上学，对学校、对老师充满期待呢？

一、提前熟悉环境，消除陌生感

面对陌生的环境，我们总觉得自己是如此渺小，感到手足无措。大人如此，更何况一个孩子，来到偌大的校园，周围是不熟悉的人和物，难免会产生局促感，没有安全感。所以上学前几周，家长可以带孩子到学校周边转转。如果学校允许，可以进入校园观光游览，摸清食堂、厕所、教室等的位置。让孩子提前熟悉环境，了解校园，消除陌生感，增加上学的兴趣，建立上学安全感。

同时，父母可以与孩子一起浏览学校的网站、公众号。如果孩子转学，可以提前了解班级，结识班级小伙伴。上学那天可以和已经熟络的小伙伴结伴上学，避免来到新班级，面对的一切都是陌生的。这样做可以避免有些适应能力差的内向的孩子在新环境中无所适从，惶惶度日。提前认识小伙伴，可以很好地消除孩子"举目无亲"的无助感。父母也可以陪着孩子提前了解班级的老师，熟悉老师的教学方式等，让孩子对老师充满期待，培养良好积极的向师性。

二、蹲下身子聆听，感受微情绪

成长就是将哭声调成静音的过程，逐渐变得喜怒不形于色，好恶不言于表。但孩子毕竟是孩子，他们还没有经历成长，或者还在出发去往成长的路上。父母如何做到疏导有度，感受孩子的喜怒哀乐，教会孩子适当地表达情绪、管理情绪呢？

孩子上学前的微表情也许会透露一切。父母要做有心人，觉察孩子的不良情绪，一旦发现不对，就要及时沟通、疏导，将消极情绪扼杀在萌芽之中。

上学前，孩子会有很多自己的担忧，如迷路了怎么办，交不到朋友怎么办，老师不喜欢他怎么办。孩子不说，父母如果不主动觉察，是无法知晓的。父母在不知情的情况下，以为孩子不愿意上学是闹脾气，是不懂事，是幼稚，加以教育、指责，那会让事情变得更糟。

作为父母，请记住：每个孩子是不一样的，每个孩子面对新环境、新老师、新同学的心境也是不一样。如果父母觉察到孩子的不良情绪，请先理解孩子，包容孩子。只有这样，孩子才能敞开心扉倾诉原因。父母俯下身来倾听，不仅能让孩子分享快乐，也能让孩子倾诉不安。

父母只有找到真正的原因，读懂孩子，才能协助孩子有的放矢地解决问题，让孩子保持愉悦的上学心情。

蹲下身子，聆听孩子心声

——如何与孩子建立情感联结

问题触发器

有一位朋友生意做得很大，属于本地有名气的人物，说话办事雷厉风行，似有霸道总裁的范儿。他是生意场上的时代宠儿，走过的路比我们走过的桥还要多，人生阅历丰富。

朋友常年不在家，很少与家人团聚，所以与儿孙的接触很少。三个孙女都是由姥姥姥爷一手带大的，她们自然与姥姥姥爷比较亲，朋友作为爷爷，和孙女没有建立太多的情感联结。

暑假里，爷爷奶奶回老家与家人小聚。儿媳将三个孙女送到他们身边，他们自然是欢喜得很。可没带几天，爷爷却跟我吐起了苦水。他说孩子们跟他不亲，他教导孙女们的话，孙女们不爱听，大孙女还要跟他顶嘴。朋友让我评评理，帮他教育教育三个孙女。

过程巧沟通

听他讲完，我明白了大概，让他举个例子听听。

朋友说："中午12点多，到吃饭的点了，我和她们奶奶忙前忙后烧了一桌子的好菜，左等右等不见孩子们下来吃饭。我性子急，就跑到楼梯口吆喝。可嗓子喊破都没有人回应一声。气'死'我了！"

"房子太大了，我们根本没听见。"大孙女反驳道。

小孙女补充道："我们想着把'熊大熊二'看完了，再下来吃饭。我们不饿。"

"你们不按时吃饭，太没有时间观念了。还跟爷爷顶嘴，你们不尊敬长辈，没有礼貌！动画片有什么好看的，对你们没有一点好处！如果是你爸爸这样子，爷爷早揍他了！"朋友越说越生气，一直数落着。

三个孙女一脸鄙夷地看看他，又尴尬地看看我。大孙女皱着眉头弱弱地回了一句："我们在外婆家都是这样的，外婆从来不会像你这样教育个不停。他们对我们可好了。那天我们真的没有听见，不是没有礼貌。"看得出来，大孙女有情绪，一脸委屈。

两个小的在姐姐后面随声应和着："我们真的没听见。"

朋友听完更激动："你们没有听见可以理解，但你们这么大的人了，难道没有时间观念的吗？12点多了，自己不知道下来吃饭呀？"

我耐心地聆听着。他们终于不说话了。

我开导朋友道："我家女儿今年读大二，但依然喜欢看动画片，我从来不干预她的喜好，让她保有选择权。孩子干每一件事不一定都要以学习为目的，单纯的喜欢也可以。她们还只是孩子，喜欢动画片是她们这个年龄段的特点，这是孩子的天性，我们要尊重她们。我们要读懂孩子、了解孩子，知道他们喜欢什么，投其所好，爱其所爱，孩子才会爱上您哦！再说，孩子也没有沉迷网络玩手机或者打游戏之类的，只是喜欢看电视，没什么大不了的，我觉得挺好。"

朋友听了一愣一愣的，三个孙女不可置信地注视着我，我读出了她们的"出人意料"和找到"知音"相见恨晚的感觉。她们感觉我是跟她们站在同一战线上的，我们的关系在拉近。

我继续发表我的见解："三个孩子从小没有跟你生活在一起，她们的生活习惯、生活方式与你会有些不同，她们不清楚爷爷家的家风家训家规，你需要耐心告诉她们规则，如什么时候吃饭，什么时候看电视，什么时候睡觉。光让她们知道还不行，还得给孩子们一点时间去接受和适应。"

朋友若有所思，陷入沉思。孩子们有点懵懂，好奇地听着我的发言。

"孩子们,愿意听听麦子老师的建议吗?"

孩子们点点头。我跟她们说:"如果你们整个暑假都在爷爷家,那全家就要召开一次家庭会议,爷爷奶奶和你们一起商议,决定什么时候起床吃饭,什么时候做作业,什么时候玩耍看电视。"

没等我说完,大孙女抢话道:"麦子老师,我懂了,就是制订暑假作息时间表。"

我摸摸她的小脑袋表示赞许:"是的,咱们是知音啊,想到一块儿了。"大孙女一脸得意。看着孙女的变化,朋友的态度也发生了180度大转变,没再说话,而是用期待的眼神催我继续。

"国有国法,家有家规。制订作息时间表时,孩子在场,家庭成员一起讨论商量,制订孩子们愿意执行的方案。计划一旦开始执行,双方坚持原则很重要。"

朋友点点头,孩子们也点了点头。

第二天,朋友高兴地打电话告诉我,今天中午孩子自己主动下楼吃饭了。

育儿小妙招

人们说隔代亲,但上面的案例却是个例外。爷爷走南闯北,见多识广,期待自己的孙女也跟自己一样,所以他很想把自己知道的大道理都告诉孩子们。爷爷的理念没有错,但缺乏育儿实战经验,没有站在孩子的角度去思考问题,想当然地觉得孩子会跟大人一样,这显然没有读懂孩子。他想当然地认为孙辈们也能懂自己世界里建立的规则——到饭点了就该下来吃饭;老人讲的道理,她们自然能懂,并能认同接纳。其实不然,两个时代的人,必有理念上的不同,这就是认识上的鸿沟,或称之为代沟。

他们之间没有经历过情感磨合,还没有建立亲密的情感联结,心没有交融。面对这样的情况,该怎么办呢?

一、读懂孩子，学习改变

大人不能将太多希望寄托在孩子身上，试图改变他们来适应我们的生活方式，只有大人去改变、去学习。《礼记·学记》有云，亲其师，信其道。爷爷要想与孙女们亲昵相处，首先得读懂她们，了解她们，投其所好，与她们打成一片。只有这样，她们才会爱上爷爷、信任爷爷，听爷爷的话。

二、感化孩子，慢养细育

孩子就像一粒种子，需要经历漫长的等待，才会发芽、长叶、开花、结果。养孩子的过程，需要家长的慢养细育。家长要抱着牵着蜗牛去散步的心态，与孩子慢慢建立感情，慢慢帮他们养成良好的习惯。培养感情是需要时间的，家长要用整个心灵去呵护孩子，让孩子选择自己想做的事情，而不是做家长要求做的事，让孩子充分葆有好奇心和探索欲，长成他们想要的样子。家长要站在远处默默关注孩子，在他们需要的时候给予适当的帮助，避免孩子养成依赖的心理。

三、接纳孩子，摒弃说教

成长中的孩子不喜欢传统的说教，甚至讨厌说教。家长说多了，容易让孩子产生逆反心理。表面上看，家长在说，孩子在听，实则他们早已关闭心门，犹如铜墙铁壁，百毒不侵。孩子即使听进去几句，也是左耳进，右耳出。所以家长养育下一代要摒弃说教，与时俱进，不能拿20世纪六七十年代所接受的教育方式来教育21世纪的儿童，这等于是穿旧鞋走新路。家长要学习新养育法，紧跟时代步伐，站在儿童的视角，选择孩子们愿意接受的教育方式，理解接纳孩子，让孩子快乐受教。

四、培养孩子，制订规则

要想孩子好，规则不能少，让规则成为孩子的人生路标。养育孩子，适当的行为约束是需要的、必不可少的，这恰恰是养好习惯的基础。但如果大人只是将规则粗暴地、以说教的形式生硬地塞给孩子，很容易引起孩子的抵触心理，起不到很好的教育效果。

教育需要方法和技巧。如同上面的案例，家长要想获得孩子的认可，可以采取家庭会议的形式，让每一个人参与进来，通过解决问题来使孩子获取成长的契机，让家庭的每一个成员都能意识到自己的角色和责任，更富有归属感。凡事商量着来，既给孩子们参与、选择的权力，也培养了孩子们的责任感、自律性、主动性，还给家人一次及时清理情绪垃圾，促进彼此交流、彼此理解的机会。家里大事小事都让孩子参与，还可以锻炼孩子的思辨能力、语言表达能力、问题解决能力。

为了培养健康快乐的孩子，家长要时常蹲下身子，以平等的姿态，聆听孩子们的心声。这样更容易走进孩子内心，与他们快速建立亲密的情感联结。

第4章
德育直播间

如何引导孩子从小树立梦想？

如何引导犯错的孩子承担责任？

如何培养孩子的感恩之心？

长幼有序，和睦友爱

——如何养育多个孩子

问题触发器

养育多个孩子，父母如何做到一碗水端平，让每个孩子都能感受到父母平等的爱，让每个子女都能成人成才，是一个值得深思的热门话题。尤其是家里已经有长大的孩子，在他们刚刚享受独生子女的万千宠爱，习惯独处的时候，来了一个妹妹或弟弟，肯定会猝不及防，一下子难以接受。父母也难以合理照顾到每个孩子的心理，因而顾此失彼，身心憔悴。关于这个话题，我们热火朝天地讨论起来。

过程巧沟通

"90后"小达首先发话了："我是独生子女，从小到大，一家人全部围着我转，含在嘴里怕化了，捧在手心怕摔了。哪怕要天上的星星，父母也会尝试摘给我。所以从小我就养尊处优惯了，以自我为中心，很难顾及他人的感受。我从小没有与兄弟姐妹相处的经验。现在初为人父，还要养育多个子女，怎么养孩子？没经验呀！"

"我是'80后'，因为从小长在农村，那个时代重男轻女。我是女孩，爸妈可以多生一个孩子，于是有了我弟弟。"小溪回忆着自己的童年时光，"不管弟弟提出什么无理要求，爸爸妈妈都要求我无条件先让给弟弟。那时的我真的有点讨厌弟弟，趁妈妈不在家，总要欺负他。弟弟也总会在父母出现的第一时间，哭着跑去打小报告。他越这样，我就越不想跟他好好相处，总变着法儿甩开这个小跟屁虫。"小溪一脸坏笑道。

她的话引起了许多"80后"的共鸣。有的说家里爷爷奶奶更偏心，总护着小的，每次吵架，不管对错，接受批评的肯定是自己，所以他们到现在仍心存芥蒂；有的说自己因为父母的偏心，曾经怀疑自己是垃圾桶里捡来的，幼稚地想着离家出走找亲妈。

听完他们的话，我想起自己小时候干的一件荒唐事，扑哧一笑。大家好奇我想起了什么趣事。我不好意思地告诉他们："我有个哥哥。小时候，他特别懂事乖巧，一放学就去放羊赚钱，总是帮妈妈干活。妈妈也很喜欢哥哥，总在我面前夸我哥能干、懂事。加上我那时有点懒惰、贪玩，脚底抹油，今天到东家溜达，明天到西家串门，总不着家，有时连饭点也赶不上。母亲总是大声咆哮着唤我回家，有时我甚至担心母亲把天喊塌下来。那时的她极其痛恨'不成器'的我，痛骂一顿是少不了的，偶尔还要棍棒伺候。她越表扬我哥，批评我，我越是生气，甚至有点痛恨起无辜的哥哥来。"

大家的胃口被我吊起来了，催我快讲。我继续道："在一个月黑星稀的晚上，外面黑漆漆的，妈妈让哥哥上楼帮她拿点换洗衣物。于是我计上心来，趁哥哥走到楼上没有打开电灯前，拿起一把锄头，朝着头顶楼板疯狂敲击起来，嘴上喊着'有鬼！有鬼！'。"

那时哥哥年龄小，胆子也小，被我吓得哇哇大哭地跑下楼梯。我看到了一个脸色惨白、全身发抖的哥哥。母亲抱着他，安慰着。他哭得撕心裂肺。我知道自己闯祸了，结果大家可想而知，我又被狠揍了一顿。那天晚上，哥哥半夜做噩梦惊醒，我又免不了被母亲一顿数落，那时的我真正感受到自己做了错事，之后就变得乖多了。"

大家听完我的故事，纷纷讲起自己小时候捉弄兄弟姐妹的事件来。你一言我一语，回忆不同时代的父母养育孩子的经历。

小智一直没有说话，直到我们要求他给我们讲讲他小时候的故事，他盛情难却，说道："我是'70后'，有四个姐姐、一个哥哥。穷人的孩子早当家，因为家里孩子多，吃饱饭都成问题，那时父母没有时间管我们。他们早早出门下地干活去了，只留下我们兄妹几个。那时我们年龄相差不大，姐姐是家里的老大，长姐如母，我们一天的吃喝拉撒全是姐姐照顾的。姐姐那时让二姐带三姐，三姐管四哥，四哥牵着我，家里就像幼儿园。那时的哥哥姐姐很乖巧懂事，有东西吃，也会互相谦让，特别照顾我。"

大家都把目光聚焦到小智身上，惊讶于他们家庭的庞大，更好奇他父母是怎么教育孩子的。小智告诉我们："那时父母忙得脚不沾地，哪有闲暇时间管孩子？他们临出门前，只是关照姐姐一句，'你是家里的老大，家就交给你了，把弟弟妹妹带好哦！爸妈不回家吃饭'。可能是爸妈的放心和放养，姐姐也受到影响，告诉老二，'你是姐姐，照顾好老三……'"

他的轻描淡写，让我们惊掉了下巴。小溪忙问："这么多兄弟姐妹，难道不会为了争抢东西而大打出手吗？爸爸妈妈会帮谁？"

"吵架、打架是常事，但我们哭完就没事，也没有人管我们。因为父母知道，我们吵架拌嘴也不会出什么大问题，自己解决就好了。"小智越风轻云淡地说，我们越喜欢听，因为我们太喜欢这样的大家庭了。

育儿小妙招

一、树立权威，"偏爱"老大多一点

当只有一个孩子的时候，全家人围着他转，他集万千宠爱于一身，一切都是他的。有一天，突然多出一个妹妹或弟弟来，他可能会很难接受和适应，感觉弟弟妹妹是来抢东西的。他们分走了物质，分走了大人们的爱，分走了爸爸妈妈陪伴他的大把时间，大人们不再以他为中心，他觉得心里空落落的。

这时爸爸妈妈应该多关注老大的心理，理解接纳他的不良情绪，因为老大正在经历失去，经历爱的分割，他们缺乏安全感，担心父母有了小的孩子而忽略他，他甚至担心失去爸爸妈妈的爱。

这时小的孩子什么都不懂，只要吃饱睡足就可以。当大的孩子特别黏你

的时候，妈妈可以先腾出时间抱抱他，说点爱的甜言蜜语，并郑重告诉他："你是家里的老大，是妈妈的小帮手，可以帮妈妈干好多事。"然后引导他去干点力所能及的事，如换尿片、泡奶、讲故事、哄睡觉等。培养两个孩子的亲密关系，也给老大独当一面的机会，让他做一个暖宝宝，多多夸他，多感谢他。告诉他，妈妈和妹妹、弟弟都很喜欢他并需要他的帮助。让老大在帮忙的过程中，体验成就感，培养责任和担当。让他从失落中走出来，学会爱人，向别人播撒爱。

等孩子们大一点，老大的领导力就会凸显，他学会谦让与呵护，在小的孩子面前会起到很好的榜样作用。小的孩子也会在老大的引领下，传承爱的接力棒。

二、不当判官，培养老大成为左膀右臂

兄弟姐妹同在一个屋檐下，犹如嘴巴里的舌头和牙齿，难免会起摩擦。几个孩子可能为了一个玩具，也可能为了哄抢食物，更可能为了一句话而争得面红耳赤、大打出手。这是他们在寻求解决问题的办法，有时语言解决不了，直接用武力解决。这不一定是坏事，争吵可以培养孩子的竞争意识，锻炼口头表达能力，鼓起战胜别人的勇气。如果父母试图当一个判官去断案，可能会让局面变糟，因为"清官难断家务事""公说公有理，婆说婆有理"，搞不好，每个孩子都觉得你偏心，问题非但没解决，还把每个孩子的心伤透了。

这时父母需要根据现场情况的危险系数做出评估，再决定是否出手干预。如果情况安全，家长完全可以当作没有看见。

父母还可以发挥老大的榜样作用，引导老大去解决问题。因为老大有时比父母更权威，更具说服力。父母只要在平时多多夸奖老大，多多感谢老大的鼎力相助，老大就会成为你育儿路上的左膀右臂。

三、别作比较，避免孩子间恶性竞争

每个孩子生来都希望得到别人的肯定，尤其是父母的肯定和赞扬。如果父母想要表扬哪个孩子，尽量不要当着孩子的面夸。因为你只表扬了一个，可能会让另一个变得自卑、不自信，觉得父母没有表扬他，是因为自己做得不好。父母更不能拿一个孩子的强项去对比另一个孩子的弱项，这样只会让弱者更弱。再者，对孩子来说，受表扬过多也未必是件好事，正如我小时候因为不满妈妈时常表扬哥哥而吓唬无辜的哥哥一样，父母的当面表扬，反而给受表扬的孩子处处树敌，使兄妹之间产生隔阂和恶性竞争，如产生报复、攻击心理等。也有一部分被表扬的孩子，因为受父母宠爱过多，内心变得膨胀，常常欺负另一个孩子。这样的事情是很多父母不愿看到的。

教育好大的孩子，培养他的责任和担当，会让小的孩子以大的孩子为榜样，两人手足情深，守望相助。这即是长幼有序，和睦友爱。

行稳才能致远

——如何养育跑得更远的男孩

问题触发器

现在有些男孩子整天在家里玩电脑、玩手机，不思进取，饭来张口，衣来伸手，吃要吃好的，穿要穿名牌，各种讲究，很少想着靠自己去奋斗，创造美好生活。有些父母辛苦一辈子，将积蓄用来给孩子买房买车，活脱脱把孩子养成了"啃老族"。我们该如何养育男孩呢？老祖宗留下的"穷养儿"方式中有哪些思路可以借鉴呢？

过程巧沟通

周末，一群朋友商量着去露营。我们搭好天幕，摆好桌椅，放上水果、零食，热火朝天地聊起来。

丽丽刚坐下，我们就围过去让她分享育儿心得。她很谦虚，轻描淡写地说："我没有带娃经验，只是觉得男孩子视野要开阔，所以常常带他去接触大自然，假期带他去旅游，有空陪着他去书城看看书。"

"这么谦虚！看得出来，你带娃很有经验！"丹丹夸赞道。

丽丽若有所思，她还告诉我们："每天晚上，爷爷陪着孩子看《新闻联播》，雷打不动，并非常耐心地给孩子讲解他提出的各种疑问。说来奇怪，孩子对《新闻联播》情有独钟，一点也不觉枯燥，看得津津有味。爷爷还告诉孩子，男孩心中既要装着国家，也要装着小家。平时他也会带着孩子一起干点力所能及的家务，如扫地、拖地、择菜、倒垃圾等，虽然很少表扬，但孩子已经把这当作一件理所当然的事，很乐意干，熟能生巧，这些家务干得很麻溜。"

我们跟她开玩笑道："这样的养娃模式，以后嫁给你儿子的姑娘，该多幸福。"

小舒一脸羡慕，感慨道："这样的家庭氛围，这样的亲子关系，真让人羡慕。富养应该就是全家人高质量的陪伴。"

娇娇陷入沉思，继而露出微笑。我常见她朋友圈晒娃的照片，感觉他们一家也是富养孩子的典范。我很好奇地问她："孩子爸爸在养育上有什么特别之处吗？"

娇娇一脸幸福，告诉我们："我家先生是个公益达人，平时组织公益活动比较多，从孩子三四岁开始，他常常带着儿子一起参加公益活动，孩子小小年纪忙前忙后，受到大家的连连夸赞。这些活动拓宽了孩子的视野，增长了孩子的见识。回来爸爸还会让孩子发表意见、谈谈收获，很尊重孩子的独到见解。"

潘潘双手撑着下巴，听得入了迷，感慨道："要是我家老公也能这样做，该多好呀。我要回家告诉他。"

娇娇微笑着回应道："放心，等有了孩子，爸爸就会上心带娃的。现在，我家里碰到一些事，爸爸会先找孩子商量，让孩子发表意见，孩子就像爸爸的'狗头军师'。"

潘潘点点头："嗯，我们家老公带娃虽然没有经验，但他挺好学的。我下次把我家老公带你家进修去。"

大家都夸潘潘太聪明，这招真绝。

娇娇满脸洋溢着幸福的微笑说："这些只是我老公的一些粗浅想法，他希望儿子长大之后，能成为一个真正的男子汉，有主见、有担当、扛得起、放得下。不管经历怎样的生活磨炼，儿子都能扛得住压力，经受得了挫折。"

后来她还回忆起一些事，说："爸爸常常会带着孩子去乡下，将孩子寄养在家庭条件比较差的亲戚家，与他们的孩子同吃同住，一起帮大人干活，体验乡下的生活。孩子每次回家，虽然黑瘦好多，但会变得很懂事。奶奶更有意思，怕孩子孤单，总是邀请很多小伙伴来家里玩，好吃好喝地伺候着，生怕稍有怠慢，小伙伴下次不来了，孙子就没有玩伴了。奶奶还教育孩子得以主人的身份，热情、大方地招呼客人。儿子与朋友们共同玩耍，分工合作，有条不紊，犹如老练的掌舵手，大家都听他指挥，他调度自如，颇有领导者风范。"

"天哪，这是一个怎样的家庭呀，教育孩子全家总动员啊！这氛围太好了吧！我们太羡慕了！"小舒露出一脸小迷妹的神情。

"三胎政策放开后，奶奶一直鼓励我一定要生三个娃。三个孩子一起，容易锻炼孩子团结一致的协作能力，解决问题的协商能力，处理兄妹关系的协调能力。总之，增强综合国力。"娇娇满脸堆笑，露出一口小白牙。

不知谁说了一嘴，夸娇娇的儿子不仅懂事，学习也很棒，还是一个全能选手。我比较好奇，问她："你是怎么辅导学业的？孩子参加了什么培训？"

娇娇说："我们最大的希望是孩子有个美好、快乐的童年，有大把的时间用来玩耍、探究，自由支配，能轻松、快乐地学习，不被学习所累，所以没有报太多的补习班。上小学前，我们觉得孩子太孤单，送他去打篮球、下棋。上小学后，觉得奥数能培养孩子的思维，孩子在数学上也颇有些天分，加上自己是数学老师，所以每天回家，我会给他练习一道思维题，日积月累，一年365天，就做了365道思维训练题，孩子的思维能力明显优于其他小伙伴。"

"你注重孩子的快乐教育，培养孩子的探究能力和思维能力，真是实力雄厚的富养。我是语文老师，不会教数学思维题怎么办？娇娇以后帮我教。"丽丽开起了玩笑。

娇娇也开起了玩笑话，回应道："完全没问题，你们的娃以后放学都来办公室找我。哦，对不起，放学我要陪着孩子走回家，接孩子来不及了。"

我们很好奇娇娇为什么不用车接孩子放学。她神秘地看着我们，老半天才说道："每天放学去接儿子，是我们母子俩最快乐、惬意的时光。我总陪着孩子慢悠悠地'荡'回家。有时，孩子蹲在路边听蛙声；有时，孩子趴在稻田里看农作物成长变化；有时会下水摸鱼……五分钟的路程，娘俩可能要耗上半小时。路上不管碰到什么难事，摔倒了，被蜜蜂蜇了，孩子从来不哭，也不需要大人的安慰、呵护，因为他觉得自己是个小小男子汉。"

大家都投来羡慕的目光，集体起身说："这招我学会了，赶紧的，放学了，我们也接孩子去，走路回家。"

育儿小妙招

很多大人成年以后回忆自己上学时光，由于家庭条件差、生活艰苦，总是特别自卑。他们在交朋友时总战战兢兢的，生怕条件好的同学瞧不起自己，所以在择友上非常谨慎。在交友时会选择与自己"门当户对"的同学结交，哪怕一些家境富足的孩子愿意跟他们交往，他们也不敢向前，害怕自己不能被他们平等对待。长此以往，在成长过程中很难交到知心朋友。

如今，大家生活富裕，大部分家庭过上了小康生活，父母需要"穷"养男孩吗？"穷"养的意义是什么？

一、物质上无须刻意"穷"养

只要是孩子合理的物质需求，应该尽量满足。因为每个孩子不单单是一个独立的个体，也是生活在学校大家庭中的一员，孩子与同学交往中，因为物质水平的差距，会导致消费观念、价值观的不同，他会因为物质上的缺乏而与同学缺少沟通的共同语言，直接影响人际关系。长大后，他进入婚姻生活，小夫妻之间也会因为消费观念的差异产生矛盾。成长中的孩子如果缺乏父母的正向引领，容易产生自卑的心理，也有可能会产生虚荣、爱攀比的心理。

父母根据家庭条件，合理、理性、有节制地满足孩子物质需求的同时，也需要把握好度。父母不能过度奢侈，溺爱成灾，也不能毫无底线地满足孩子，有求必应。这样容易培养出虚荣心强、毫无自制力的孩子。

二、精神上需要有心"富"养

正所谓"天行健，君子以自强不息"。男子作为社会的重要组成部分，是赚钱养家、承担家庭重任的主力，应该吃苦耐劳、自立自强。父母要养育一个健康乐观、品格健全、精神富足的男孩，需要有心设计并规划孩子的成长蓝图，在他每个成长阶段都要规划一个侧重点。

父母要拓宽男孩的视野。"读万卷书，行万里路"，父母要常带孩子去图书馆看书，去大自然探索认识事物，去世界各地旅行观赏风光，去各种公益活动现场做公益。父母要鼓励孩子大胆参与，深入探索体验，用心灵去触摸、感受这个精彩纷呈的世界，从而开阔眼界、丰富阅历，实现高质量的陪伴。

父母要培养男孩的家国情怀。古往今来，"修身、齐家、治国、平天下"，是男儿的使命和担当。父母要常引导孩子关注时事新闻，关注民生，实现"家事国事天下事，事事关心"。

父母要锻炼孩子的能力。孩子的世界里，除了学习、诗和远方，还有生活的柴米油盐。父母要引导孩子做一些力所能及的事，干点家务，干点粗活、累活、脏活。他们流点血、破点皮，不要心疼，这是在磨炼他们的意志。挫折教育既锻炼了强健的体魄，又培养了吃苦精神，让孩子做一个真正的男子汉。同时，父母要在孩子面前学会示弱，常给孩子机会，让他发表自己独到的见解，给他独当一面的机会。

父母要锤炼孩子的品格。父母关注孩子学习、体格的同时，更要关注孩子的品格和心理健康。孩子需养成健全的人格，面对困难，能迎难而上，顶得住压力，扛得起责任，自强不息。父母要培养孩子阳光的心态，磨炼他们的意志，使他们经得起生活的考验，接受得住各种挑战，不惧挫折。

人生就像一场马拉松，养育男孩，不在于他瞬间的爆发力，而在于一路的坚持；不在于他能跑得多快，而在于他未来能跑多远。

谁动了我的"奶酪"

——如何引导犯错的孩子自我反省

问题触发器

早上7:30左右,微信跳出一串信息:晓东的期末试卷被一个同学"顺"走了,取而代之的是错误百出、面目全非的答卷,姓名处有橡皮擦拭的痕迹,赫然写着晓东的名字。很显然,晓东的试卷被人调包了。我惊呆了,从教二十多年来,第一次遇到这样的情况,是谁"偷梁换柱",将小聪明用在了不当之处?

过程巧沟通

第一节课下课,我来到班级,通知大家将试卷放到桌面,并告诉大家,我会一个一个来收。我一边收,一边不露声色地自言自语:"桌上怎么会多出一张试卷,晓东的试卷怎么会不翼而飞呢?昨天明明是我亲自批改的,我认得他的卷面很干净。"然后偷偷观察晓东周边同学的神情,左右环顾,没有发现异样。

收完试卷,我向大家发出邀请:"如有发现或找到晓东试卷的,请到办公室找我。"

半天过去了,没有同学主动来认领自己的试卷。我无奈地打开试卷,一张张认领、比对,终于发现了一张笔迹工整的答卷,但上面的名字有改动,透过纸背,晓东的名字依稀可见。此刻,我已了然。

吃完中饭，我让实习老师小潘叫那个学生过来。

他慢悠悠地来了，表情很复杂，两只手不断地揉搓着衣角。我没有说话，只是默默地看了他一眼，叹了口气。这时，他似乎紧张起来，双眼不安地看着我，连大气都不敢喘。

我指了指旁边的凳子，让他坐下，然后问他："你知道老师为什么让你来办公室吗？"

"我做错事了，被老师发现了。"他倒是回答得一点不含糊。

"哦，看你内心如此平静，毫无波澜，难道这事无伤大雅？究竟什么事，你能告诉我吗？"

他倒是诚实，一句不落地娓娓道来。

"看来你很清楚自己做了什么。你为什么要做这件事？"我循循善诱。

他若有所思："我担心爸爸妈妈看见自己不好的一面，会批评我。"

"原来你是怕被责骂，选择逃避。你想办法解决问题，这个习惯很好，但方式不对。"

他点点头。

"难道你一点不担心这事会被老师发现？一点不担心爸爸妈妈知道后，该多么生气吗？"

"早上我很不安，也很惶恐和后悔，担心被老师发现，所以一直在内心祈祷。"他眼睛有点微微湿润，继而大颗大颗的眼泪顺着他的脸颊滑落。

我半开玩笑道："事实证明，你的祈祷失灵了。所以以后别想着干蠢事。好成绩是怎么得来的？"

他不假思索道："好成绩靠自己努力得来的。"

"除了这点收获，你还有哪些深刻的体会？"

"男子汉心里要坦坦荡荡，勇于承担责任；犯错不可怕，要彻底改正，下不为例。"

我向他竖起大拇指："是的，知错就改，善莫大焉。其实这件事，你还伤害了谁？我们要怎么处理呢？"

只见他忽闪着大眼睛道："我还伤害了晓东，他的爸妈有可能会批评他。

老师，我知道错了，晚上我会打电话向他道歉的。"

"你这样做，失去了什么呢？"我的眼神变得异常温和，继续引导道。

"我失去了老师和爸爸妈妈对我的信任，失去了诚信。"

"你觉得学生除了学习很重要，还有什么更重要？"

"我知道拥有良好的品格很重要。老师希望我诚实，有担当，因为这比学习更重要。"

看着他那噙满泪水的眼睛，我心软了，轻抚他的脑袋，轻声细语道："孩子，天使和魔鬼就住在我们的心里，他们在搞拉锯战，我们要站在哪一边，取决于我们自己的把控力。做任何事前想一想：这件事能做吗？明白是非后也许就会少走很多弯路。"

他轻抹眼泪点点头。最后我告诉他："这是一次很好的心理体验，也是很好的写作素材，晚上回去写下来吧！"

育儿小妙招

孩子常犯一些错误，可能还是低级错误。他们犯错有时因为贪玩，有时因为贪吃，有时因为经不住各种诱惑。人非圣贤，孰能无过？过而改之，善莫大焉。孩子为什么要将同学的试卷偷偷换走呢？他无非是担心父母责骂。但这种"偷梁换柱"的方式是不可取的。他应该明白，考试是检测学习效果的一种手段。人要成长，需要将学习的目标放长远，通过自己的不断努力，达到提高学习能力和学习素养的目的，从而改变学习现状。

任何事情都有两面性。类似孩子换试卷的事，生活中偶有发生，从好的一面看待问题，说明孩子希望自己得到好成绩、同学的羡慕、老师的赞赏、爸妈的鼓励；说明孩子的脑袋瓜子挺聪明的，通过想办法解决问题，得到自己想要的，是正向的积极因素。从不好的一面分析，这说明孩子求胜心太强，虚荣心作祟，通过耍小聪明，用错误的手段得到不属于自己的东西。这种行为是错误的，是被大家所不齿的。

那父母如何引导，才能让孩子迷途知返，不再犯类似错误呢？

一、给予尊重，等待觉醒

父母在处理这件事情时，先要把控自己的情绪，平静地看待事情，分析对错得失。一方面，要从自身找原因，思考自己平时是否对待孩子太苛刻、太严格，才导致孩子考砸后，试图以"狸猫换太子"的旁门左道，来躲避父母的责罚。父母要改变教育航道，给予孩子尊重，常与孩子沟通，教会孩子诚实。一旦孩子犯错，不要过于严苛，可以与孩子细细沟通，循循善诱，了解孩子行为背后的动机，唤醒孩子的自我觉察力，引导孩子自我觉醒。另一方面，父母也要帮孩子从自身找原因，是不是孩子基础知识太薄弱，学习力不足，孩子产生了学习畏难情绪。父母要协助孩子找到解决的办法，提高孩子学习的积极性，增加孩子学习的自信心，改变孩子的学习现状。

二、分析得失，明辨是非

孩子敢于承认自己的错误，说明他已经迈出了正确的一步。父母不要将自己的生活经验和社会阅历生硬地灌输给孩子，不要以过来人的经验，给孩子讲一大堆道理，而是要收起孩子不爱听、也不受用的批评和说教，给予孩子犯错后的心理安全感。只有这样，孩子才不会为了逃避责任，而选择撒谎、逃避。亲子关系也会更加亲密。亲子关系好了，一切好说话。这时，父母再循循善诱，提出合理的建议，给予孩子帮助，犹如及时雨，感化孩子、滋养孩子，让孩子乐意自我分析、自我诊断，分析在这件事情上，自己得到了什么，失去了什么。父母陪着孩子权衡利弊后，孩子自然明白什么事情可为，什么事情不可为。这样既培养了孩子的心理韧性，为孩子正三观；也让孩子学会明辨是非，从这次错误中获得成长的经验。

三、致力解决，奠基人生

孩子光明白道理，是远远不够的，父母还要引导孩子在犯错中，对所做的事情，所造成的损失进行估量，并通过实际行动进行补救。如上面案例中，父母可以与孩子探讨解决问题的办法，提高孩子解决问题的能力和思维水平。同时，家长也可以通过这种方式，了解孩子的思维方式和解决问题的办法，方便以后更好地指导和帮助孩子成长。为了加深印象，家长还可以让孩子写写这件事的经过、自己的感受，这既深化了思想，又培养了习作表达能力，还提高了综合素养。交流处理过程中，家长要给予孩子一些及时而积极的评价和鼓励，呵护孩子的自尊心，增强孩子改变的决心，帮助孩子形成正确的价值观和人生观，让错误成为孩子成长的垫脚石，而不是绊脚石，为孩子以后的人生奠基。

播下梦想的种子

——如何引导孩子从小树立梦想

问题触发器

高海拔的山村小学里，仍有一位老师在那坚守着。那所学校仅有几十个学生，大多是基础薄弱、缺乏父母关爱的留守儿童。他们组成了一个特别罕见的班级——复式班，一至六年级的孩子坐在同一个教室，由一位老师任教所有科目。暑假，老师邀请我去跟这些孩子聊聊梦想，让他们从小树立梦想、追逐梦想，带着梦想启航，离开大山。

过程巧沟通

学校后面的草地上，大大小小的孩子随意地坐着，有几个小声地说着话。为了激发他们的学习兴趣，我清清嗓子说道："孩子们，听说你们的老师很牛，获得了'乡村教师奖'，带出的学生也很厉害，参加省赛获得了很好的成绩。但耳听为虚，眼见为实。你们愿不愿意接受麦子老师的挑战呢？"

孩子们异口同声地回道："愿意。"

"我们来玩一个有趣的点鼻子点眼睛游戏。一切行动听指令，开始考验你们的反应力了！举起你们的食指，听老师指令，鼻子、眼睛、嘴巴……抢！"

孩子们一听玩游戏，眼睛变得亮亮的，个个摩拳擦掌，跃跃欲试。好几个一年级的小朋友精神抖擞起来。一局下来，孩子们的专注力完全被我牢牢抓住。我竖起大拇指夸赞道:"果然名不虚传,还想继续接受挑战吗?接下来麦子老师要检验一下你们的听力和记忆能力。"

我大声解释游戏规则:"这是传声筒游戏,声音轻轻的,不能让第三个小朋友听见哦。"

游戏开始了,我弯下腰,附在旁边同学的耳朵边将悄悄话告诉他:"我从小有个梦想,成为一个老师。你的梦想是什么?"这个小朋友反应很灵敏,马上转过身,探头探脑地悄悄告诉左边的小伙伴。另一组孩子也迅速传递着。

"耶!我们小组赢啦!我们速度真快,传递的内容最准确。"他们击掌欢呼着。

孩子们被我的两个专注力训练小游戏所吸引,全部安安静静地看着我。我问他们:"刚才我们的话题中,有个关键词是什么?"

有个孩子站起来兴奋地回答我:"梦想。"

"什么是梦想呢?"

学生自由畅谈着。我微笑着时而点头,时而摇头。

等他们讲得差不多了,我给他们播放了一段录音:"别急,咱们先来听听一位大学教授是怎么说的。"

> 梦想,通俗地讲,就是连做梦都在想。
>
> 具体特征:一是对未来的期望,人生的目标;二是梦想是在行动的人生目标,没有行动的梦想只是空想;三是人生充满无限可能,不要用现在的眼光去评价;四是为了梦想我们甘愿付出,毫不抱怨,不知疲倦;五是任何人都可以有梦想,没有贫贱阶级之分;六是梦想和实现人生的价值观,尤其是对社会的价值和贡献有关。

"听完名家对梦想的理解,相信大一点的同学有了一些感受,一年级的小朋友可能听晕了,不太懂。想不想听听麦子老师怎么说?"

他们点点头,期待地看着我。

"我认为,对于你们来说,梦想可小可大,可近可远。怎么理解小梦想变大梦想的过程呢？想不想听听麦子老师的梦想故事呢？"

孩子的情绪被点燃，大声回答道："非常想，超级想！"

我7岁时，家里穷，那时连吃饱饭都很难。我的邻居是卖米的，受他影响，那时我的梦想就是成为米铺老板，不用饿肚子。

随着年龄的增长，我走出大山上初中，看到了外面的世界，我的梦想发生了改变——我要好好读书，离开大山。

初三毕业，我想到了家乡的孩子们，我的梦想是当一名老师，将知识传授给他们，我要改变家乡的孩子们。于是我报考了师范学校。

师范毕业，我当上了老师。我的梦想是当个好老师。当上好老师后，我又想当名师。

当上名师后，我想着教好一个班，只是造福了几十个孩子，我要以我的力量改变更多的人。于是我想当老师的老师，培养更多的青年教师，就像专家所说，"一朵云推动一朵云，一个灵魂唤醒一个灵魂"。于是我努力着，终于成了新教师的辅导师，新班主任的辅导师。

现在，这些梦想都实现了。但我经过多年的实践发现，学校光有优秀的老师还不够，还得有一批智慧的、懂教育的家长与学校携手，才能培养一批批孩子。于是我就开始研究家庭教育，每个学期到各个乡镇为家长们做专题讲座，让成千上万的家庭受益。

再后来，我碰到了人生的两个贵人，一个是杭州师范大学的心理学教授刘宣文，一个是作家林热军老师，他们鼓励我将自己研究的领域和积累的案例写下来，让更多的家长受益。于是，我有了前所未有的大胆梦想，我要写一本家庭教育的书，影响中国千千万万的家庭。

于是，从2022年5月29日开始，我着手写与家庭教育有关的文章，每天坚持写作，一年半时间，我写了近二十万字。

所以我当下的梦想就是写几本书，成为一个会写作的语文老师，一个会教书的作家，一个脚踏实地的教育工作者。

孩子们安静地听完我的故事，还没有反应过来。我问他们："听完麦子老师的梦想经历，想想我的梦想发生了几次改变，这些梦想有什么特点？说说你们的发现。"

一个高年级的孩子举起了手，她说："人的一生会有很多个梦想，随着年龄的增长、阅历的增加，梦想在不断变化。你的梦想由小逐渐变大。由为自己变成为他人，再到为大家。这就是无私奉献的精神。"

我们不禁为这个孩子鼓起掌来。

另一个男孩也举起手来补充道："老师的梦想启发了我们，心有多大，舞台就有多大，梦想也会有多大！"

"天哪！孩子们，我被你们的回答惊艳到了。"我抬头看他们的班主任，眼里含着激动的泪光。后面听课的老师们也情不自禁地鼓起掌来，掌声雷动。

"麦子老师只是千千万万中国人中的一个普通人。接下来咱们去了解一些伟人，他们又有怎样的梦想呢？"

周恩来小时候的梦想：为中华之崛起而读书。

毛泽东小时候的梦想：为解放全人类的理想而奋斗。

班级的高个子孩子听完后，站起来说："梦想可小可大，小到解决温饱，获得幸福生活的能力即可，这是普通人的小家情怀。大到家国情怀，胸怀天下的伟人情怀。这不再叫梦想，而是人生理想。"

他获得大家的掌声。

"刚才，老师跟你们聊完梦想从小到大的过程，梦想可远可近又可以怎么理解呢？"我绞尽脑汁准备继续深聊。

孩子们有点茫然。我继续引导："我们可以先谈谈今天有什么打算，明天有什么想法，周末有什么安排，寒暑假准备怎么过，这就是近期小目标。"

也许是我的例子启发了孩子们，有几个中高年级的同学陆续举起了手："我认为，远期目标应该是个大目标、终极目标，如像周爷爷、毛爷爷一样，长大要干什么。"

我又竖起大拇指夸赞道："真是心有灵犀一点通，我和你们想到一块去了。那怎么实现自己的梦想呢？实现梦想的路上有什么捷径可走吗？我们来看一段'陆仙人'的走红视频。"

"陆仙人跟我们一样是长在农村的留守儿童，家庭不富裕，但小时候有爱好、有梦想，他实现了人生的逆袭，从乡间的野模，走向了国际大舞台，他靠的是什么？"

全班小朋友都举起了手，他们七嘴八舌地抢着回道："坚持，努力，创新……"

孩子的激情完全被我点燃，我想继续为他们添把柴，让火烧得更旺。于是我继续引导："陆仙人与我们一样，生活在美丽的大山深处。他的梦想能实现不是偶然的，因为他坚持、努力、执着，更主要的是他有走秀的天赋。你要想想你的兴趣爱好是什么，如果让你去设计规划自己以后的人生，你的短期小梦想是什么？长大后的人生理想又是干什么？你准备怎么实现自己的梦想？赶紧为自己的桌角设计一条座右铭，激励自己实现梦想。"

孩子们以小组为单位开始热烈地谈论起来。我再次提示他们："我们小时候梦想很单一，长大要当老师、医生、科学家。但随着社会的发展，你们可以干的事情可多了，选择职业的方向也有很多。你们设定远大理想的时候，一定要根据自己的兴趣、特长来，这样工作后才会干得得心应手、开开心心。"

到了交流的环节，孩子们发言很踊跃，大家争着抢着分享自己的梦想。我想，这次聊梦想取得了很好的预期效果。最后我总结道："孩子们，我们的梦想可以不那么高大上，只要做到自力更生，不啃老，不给社会添堵，有获得幸福生活的能力就是好梦想。当然你有能力，能有家国情怀，胸怀天下苍生则更好。这个社会需要各种各样的人才，只要我们当个好人就行。因为职业没有高低贵贱之分，三百六十行，行行出状元。"

育儿小妙招

对于梦想，不同的人持有不同的想法。有人认为孩子太小，他们不懂梦想的意义和力量，没有必要跟他们谈梦想。而有些父母认为梦想必须从娃娃抓起，让孩子明白每个时间节点，他们该干什么，要干什么。通俗地讲，就是要让孩子明白每个时间点的人生目标是什么，该如何去实现自己的目标，让孩子带着梦想启航。因为只有心中有梦想，才会朝着梦想努力，才能更大限度激发内驱力，变被动学习为主动学习。

家长如何引导孩子设定自己的梦想，并鼓励孩子坚持下去呢？

一、借助榜样，理解梦想

每个孩子的梦想都不一样。为了让每个孩子了解什么是梦想，家长可以借助身边的普通人，比如朋友，聊聊他们自己有什么梦想，是怎么实现的；也可以借助众所周知的伟人、名人，了解他们有什么梦想，走近他们的生活，分析他们的成长经历，潜移默化地影响孩子。不管是普通人的梦想，还是伟人、名人的理想，都能让孩子明白，梦想可以由小到大，也可以由近及远。小到解决一日三餐、温饱问题，大到人生梦想、人生理想；近的可以是当天、当周、当月、当年的小目标，远的可以是未来的职业生涯规划、人生理想等。

正如上面案例中的梦想课堂所展示的，首先，父母要跟孩子讲讲什么是梦想，尽量做到符合孩子年龄段的特点，深入浅出地解释。其次，要给孩子讲讲身边的人和事，了解他们是怎么设定梦想，实现梦想的，让身边励志人物为孩子的梦想开路，让他们作为榜样，引领孩子去追逐自己的梦想。最后，父母要和孩子一起，探讨短期目标和长远梦想，或者是人生理想。父母要在孩子心里播下梦想的种子，让它发芽、长叶、开花，直到结果。

二、制定目标，敢于梦想

"没有梦想，何必远方。"每个人都应给自己制定目标，要做一个敢于梦想的人。"梦想有多大，舞台就有多大。"父母要引导孩子发现自己的兴趣和特长，一起探讨孩子喜欢的职业，也可以带孩子走近从事这些职业的人，了解他们的工作内容。这样，孩子自然明白长大要干什么，该怎么努力实现。

梦想要从娃娃抓起，让他们对未来充满期望、充满斗志，做个敢闯敢冒的追梦人，带着梦想启航。

不管孩子确立了怎样的理想，小梦想也好，大梦想也罢，抑或是小情怀，也可能是大格局，这些都是孩子对未来的一种期望，父母不要对他们的梦想加以评判和否定。家长只需要做默默的引导人、无痕的点拨者，鼓励孩子调整自己的梦想，朝着梦想坚持下去，说不定哪天孩子的梦想就实现了。

三、分解目标，实现梦想

孩子光有梦想还是远远不够的。父母引导孩子设立自己的宏伟目标后，为了帮助孩子能更快地实现目标，还可以引导孩子将大目标、大梦想进行分解，化解成一个个容易达成的小目标。在实现一个个小目标的过程中，父母经常与孩子聊聊实现目标过程中所碰到的困难，及时了解孩子的思想动态、学习状况，以便及时协助孩子调整目标，让他们更有积极性地朝着自己的梦想坚持下去，直到梦想实现的那一天。

父母不做孩子成长的绊脚石

——如何教育犯错的孩子

问题触发器

亲戚带着孩子来我家玩。孩子口渴了，我引导他自己去拿茶杯倒水喝。可能是水杯有点滑，或者是手没有拿稳，水杯掉在地上摔破了。孩子愣在原地不知所措，害怕地看着父母。这时我看见他的爸爸脸色起了变化，可能是觉得孩子在别人家打破东西很不好意思，生气地说道："平时怎么教育你的，要小心。因为这事，你被揍过多少回呀？总是改不了。气死我了。"我连忙示意亲戚不要吓坏孩子，可是亲戚继续道："三天不打，上房揭瓦，看我回去怎么收拾你。"这时，孩子估计被吓到了，连大气也不敢出。

过程巧沟通

清理好现场，我让亲戚坐下来，孩子也挨着我坐着。我微笑着说："来，我来给你们讲个我和哥哥小时候的故事。"

父子俩顿时来了兴趣。

我讲起了那过去的故事。

小时候，我的父亲是个木匠包工头，带领50多个小徒弟去新疆干活。不出几年，我家就是十里八乡远近闻名的"乡村首富"。20世纪70年代初，大部分家庭没有电视、自行车、收音机等，可是我们家有。

每到夜幕降临，村里村外的邻居会聚集到我家看电视，听收音机。

那年哥哥6岁，处于正好奇的年龄，他奇怪于柜子一样的小电视机里为什么会有人，人会唱、会跳、会说话。他时常在那转悠，探头探脑。有一天，父亲母亲出远门了，哥哥拿来螺丝刀，左转右拧，不知过了多久，终于把后面"突起的锅盖"打开了，还自言自语道："奇怪，明明有人说话唱歌，怎么打开看，竟然没有人了呢？跑哪去了？"

他继续往里拆……父亲母亲回来了，惊呼道："天哪，你在干什么？我的小祖宗，知道这电视多金贵吗？"母亲转身寻找棒子，我估计她是想狠狠教训哥哥一番的。我见情况不妙，撒腿跑到楼梯上躲起来，偷偷往下看形势发展。

可是父亲呢？他却笑了，他转身拦住母亲，示意这事让他处理。他摸摸哥哥的头说："你能告诉爸爸，你们为什么要拆电视机吗？"哥哥摸摸小脑袋说："我想看看里面有没有人，住着几个？"

"那你现在看明白了吗？"他们父子你一言我一语地聊着，具体聊了什么，我已经记不大清楚了。但只记得爸爸蹲下身子，告诉哥哥既然能拆掉，肯定就能装回去。爸爸还和哥哥一起组装起来，恢复了原样。但不知什么原因，电视机从此以后罢工了，不再工作，成了我们家最豪华的摆设。

母亲每每提起，总免不了心疼好久，而父亲却总是安慰母亲，钱可以再挣，东西可以再购置，既然被孩子弄坏了，打他骂他也无济于事，倒不如教他怎么避免类似的事情发生。

可能是父亲的宽容，让哥哥的胆子越发大起来。他从小常常闯祸。不是拿了家里的自行车出去骑，摔得鼻青脸肿的，就是把调好的收音机弄乱了频道，弄出"呲"的刺耳响声，或者顽皮地跑到村子里，打开喇叭，一会儿小声低吟，一会儿大声咆哮，吓得村里的小孩慌忙撒腿跑。但凡碰到我们跑到别人家搞"破坏"时，父母是决不轻饶的，必定领着哥哥带着礼物上门道歉。

但也奇怪，从小到大，哥哥就特别心灵手巧，没有拜过师，他却会修电器、铺线路，水电技术无师自通，做什么事都很内行，受到大家的好评。

我想，要不是父亲早走，哥哥因为要养家，初中没毕业就早早辍学，他应该是会有大出息的。

听完我的故事，亲戚若有所思："我明白你讲这个故事给我听的意图，父母要保护孩子的求知欲，这是孩子探索世界的能力，我懂了。"转过身，亲戚耐心地跟孩子分析打破茶杯的原因，并教他如何避免类似的事情发生。

孩子的回答表现了他极强的动手能力和分析解决问题的能力，使他的爸爸妈妈震惊。

临走时，孩子妈妈紧握我的双手，不停地感谢，谢谢我教会他们怎么处理孩子犯错。孩子也很高兴。

育儿小妙招

人非圣贤，孰能无过。人的可贵之处就是会犯错。所以我常常告诉孩子们，犯错不可怕，可怕的是知错不改。知错就改，善莫大焉。

大人会犯错，更何况是孩子呢？孩子犯错，父母是放任不管、熟视无睹，还是要告诉他们犯错的底线法则？家长如何充满智慧地引领孩子呢？

一、觉察判断，不做孩子试错的绊脚石

从小到大，孩子犯错是常态，常常两三天一小错，七八天一大错。家长要告诉孩子哪些错可以犯，哪些错不可再犯。孩子犯错后，家长不要急着评判、指责、打骂，而是要及时觉察问题所在，透过犯错看背后的动机和逻辑。

只有家长愿意放开手，让孩子大胆试错，引导孩子从哪里跌倒，就从哪里爬起来，孩子才能大踏步往前走。因为每一次试错都可能是孩子积累宝贵经验的必经之路，只有在不断的试错、纠错、改错的过程中，孩子才能越挫越勇，增加自信，增加自己对事情的掌控能力，这也是培养逆商最好的方式。

孩子犯错后，父母如果不加思考地横加指责，可能会让孩子因为害怕父母批评、指责、打骂而推卸责任，逃避惩罚，做事变得畏首畏尾，没有安全感，导致亲子关系恶化。因此父母不要做孩子生活中试错的绊脚石、评判对错的法官，而要做智慧的引领者。

二、分析解决，培养孩子解决问题的能力

当孩子犯错后，父母一定要先控制好自己的情绪，再去处理问题。要让孩子讲讲为什么这么做，这样做要承担怎样的后果。如果是因为好奇、探索世界而犯错误，父母不要批评指责，要给予一定的方法指导引领，同时保护他们对世界的好奇心、探索欲。如果是行为品格上的错误，如搞恶作剧、行为攻击、欺负弱小等，父母就要严加管教，令其道歉，承担责任，避免下次再犯。父母只有跟孩子一起分析利弊，判断行为会引发的后果，才能锻炼孩子的思考力、判断力，培养孩子正确的三观，更好地让孩子完善自己，形成处理问题、解决问题的能力。

三、总结提升，引导孩子深刻反省

教育宜疏不宜堵。父母在引导孩子完成觉察、判断、分析、解决问题后，要引导孩子去反思，比如可以让孩子写日记，写致歉信，可以致父母、致别人、致自己。试错是垫脚石，顿悟是质变。试错与顿悟缺一不可，相辅相成，这是孩子成长的必经之路。

做有担当的小小少年

——如何引导犯错的孩子承担责任

问题触发器

晚饭后，我在街边碰到了一对小夫妻，他俩正在教育自己的儿子烨烨。烨烨眼泪汪汪的，噘着嘴，一副不服气的样子。一了解，原来是烨烨跟小伙伴打架了。两个小朋友玩石头剪刀布，小伙伴赢了，要求一局定输赢，赢得礼物。烨烨要求三局两胜，结果对方不同意。烨烨难以控制愤怒的小情绪，一生气，把饮料瓶子砸向对方，然后两个人都哭着找妈妈。

过程巧沟通

烨烨妈妈不了解情况，温和地蹲下来，轻抚着孩子的头说："孩子，跟小伙伴吵架了吗？不哭，妈妈抱抱。来，告诉妈妈，刚才发生了什么事情？让妈妈给你分析分析。"

烨烨扑进妈妈的怀里，放声大哭起来。然后抽噎着告诉妈妈："妈妈，小朋友不守游戏规则，不听我话，不喜欢和我玩，还打我。"

看得出来，烨烨专挑对自己有利的说，把错误完全归结到对方身上。

爸爸不相信儿子的话，大声训斥道："你就编吧！你常常跟小伙伴吵闹，哪次不是你先动的手。小伙伴凭什么听你的话？"爸爸一个劲儿地数落着孩子。

妈妈拉开爸爸，责怪道："你不要总责怪自己的儿子，要先听他讲讲，万一他有什么委屈呢?"

看着小夫妻互相推搡的样子,孩子一会儿看看妈妈,一会儿看看爸爸,不知怎么办才好。

我赶忙走过去,弯下腰,摸摸他的小脑袋,和蔼地说:"烨烨,听说你是一个聪明能干的小伙子,阿姨很喜欢你哦!"

顿了顿,我继续夸道:"你很会表达,你能把刚刚发生的事情告诉阿姨吗?你们先是在玩什么,然后发生了什么?最后谁先生气了?注意哦,把你们怎么说的,怎么做的,当时表情怎么样,一五一十地告诉我。阿姨要看看你的观察能力和记忆能力怎么样。然后我再去问问那个小朋友,看他跟你说的是否一样。我感觉你会比他说得更清楚哦!"

在我的循循善诱下,他非常清楚地讲述了整件事情的来龙去脉。

整个过程我不断地点头,不断地表扬他:"嗯,思路清晰,表达流畅,是个天然的习作小能手、小小演说家。"

他刚想说那个小朋友的不是,我马上接口道:"小伙伴之间吵架很正常,一般双方都会有错,各自只承认自己的错误。如果错误总共100分,你觉得自己该得几分?咱们是一个有责任、有担当的小小男子汉,敢做敢当哦!"

在我的鼓励引导下,他爽快地告诉我:"我不应该拿饮料瓶先扔对方,我没有控制好自己的情绪。"

我竖起大拇指狠狠地表扬他:"你是一个有勇气、有魄力的小伙子,敢于承认自己的错误。我很欣赏这样的孩子。"

他眨巴着小眼睛,显得有点不好意思。我趁热打铁道:"既然你知道自己错了,那我们该怎么办呢?"

他若有所思,然后说:"我该跟小伙伴道歉。"

我再次竖起大拇指夸他:"阿姨要为你点赞,你太了不起了。孩子犯错不可怕,可怕的是不敢承认错误。你做到了,是个有责任、有担当的小英雄。知错就改,善莫大焉。"

我示意他去找正在吃饭的小伙伴,让他们自己解决问题。

远远地,我看见他跑过去跟小伙伴说着什么。不一会儿,他们就冰释前嫌，坐下来亲热地玩起纸牌来。

育儿小妙招

好多孩子犯了错误，为了躲避父母的批评，会选择对自己有利的内容说。有些父母会特别相信自己的孩子，这就容易助长孩子说谎话的习惯，让他们尝到逃避责任的甜头。面对此类事情，父母要理性分析，及时觉察问题所在，教会孩子承认错误、承担责任，做个有担当的人。那具体的小妙招有哪些呢？

一、统一教育理念，不让孩子迷失方向

很多父母教育孩子时，容易失去方向。一方往往充当煤气罐，一点就炸；另一方则是马后炮，处理事情时不作为，给孩子的感觉就是一个老好人。事后双方又开始互相指责对方的教育方式不对。显然，一方严厉批评，一方不停安慰；一个唱红脸，一个唱白脸；犹如打一个巴掌，喂一颗蜜糖。两人宽严相济，表面上看是很好的教育方式，实则这种方法不可取。

因为父母双方教育理念不统一，所以孩子不知该听谁的。父母没有给孩子一个参考的标准，孩子就无法建立规则意识，容易迷失方向，并养成见风使舵的性格。因为孩子很聪明，他会看父母脸色行事，根据父母不同的特点和要求，拿出不同的态度对待，令父母无法正确判断孩子的真实情感。所以，父母在教育孩子时，出现分歧怎么办？先要冷一冷，离开孩子的视线，到一个孩子看不见、听不见的地方，关起门来沟通，商量出一套统一的教育方案。父母再协同教育孩子，会取得意想不到的效果。同时，孩子也会在父母离开的时间里，独自冷静思考，分析对错，这样更有利形成成长型思维。

二、学会耐心聆听，将主动权还给孩子

一方面，父母统一教育理念，站在统一战线，培养孩子的规则意识；另一方面，父母可以做个"不作为"的"隐形"管家，蹲下身子、耐心聆听、

循循善诱，引导孩子将事情的来龙去脉讲清楚。父母在听的时候，不打断、不评判对错。这样既培养了孩子的口头表达能力，又培养了孩子的自我觉察能力，还让孩子进行自我分析、自我诊断、自我教育，将教育的主动权还给孩子，培养他们明辨是非的能力。耐心聆听，是父母与孩子良好沟通的桥梁和纽带。

三、及时表扬肯定，培养孩子的责任担当

孩子在成长过程中难免会犯错，父母要允许他们犯错。孩子只有在犯错中才能成长更快。但父母要及时觉察孩子的错误，引导他去承认错误、改正错误，承担自己的责任。当孩子敢于迈出这一步时，父母要多多鼓励、表扬他们，夸他有责任、有担当，这样的正向语言会指引孩子朝着正确的方向成长，促使他长成一个有担当的少年。

亲其师，方能信其道

——如何培养孩子的向师性

问题触发器

暑假时，我在街上碰到了上一届学生的家长，她带着自己读五年级的小儿子。她很高兴地告诉我，他家的大儿子小学毕业后升入初中，成绩优秀，能力很强，懂事励志，她表扬儿子的同时也向我这个小学班主任表示由衷的感谢。她说完看了一眼小儿子，叹了口气，满眼的忧伤。她继而告诉我，小儿子常常回家告诉她被老师批评了，孩子很沮丧，自尊心很受损。现在小儿子讨厌去学校，讨厌班主任，成绩也直线下降，每门功课都只能考七八十分。言语中不难发现，妈妈对老师很不满意。她问我有没有解决的办法。

过程巧沟通

我思考良久，然后问孩子："最近一次你被老师批评，是因为什么事？"

孩子告诉我："上课时，同桌故意把胳膊肘伸到我的桌沿上，我推了同桌一把，被老师发现了，老师就批评我上课不认真，说我如果再不专心，要掉队了，但没有批评同桌。"

我点点头，继续问他："被老师批评后，你的心情是不是很委屈、很气愤、很不平？因为老师当着大家的面，只批评了你一个。"

孩子点点头，我继续问他："那透过老师的话语来分析一下，老师话里除了批评，还有什么？"

孩子思考良久，告诉我："老师的话里还有对我学习的担心。"

"这种话除了老师，平时还有谁会跟你说？"我循循善诱。

他告诉我还有爸爸妈妈。我问他："爸爸妈妈说你的时候，你是否觉得爸妈不喜欢你，不爱你而批评你？"

他毫不犹豫地告诉我："我能感受到爸爸妈妈正因为爱我，所以才批评我。"我表扬了他的觉察力和感受爱的能力。

他妈妈恍然大悟，接口道："是啊，老师批评你，恰好说明老师关注你、关心你。"

我微笑地看了看妈妈，欣慰于她此时此刻的洞察力。我转向孩子，继续沟通："其实能被老师批评是一种幸福，说明你有很大的成长空间，老师想帮帮你。没有批评同桌，可能是因为她没有发现同桌是故意的，抑或是她怕教育太久，耽误你们的学习时间。她关心了你，提醒了你，这恰恰说明了你在老师心目中的重要性。只是他当着同学的面说，让你觉得难堪，心里不舒服，对吧？"

孩子再次狠狠地点点头，眼里没了先前说话时的委屈，反而仰起头来问我："这么说，是我一直误会老师了。那我接下来该怎么办呢？"我摸摸孩子的头，然后拉他到旁边的石凳坐下，语重心长地告诉他："以后不管发生什么事，请你相信，这个世界上，除了爸爸妈妈，还有老师，特别是班主任也很爱你、关心你，他们像爸爸妈妈一样，希望你学好，希望你有出息，希望你出人头地。你有见过哪个老师希望学生不学好的吗？"他笑了，响亮地回答没有。

通过刚才的谈话，孩子已经释然。

我建议家长支开孩子，让他开心地跑去买冰棍。

孩子妈妈握着我的手说："谢谢麦子老师开导了孩子，也让我豁然开朗。我知道以后该怎么与儿子沟通了，也明白了老师的用心良苦。家校合力，才能使孩子健康成长。"

我对她的幡然醒悟表示赞许，同时温馨提示她："妈妈不要在孩子面前说老师的坏话，这会影响孩子对老师的情感，使孩子产生抵触心理，从而影响学业，得不偿失。"

我又举了我小表弟培养儿子向师性的例子：暑假，表弟想把儿子送到我家，让我帮孩子养一下好习惯。为了让孩子喜欢、崇拜我这个姑姑，表弟在暑假前就做足了功课，与孩子一起观看了我的班级公众号、班级抖音号上的作品，同时讲了很多我的故事。他让儿子未见其师，先爱其人。还没放假，孩子就迫不及待、心心念念地希望马上来我家。

暑假来临，孩子跟我相处一段时间后，事事听我教导，习惯变好了，人变自律了，甚至不愿回杭州了。这些改变与他父母之前对孩子向师性的培养密不可分。

孩子妈妈听后告诉我："回家后我要与孩子一起，盘点一下班主任的十大优点，努力让孩子爱上老师，亲其师，信其道。"

育儿小妙招

什么是向师性呢？学生所具有的尊重教师，乐意接受教师教导，希望得到教师重视、关怀、鼓励的一种自然倾向。

老师如何培养孩子的向师性？老师首先要晓之以理，动之以情，建立师生良好的关系。俗话说"亲其师，信其道"，学生只有乐意亲近老师，才能更信服老师的教导。

家长如何培养孩子的向师性？老师自身的修养魅力是吸引学生爱上自己的重要因素。同时，家长也可以加以引导、培养，先让孩子主动爱上学校，爱上老师。

有一天，当孩子回家告诉你，他被老师批评了，自尊心受到了伤害，对老师产生了抵触情绪时，家长该怎么引导呢？

一、共情，消化不良情绪

放学回来，孩子面露不悦，可能在学校与小伙伴闹矛盾了，或是被老师批评了，也有可能是学习上遇到难处了。这时，家长不要急着处理事情，而要先处理孩子的情绪问题。不管孩子出现什么情绪，都要先理解孩子，与孩子共情，安慰孩子受伤的小心灵。让他倾吐、释放内心的消极情绪，消化不良情绪。

二、沟通，积极消除误解

家长既不能充当孩子的"保护伞"，听孩子一面之词，对老师产生误解，也不能一味地帮老师说好话，站在孩子的对立面，批评孩子，落井下石，激化矛盾。家长不做法官来评判谁对谁错，家长的角色定位是倾听者、引导者，告诉孩子老师批评他，说明老师心里装着他，觉得他有进步空间，是为了他更好地成长。

三、分析，致力解决问题

父母与孩子一起分析被批评的原因，理性判断，不带感情色彩，了解事情的来龙去脉。让孩子从容地接受批评、调整情绪、解开心结，修复与老师的亲密关系，解决问题。如果是老师误会了孩子，让孩子受委屈了，家长可以引导孩子自己通过打电话、写信等形式与老师进行沟通。切记：家长千万不要代替孩子出面解决问题，以指责的口吻，向老师兴师问罪。

老师每天要管理这么多人的大小事，难免会出纰漏。家长应尽量以商量的口吻咨询老师事情发生的过程，并婉转地表达孩子的委屈，千万不要带着情绪鲁莽行事。相信大部分老师能理解，并与家长达成共识，消除误会，帮助孩子修复消极情绪，让他进入最佳学习状态。

家长一定要相信，挫折是孩子最好的老师。孩子的成长既需要表扬，也需要批评。相信老师的出发点跟父母是一样的，都希望孩子成长。家长的出发点就是帮助孩子消除心里对老师的成见，化解孩子对老师的误解，获得更好的成长。

明是非，养正气

——如何引导孩子关注时事热点

问题触发器

2022年6月10日凌晨2点多，多名男子在河北唐山一家烧烤店涉嫌寻衅滋事，暴力殴打女子。该事件经广大媒体报道，几乎霸屏热搜，引起国内外广大人民的强烈关注，造成了极恶劣的社会影响，使老百姓的内心蒙上了一层阴影。

这件事发生的第二天晚上，我在朋友圈看到了一个朋友在深夜发文："刚刚吓死我了。自从唐山打人事件之后，我就早早地关掉超市大门，让老公来接我下班。今天特殊，村里有戏，店门关晚了，老公刚好又有点急事没能来接我。没有办法，我只好一个人战战兢兢地走回家，一步三张望。尽管我不断地提醒自己，这是台州，治安很好，可还是害怕。好不容易挨到了离家较近的直路上，近了，近了……我长吁一口气。忽然，从旁边的弄堂里窜出一个醉汉，手里拿着一个啤酒瓶，颤颤巍巍地径直向我走来，那种茫然无光的眼神与我对视相持着。我的呼吸变得困难，心跳加速，脚似灌了铅变得千斤重，脑子断了片：天哪，我该怎么办？倒退往回逃吗？可是家就在他的身后，也许他只是喝醉了，并不会伤人。我胡思乱想着，不知哪来的勇气，抱着侥幸的心理撒开双脚，飞奔起来，耳边只听见呼呼的风声，眼前掠过一道道树的影子……到了！终于到了！我颤抖着双手，不知开了多久，才打开了大门。'啪'的一声，重重地关上门，然后背靠着大门，身子慢慢滑落瘫倒在地。"

过程巧沟通

好苗还需从小养，三观教育还需从小抓。鉴于唐山打人事件引起的广泛影响，连成年人都深受其害，恐慌不已。我想，作为老师，我们有义务为祖国的花朵打预防针，从小朋友开始教起。

于是我清清嗓子道："小朋友们，你们有关注唐山打人事件吗？"

孩子们异口同声回答道："我们知道。"

为了培养孩子们的口头表达能力，我又追加了一句："谁能简单地描述一下当时的情况吗？"

孩子们踊跃举手。

我继续启发："针对这件事，你们有什么看法？男生该怎样做？女生又该如何保护自己呢？小组讨论交流一下。"

顿时，教室讨论得热火朝天。

小陆忽闪着智慧的小眼睛，第一个站起来说："我觉得男生从小不应该触碰女生的隐私部位，不能打女生。男生应该保护女生，力气应该用在正事上，不应该用在打架上。"

诸葛潘平时讲话就异于常人，她不甘示弱，站起来抢话道："男生不要随便挑衅滋事，不要调戏女生。小伙伴发生了矛盾，我有能力就去制止他，如果没有能力，就去报警。"

听完她的发言，班级开始躁动，出现了反对意见。

浩浩从座位上噌地站起来道："我要反驳她的观点，不同意她这么做。我听妈妈说，我们年纪太小，跟坏人的力量太悬殊，我们还没有出手，就会被打得稀巴烂。我们不但帮不了别人，反而会使自己受伤害。"

"他说得有道理，我们帮助别人的同时，得先保证自己的人身安全。"我适时地给予肯定。

孜孜很少发言，今天也举手了。我赶紧叫她回答："老师，我知道了，接下来我不去学舞蹈了，我要改学中华武术。"

"对，我们要去学习跆拳道，保护自己。"大家异口同声道。

"这倒不失为一种自我保护的好办法。"

小景若有所思，似有话说。我点了他的名字，他说："我认为男生不要看乱七八糟的信息、视频，会跟着学坏的。"

轩轩点点头道："你说得有道理。男孩不要打游戏，特别是玩打人的游戏，有些男同学跟着模仿跟同学打架，很不好！"

小迪随声附和道："对，我们不要养成打架、打女生的习惯，长大以后就不会给社会添堵了。"

机灵鬼墨墨伸长脖子叫道："长大以后，我们不要喝很多酒，酒会使脑子失控，容易发酒疯、打人。"

"不光男生不能打女生，同样的，女生也不能欺负男生！"晨晨撇撇嘴巴控诉道。

他们的话语让我欣慰，我总结道："孩子们，老师真为你们感到高兴。你们的见解很独特。长大后，我们尽量不要喝酒，因为喝酒伤身，更不能借酒生事。从小我们就要养成尊重女性的品质，应该要像爱我们的妈妈、奶奶、外婆、姐姐、妹妹等亲人一样，呵护别的女生，这应该是男孩刻在骨子里的教养。我们要始终保持正能量。同样的，女孩子也要注意，尊重是相互的，不做欺负别人的女霸王。"

大家笑了，狠狠地点了点头。

我话锋一转问女生："作为女生，我们该怎么保护自己呢？"

天真的佳佳告诉我："我们要好好爱自己，晚上太晚不要单独出去。"

"是啊，小学生晚上早点睡觉，不要深夜出门。"

慧慧继续补充道："女生如果要出门，一定得叫上爸爸妈妈或者爷爷奶奶一起，自己一个人不要出门。特别是小孩子，万一被人拐走了，就永远回不来了。"

> **育儿小妙招**

教室变成了辩论的会场，孩子们的观点虽然有点稚嫩，但这种明辨是非的氛围真好。他们以主人翁的姿态，设身处地进行自我教育，寻求保护自己、保护他人的方式，这将会为他们以后的人生打下坚实的基础。

我相信，这样的课堂令孩子们难忘。老师们的谆谆教诲，同学们的善意提醒，自己的深刻反思，都将为他们的人生打好底色，为他们的三观正行。作为家长，面对社会上发生的时事热点，又该如何引导孩子呢？

一、关注时事热点，明是非

家事国事天下事，事事关心。父母不仅要引导孩子读万卷书，行万里路，更要引导孩子留意生活，关心时事热点。就发生的新闻时事与孩子展开谈论，培养孩子明辨是非的能力。每天放学，父母牵着孩子的手，话题不仅针对学习，还可以与他们谈论一些时事热点，可以涉及政治、经济、社会民生、军事、农业等。父母可以讲给孩子听，培养孩子的倾听能力；孩子也可以将了解到的热点新闻分享给父母听，提升语言表达能力。亲子分别发表意见，重点培养孩子明辨是非的能力和良好的亲子关系。

二、借助时事热点，养正气

君子有养气之学，而养气的重点在于治心。父母不要以为孩子不懂这些，而剥夺他们与大人谈论的资格。其实，孩子们在社会中生活，耳濡目染，无形之中已经拥有了自己的想法，哪怕想法很稚嫩。所以要做有心的父母，从娃娃抓起，培养孩子的观点意识，由"小"议论引发"大"观点。不要让孩子"一心只读圣贤书"，要让孩子养成"家事国事天下事，事事关心"的好习惯。当然，孩子在发表言论时，可能谈不到点子上，或者产生偏差，这时家长就要发挥引领作用，予以正确的引导，培养满满的正气。

爱没有方向，但爸爸一直是导航

——如何培养孩子的感恩之心

问题触发器

母亲节，为了让妈妈充分感受孩子的爱和节日的仪式感，为了让爸爸参与养育、体验养育的快乐，更为了培养孩子们的感恩之心，我准备发动所有爸爸和孩子一起，偷偷为妈妈策划一个难忘的母亲节。于是我重新建立了一个爸爸微信群。一声简短的问候后，直奔主题，我发了一段热情洋溢的话。

过程巧沟通

通知：请所有宝爸看过来，明天是孩子妈妈的节日——母亲节。为了感谢妈妈们的付出，也为了让孩子学会感恩，更为了妈妈们一刹那的感动，请行动起来，悄悄带孩子策划一期母亲节家庭感恩活动！

建议：一个抱抱，一个香吻，一句温暖的话语，一顿由孩子参与购买、烹饪的晚餐……爱的表达形式有很多，有爱就请大声说出来。生活需要仪式感，可以用照片、视频全程记录这美好的瞬间，与大家一起分享哦！

为了让爸爸们能将行动落实下去，不敷衍了事，我又补充了几点内容。

补充通知：照片要求拍漂亮，包括背景、服装，表情要萌萌哒。不要敷衍摆拍，要美丽动人哦！

发出通知后，群里有几分钟的沉默，看得出来他们有点羞涩，似乎有点不大愿意。我又继续发起总动员："爸爸们，从小到大养育孩子，妈妈们最辛苦。我们是否该伸出我们的援手，协助孩子，让他们学会感恩呢？"

片刻沉默，小涛爸爸发出了一个"OK"表情包，马上又隐身不吭声了。

抓住这个难得的机会，我马上大力表扬道："我要为小涛爸爸点赞，他很支持孩子的教育。"

也许是我的鼓励鼓舞了他们，陆续有三四个爸爸出来"冒了个泡"，一一表态会按老师布置的作业，努力协助孩子策划好本次活动。但也有几个爸爸表达了困难。

小东爸爸说："老师，我不在家，无法协助孩子完成。"

小丽爸爸说："我不善言辞，有点不好意思。"

潜台词是：这活动我参与不了！

透过他们的只言片语，我知道，此时这把过节的火还没有完全点燃。

兵来将挡，水来土掩。于是我给不在家的爸爸们出主意："人不在，红包可以到位，让妈妈和孩子一起挑礼物。"

见爸爸们还不为所动，我又打出一串鼓励语："父母要培养一个会感恩的孩子，首先要不怕麻烦，主动制造麻烦。让收礼物的妈妈享受此刻的幸福。小时候不好好培养感恩之心，等你老了，也就很难指望得上孩子。爸爸是孩子的榜样，爸爸怎么做，孩子就怎么学！大家赶紧行动起来。"

在这样的语言攻势下，再冷的心也会变热。

爸爸们也开始出来踊跃发言了。

小合爸爸说："周六，麦子老师带着孩子们拍摄母亲节的祝贺大片时，孩子们就回家表示过要给妈妈送礼物。"

"对对，我家小溪说要给妈妈买双高跟鞋。"

"我家小哲说要用自己的压岁钱给妈妈买一束鲜花。"

你一言我一语，群里气氛开始活络。

别小看这短短的"晒孝顺"，简单几句来自家长的分享，大大激活了群里沉默多时的家长们。"我家娃也有所表示。""我也不能让孩子落后。"在大家的交流中，小小的竞争感、家庭荣誉感被激发，爸爸们的能量不容小觑！

爸爸们继续"晒孝顺""秀恩爱"，我则时不时地打趣、鼓励："你们的聊天记录好暖，我周一读给孩子们听，他们肯定会特别感谢爸爸们。"

此时，过节这把大火终于烧旺啦！

爸爸们开始挖空心思写感谢词，表达对老师的感谢，对此次活动的期待，对孩子的厚望。他们的发言一个比一个写得长、写得真挚。我能真正感受到，他们为了能在班级群里给孩子"长长脸"而煞费苦心。

从"谢谢麦子老师"到"谢谢麦子老师，祝麦子老师和所有的妈妈们节日快乐"，从"春蚕到死丝方尽，蜡炬成灰泪始干"到"感谢麦子老师为每位同学思前想后，共同进步"，到"祝麦子老师和每一位母亲节日快乐"，感谢的话一个比一个有水平。

谁说家长不需要鼓励？谁说家长没有文采？谁说家长不会比一比？关键看家长有没有心，能不能调动起来。

母亲节那天晚上，爸爸们第一时间发送活动照片和视频，我不停地评论、反馈、提意见。看似我是在与每一位家长沟通，实际上我是在提示所有爸爸，你和孩子可以做得更好。

爸爸们晒得热火朝天，我也加入"晒幸福"的行列，将自己女儿远程邮寄的礼物发到爸爸群。这一刻，我不是下命令、发任务的老师，而是一位和大家一起享受幸福节日的母亲。家长与老师的关系，就这样一点点被拉近。

育儿小妙招

爸爸也像孩子一样，需要鼓励，需要反馈，需要鼓励的语言去调动他们的积极性。

这次活动，老师为什么要爸爸们协助孩子出面策划呢？一是为了激发爸爸们表达爱的内驱力。漫长琐碎的生活或许已经消磨了爸爸们过节、制造惊喜的兴致，也许他们会觉得这无关紧要，从而导致他们抗拒、不配合，或者敷衍了事。二是这是妈妈们的节日，她们劳苦功高，应该收到一份惊喜和爱。三是孩子太小，不懂感恩和爱的回馈，需要爸爸从旁协助和提点。四是孩子的教育，不单单是妈妈的事，也需要爸爸热心参与，让爸爸在养育中建立亲子情感联结，体验亲子活动后的快乐。那爸爸该怎么做呢？

一、成为灵魂有趣的真男人

好看的皮囊千篇一律，有趣的灵魂万里挑一。或许爸爸在别人眼中并不是个有情趣的人，但不妨碍成为孩子、妻子心中那个有想法有行动的人。只要肯做生活的有心人，发现生活中可以制造温情的瞬间，有心经营自己的家庭，无趣也可以变得妙趣横生。生活不一定每时每刻被浪漫包围，但适当的仪式感，即使是普通的话语、质朴的行动，因为有爱，也可以制造浪漫满屋的浓情蜜意，让小家更温馨，让自己成为一个真诚、真情、真挚的灵魂伴侣。

二、成为孩子成长的导航仪

爸爸应该是孩子们的指路明灯。他应该知道每年有哪些重要的节日，能明确分辨哪些节日可以培养孩子哪些品质。如母亲节、父亲节、重阳节、教师节等可以培养孩子的感恩之心；春节、清明、端午节等可以培养孩子对传统文化的热爱。爸爸们要以身作则，鼓励孩子了解节日，策划节日的活动，让孩子接受爱的同时，也学会表达爱、回馈爱。爸爸也要像妈妈一样，成为孩子人生的导航仪，为孩子成长指点方向。

三、成为亲子交流的调和剂

爸爸是一家人的调和剂，他在家庭成员之间起协调作用。一般来说，妈妈肩负养育和教育子女的时间比爸爸多一点，难免会出现一些负面情绪，面对孩子的刁蛮、任性，没有好脸色、好心情。这时爸爸就要冲上前，接过妈妈手中的教育接力棒，学着去跟孩子沟通、交流，化解亲子间的一些小矛盾，调和亲子矛盾，修复亲子关系，提升夫妻间的亲密度。如母亲节，爸爸是活动的发起人，借孩子之手，引导孩子制造浪漫的家庭气氛，这样既让妈妈高兴，也让孩子受教育，还更含蓄地表达了自己的爱，可谓是一箭三雕。

第5章
沟通艺术厅

如何学会表扬?

如何与负面语言说再见?

如何给予孩子安全感?

你会激励孩子吗

——如何学会表扬

问题触发器

生活中，我们常听到一些父母这样表扬自己的孩子："你真棒！""你真聪明！""你真能干！"

我们也常在一些公开课中听到老师这么鼓励自己的学生："你真棒！"或者是让小朋友集体竖起大拇指，对着一个刚作答完的孩子一顿猛夸："棒棒棒！你真棒！"由此让人产生一种错觉，这堂课的感觉真好，气氛活跃，表扬及时，师生情感融洽。

被夸的孩子则沾沾自喜："我被夸了！"开始自我膨胀。可是这孩子压根不知道自己为什么被夸，夸他的目的是什么。

这样的表扬对孩子的成长有利吗？师长是否真正看见孩子了？理解孩子的需求吗？师长的表扬是致力于孩子成长型思维的形成吗？

大家可能会问："什么是成长型思维？"

斯坦福大学心理学家卡罗尔·德韦克提出，具备成长型思维的人认为自己的能力和智力可以通过努力得到提升，可以靠师长有意识的培养形成，可以靠后天的努力去养成。孩子可以不断地突破自己，达到新的能力高度。所以当遇到挑战时，具有成长型思维的孩子是勇于挑战的，从不轻言放弃的。

说到成长型思维，不得不提一下固定型思维，该思维模式认为一个人的智力和能力是定量的，不会变化的。这种思维认为能力是与生俱来的，不需要后天努力。所以当碰到挑战和阻碍时，固定型思维的孩子容易退缩，轻言放弃。

你会夸孩子吗？师长如何表扬才是真正看见孩子，才有利于孩子成长型思维的形成呢？周末朋友小聚，我们热烈地讨论起来。

过程巧沟通

小智想起家里懂事的孩子，她开心地分享道："周末，我出去办事了，没有交代孩子干家务活，孩子竟然帮我把家里的衣服洗了。"

回到家，孩子兴奋地跑过来迎接我，我是这样表扬的："孩子，妈妈今天真高兴，你在妈妈没有交代的情况下，主动积极地帮妈妈干活，是个勤劳的小伙子。"

我表扬小智道："你的表扬话术很高明，既表达了自己的心情，又及时地将正向的引导和积极的鼓励传递给了孩子，含蓄地激励他继续做个勤劳的孩子。这有利于成长型思维的形成。"

灰灰也来了兴致，抢着分享道："昨晚，孩子一回家就做作业，而且完成得比平时早很多。"

"这么高效率地主动完成作业，你的表扬话术现场还原一下。"我追问道。

"孩子，一回家你就做作业，我很替你骄傲，你学会了自律，自律的孩子学习会越来越优秀的。晚上你有了新的突破，速度变快了，效率变高了。你能分享一下今天晚上成功的秘诀吗？"灰灰一脸兴奋地回答。

我向他竖起大拇指："看见孩子的变化和成长，并及时将表扬和爱传递出去，同时引导孩子分享自己成功的秘诀，暗示孩子，继续这样做，你会越来越成功。这些表扬话术给了孩子足够的信心和毅力，让他有点小窃喜。你这爸爸当得很可以哦！"

丹丹忽闪着大眼睛，似乎欲言又止。我鼓励她大胆分享，她自豪地说："我家弟弟英语学得不好，找姐姐帮忙，姐姐虽然不大会，她却很热心，自己先搜索资料弄懂，然后教弟弟，直到把弟弟教懂为止。"

我顿时来了兴致，很好奇她的表扬话术，催她一次性分享完。

丹丹不急不缓道："我先表扬了弟弟。'今天我真替你们感到骄傲。弟弟学会了自己解决问题，直面自己的困难，精准地找到可以求助的人，有眼光，有行动，有勇气。'弟弟被夸得心花怒放。"她继续说道，"我这样表扬弟弟，主要是因为现在的孩子依赖心特别强，主动解决问题的意识不足，缺乏学习主动性。我的表扬主要是为了培养孩子解决问题的能力。"

"然后我再表扬了姐姐。'姐姐更了不起。首先有爱心，愿意花时间和精力去钻研自己不大会的知识，并把它弄懂，教会弟弟，这是爱。你这爱钻研、爱学习的品质，值得所有人学习。这让我想起了有关孩子学习力的一段话：老师在上面讲课，你能听懂，这是基本的学习力；老师不讲，自己能自学学懂，这是第二层级的学习力；而最高层级的学习力就是别人不讲，自己会学懂，而且将学习力化为教的能力，教会别人。所以弟弟小小年纪就已经具备了基本的学习力。而姐姐不但自己学懂了，而且还教会了别人，已经是学习力的武林高手了。'"

丹丹一口气说了很多，喝了一口水，继续补充道："我这样说主要致力于孩子学习力的培养。"

大家听了丹丹的分享，惊呼道："哇，这是一个专家级的妈妈呀！你的表扬话术很值得我们学习。"

大家盯着我看，希望听到我的见解和分析。我中肯地回答道："前面的分享中，首先我们要看到的是两个孩子，他们表现出来的品质是不一样的。我们要善于用会发现的眼睛，寻找他们的闪光点，给予精准的表扬。就事论事，直指品质培养的核心——成长型思维，就是引导他们以后往解决问题、提高学习力方面发展、成长。丹丹很会表扬孩子，给我们提供了表扬话术蓝本。"

娇娇忽然想起周末带孩子出去运动的画面，她分享道："周末，孩子跟我出去爬山，爬到半山腰，有点想打退堂鼓了。我的表扬话术是这样的，'孩子，今天我要为你的勇气和毅力点赞。小小年纪就有勇气挑战这么高的山，而且爬了这么久也没有说累。最主要的是，临近半山腰，换作别的孩子，这时候可能要歇一歇了，而你却还在坚持，这是多么难能可贵。要是老师和同学们知道你能爬到山顶，可能要被震惊到的。'孩子听完，马上士气大增，表示要继续爬到山顶。"

娇娇停了停，似乎在整理思绪，然后又继续道："我看我的目的已经达到，考虑孩子的年龄和愉悦的心情，这时我给孩子一个台阶下，及时给予他人文关怀。于是话锋一转，告诉他，'妈妈累得走不动了，希望你陪着妈妈休息一会儿。让我歇一小会儿，喝口水，喘口气。'此时变'他要休息'为'我要休息'，给足孩子面子，他也反过来对我关怀备至。"

"这招高，你的表扬话术既鼓励了孩子，又给足孩子面子，孩子感觉自己就是个小小男子汉，有勇气、有力量。你对孩子进行爱的教育，真是'大教无痕'。"凡凡虽然是没结婚的小伙子，也加入话题谈论中。

"我们只要学会表扬孩子，真心对待孩子，孩子其实是很好带的。"办公室的老师们异口同声道。

小冉很迷茫，问我们："孩子回家告诉我，他被老师同学表扬'真棒'，我该怎么表扬他？"

我想了想，告诉她一些简单的表扬话术："'当妈妈听到你被同学、老师表扬真棒时，很替你高兴。不过妈妈特别想知道，你因为什么事而被表扬呢？你能具体描述一下事情的经过吗？'这样问的主要目的是培养口头表达能力。"

我回忆起自己与女儿的沟通画面，想起一些表扬话术，继续分享给她："小冉，孩子讲完经过，你还要追问一句哦！'孩子，现在你知道你的哪些良好品质被老师看见了吗？'强化这个问题的目的是培养孩子的品质，让他明白自己被表扬的原因，并引导他继续朝这些良好品质发展。"小冉听后点了点头。

小聚接近尾声，我赶紧对此次关于表扬话术的论坛做一个总结："爱孩子就去关注孩子的学习、生活中发生的点滴故事，然后及时表扬鼓励，引导他继续保持优秀。这是很好地促进孩子成长型思维形成的方式。"

育儿小妙招

使用抗生素，需要警惕谨慎。因为药用多了，可能会引起过敏或者产生耐药性，达不到预期的效果。而表扬就像使用抗生素，决不能轻易、随意使用或者滥用。那么，表扬要注意哪些原则呢？

一、表扬要真实、真诚

当孩子做了一件事时，父母看到了他的努力，要用真诚的语气、实事求是的态度肯定他。父母的表扬语气不要浮夸，要表扬他的努力，而非表扬他的聪明；要表扬努力的过程，而非努力的结果。如：孩子今天考试得了100分，你要表扬他"孩子，妈妈替你骄傲，因为你通过自己的努力（具体怎么努力），而取得了满意的成绩"，而非"呀，今天你考了100分，真聪明"。父母的表扬要能给孩子增加学习的动力和自信，而非自负。

二、表扬要及时、适度

哪怕是孩子微小的进步，父母也要及时发现，给予表扬和鼓励，这是孩子心灵成长的及时雨。这些表扬会滋润他们幼小的心田，让美好的品质、进步的思维在孩子心中扎根发芽，长叶开花。但父母表扬孩子要把握一个度，既不能夸大，也不能吝啬表扬。孩子成长既需要表扬，也需要批评。表扬是为了激发孩子的积极性、创造力和表现力，让他享受到成功的喜悦。而一味地表扬，会让孩子一时迷失方向，过度膨胀，变得骄纵、蛮横、无理。所以，当孩子犯了一些原则性错误时，父母绝不能妥协，要给予及时的批评引导。让表扬和批评得体互存，和睦共处，为孩子的健康成长保驾护航。

三、表扬要因人而异

世界上没有两片相同的叶子，但每一片叶子都有存在的价值。每一个孩子都是不一样的种子，成长环境不一样，导致他们的花期也不一样。对于表扬，他们会表现出不同的感受力。有些孩子比较内向，家长适合提前沟通，再进行公开表扬；有些孩子比较外向、易膨胀，家长的表扬要含蓄委婉，同时要给予温馨幽默的提示，避免孩子自大自傲。教育需要因材施教，表扬也不例外。

四、表扬要少涉及物质

"今天你表现很好，妈妈要奖励你100元钱。如果以后表现一直这么好，继续奖励你300元。"这些话时常被个别父母挂在嘴边，当作对孩子的奖励，激励孩子的方式。殊不知这些奖励方式会让孩子觉得自己的努力一文不值，极大地破坏他的学习内驱力。这会让他产生一种错觉，他是为这些东西去努力的，而非为事情本身、为自己努力。一旦某一天没了外部物质刺激，他就会失去努力的兴趣，没了内驱力。

父母表扬孩子既要注意原则，也要注意表扬的方式。父母可以运用智慧幽默的语言激励，也可以运用面部表情、动作激励，如一个微笑、一次抚摸、一个拥抱、一个吻，还可以借助孩子心目中的偶像英雄人物，予以表扬，如孩子做了好事，你可以告诉孩子："你乐于助人，是妈妈心中的小雷锋。"只要是孩子喜欢的英雄人物，家长拿来作比较会取得意想不到的效果。

"比"字头上两把"刀"

——如何少拿孩子作比较

问题触发器

一天下午,我与一位妈妈闲聊,她谈起自己家的两个双胞胎女儿。老大从小到大天不怕地不怕,霸气,有朝气,自信心膨胀。而老二从小到大,动作慢,反应慢,做作业时常发呆,问题一大堆。相比老大,她给老二辅导作业劳心劳力,有时讲好几遍,老二的脑子似乎不在线,懵懵懂懂。她经常崩溃,有时难免会口无遮拦,说出一些过分的话,事后又后悔没有控制好自己,伤了孩子的自尊。

过程巧沟通

我问她:"平时你是怎么说的?印象特别深刻的是哪一次?"

妈妈有点不好意思,顿了顿,估计在回忆。"老大速度快,7点多所有的作业都完成了,可是老二只做了几道题,脑子里不知在想什么。我实在不想等了,于是就跑过去辅导她,有些题目很简单,我耐着性子反复讲了好几遍,她还是不会。"

"是不想做还是不懂?"我中间打断她。

"我感觉她没在听,完全进不了学习状态,于是我就开骂。"然后这时老大也会跑过来"看热闹",妈妈一对比,火气更大,"你看姐姐,动作多快,不用妈妈辅导作业。你如果有姐姐一半好,我就省心了。你再看看隔壁某某小朋友,她妈妈从来不辅导她功课,可她门门优秀,考得多好;同样的班级,同样的老师,你看你们班的同学个个多优秀,哪个像你一样。"妈妈一直喋喋不休,孩子已经低下了头,眼泪在眼眶里打转,情绪很低落。

我耐心地聆听着,问了一句:"你常常拿姐姐、邻家小朋友、班级同学作比较,老二有什么表现吗?会生气吗?有没有对老大做出攻击行为?"

"倒没有攻击姐姐,因为她太弱了。只是妹妹越来越没有自信了,总说自己是笨笨猪,是小胖子,长得丑,姐姐是个大美女。而姐姐完全不同,自信心爆棚,哪怕考得不咋地,总夸自己是天才。"

我听完后,大致明白了二孩家庭或者多孩家庭中父母的难处了。我表示理解:"是啊,家里两个孩子,尤其双胞胎同时上学,哪怕父母很注意,也很难做到说话有分寸,因为她们被迫进入'比较圈',父母会无形之中对她们进行比较,爷爷奶奶等其他亲人也会对她们进行比较,孩子自己也会无形中跟另一个比较。"妈妈感谢我对她的理解。

"有比较就有伤害,父母除了平时注意自己的言行外,也要对孩子的这些行为加以引导,努力将伤害降到最小。"

"怎么引导?"妈妈急切地问道。

"老大得天独厚,从娘胎里出来,就自带光芒。老二估计在你肚子里被挤到边缘地带,活动空间不够,导致感统失调严重,造成很多小问题。如果你在幼儿期早发现这些问题,找专业的感统训练师对老二进行康复训练,自己在家也进行一些协调训练,也许会好很多。"

妈妈一听感统失调这个词,顿时集中了注意力,说在孩子一年级时自己曾经带她们去检测过,当时两个孩子的诊断分值差别很大,老大是117分,而老二是78分。医生当时说老二存在一些问题,由于当时没有太重视,训练了一段时间,效果不明显就停训了。

"你看,老二因先天原因感统失调,你怎么可以拿老二的弱项去跟老大的强项比较呢?有可比性吗?现在你明白老二为什么越来越没有自信了吧?"

"那我该怎么办呢?"妈妈皱起了眉头,叹了一口气,感慨带孩子真难。

我想了想,问道:"除了学习上有弱势,老二有没有让你觉得特别欣慰的表现？"

妈妈似乎想起了什么，她告诉我："老二比较贴心，嘘寒问暖。她常常帮爷爷在厨房打下手，择菜、端菜、拿碗筷，还常常抱着爷爷亲。班主任曾经夸过老二，说她是个暖宝宝，下雨天会给老师送伞，去食堂接老师；中午会给老师打汤；老师交代她做的事总是记得牢牢的，很负责。"

"你看，这是多么可贵的品质呀！我们教育的终极目标，就是不给社会添堵，让孩子学会幸福生活的能力。如果她不仅能给自己带来幸福，还能温暖别人，这不就是我们人人想要培养的孩子吗？也许她在学习上不能闪闪发光，只能算资质平庸的孩子，但你要感谢上天给了你一个平庸的孩子，她是来报恩的。"

妈妈听完我的话，心里乐开了花。我还告诉她："以后千万别拿老二的弱项去比老大的强项，没有可比性，每个孩子有自己成长绽放的花期，我们要善于发现每个孩子的优点，引导孩子从自身出发，跟自己比较，跟昨天的自己比较，进步了就好。"妈妈意会。

育儿小妙招

心理学家苏珊·福沃德博士曾在《中毒的父母》一书中提到：没有一个孩子愿意承认自己比别人差，他们希望得到大人的肯定，孩子对自己的认识往往来源于成人的评价。如果父母常常拿兄弟姐妹、隔壁邻居、班级同学等与自己的孩子作比较，拿自己孩子的缺点与别人的优点作比较，一会使孩子变得敏感自卑，缺乏自信，总感觉自己低人一等；二会影响孩子的三观，使孩子产生嫉妒仇恨的心理，诱发不良的报复行为；三会影响亲子关系。也许父母拿别人与孩子比较，出发点是好的，为了激励孩子，增加其学习内驱力，提高其学习动力，殊不知父母口中的这些榜样人物，孩子早就看在眼里，放在心里了，无须大人刻意提醒、反复强调，一经大人强调，就变成了比较，反倒起反作用。

孩子进入青春期，会变得更叛逆，搞不好他会怼你一句："让他们当你的孩子吧!"甚至会觉得父母不爱自己,孩子的心也会与父母的心越来越远。因此,盲目比较有百害而无一利。

我们的老祖宗非常有智慧,他们在造"比"字时就发现了玄妙之处。"比"字是由两个"匕"字组成的,"匕"是一把利器,暗示有比较就会有伤害,"比"拆成两个"匕",伤害更大,意味着比较让伤害升级。

随着中国二胎、三胎政策的出台,每个父母都将面临这种无形的"比较怪圈",如何学会做智慧的父母,说走心的话,开展走心的教育呢?

一、从横向比较切换到纵向比较

每个孩子都是独一无二的个体,他不需要成为"别人家孩子"的翻版,也不一定要超越谁,不要让"别人家的孩子"成为一种"魔咒",阻碍孩子的健康成长。

每个孩子都有自己的花期,父母要引导孩子从与别人的横向比较中,切换到与自己的纵向比较。他可以将现在的自己与以前的自己比,看看进步了多少;也可以拿现在的自己和未来的自己比,预测自己经过努力,进步空间会有多大,给自己定一个进步小目标。父母多关注孩子的点滴进步,让他能跳一跳摘到"果子"。通过时间的积淀,小目标会像滚雪球般变成大目标,从而激励孩子不断进步。这不失为一种明智的教育,走心的教育,孩子比较愿意接受的、温和而充满期待的教育。

二、从焦点问题切换到行为细节

如果父母一直将目光聚焦到孩子的问题上,还时不时地给孩子补上一"刀",拿别人家的孩子比上一比,会将孩子的弱点无限放大,变成"焦点问题",不仅让孩子变得没有自信,唯唯诺诺,也可能让孩子自暴自弃,甘于平庸,搞不好连那个拿来比较的孩子也遭殃。

父母如何引导孩子从被"比下去"的逆境中走出来,战胜挫折,化"自卑"为"自信"的精神动力,让孩子变得自尊自信、积极进取呢?

复旦大学沈奕斐博士曾提出一个优势累积教育法,让我们少关注焦点问题，多关注行为细节，挖掘孩子的优势、成长点，进行真诚的赏识教育，强化孩子的行为习惯，让孩子从自己的优势里体验成就感，积累成功经验，从而带动弱项学习小目标的达成。牵一发而动全身，通过解决"焦点问题"，实现孩子自我预言里的梦想。

正如上文案例提到的，也许双胞胎中的老二在学业上没有什么优势，但家长可以另辟蹊径，挖掘孩子身上优秀的行为细节，不断放大，不断鼓励，强化她的优势。家长的爱与支持会增加孩子的自信，使她能直面自己的弱点，绝不退缩，绝不丧气。自信的力量可以让孩子发光发热，创造属于自己的精彩人生。

在孩子心中种一棵"正向"之树

——如何与负向语言说再见

问题触发器

大表姐临时有事,让她的孩子在我家待半天,并让我辅导一下功课。她家姑娘的秉性,我略有耳闻。身边亲戚曾经跟我说过她的一大堆糗事:以自我为中心,稍不顺她意,她就会在家人面前撒泼哭闹;学习时专注不了十分钟,一会儿挠背,一会儿上厕所,一会儿喝水……

大表姐将孩子送到我家,临出门时不放心,回过头来千叮咛万嘱咐:"在阿姨家不要哭闹,不要东张西望、磨磨叽叽,还有不要大呼小叫。"然后又转头对我说:"哎,这孩子我操碎了心,就是不懂事,不爱学习,无法无天。"

我能感觉到孩子的脸已经挂不住了,毕竟已经四年级了,我连忙拉孩子进门,关上房门。

过程巧沟通

我示意孩子坐到桌子旁,拿出作业开始写。

刚好我有点急事要处理,没有时间搭理她。大概30分钟后,我回到桌子旁,看见孩子气呼呼地坐在那里,面前放着一本语文书,但啥也没有干。我好奇这么长的时间她在干什么,连忙坐下问她,她也一声不吭。实在没有办法,我只好帮她拿出一张周末练习题,示意她开始写,她非常不情愿地写着。

我探头一看，我的妈呀，没有几个是对的，字写得乱七八糟，真是随性！

我耐着性子，告诉她一些写作业的注意事项。她并不领情，一会儿抓头发，一会儿搓后背，紧接着屁股开始扭动，脚抖起来，似乎要带动桌子一起摇摆。

我的情绪随着她的表现，即将崩溃，心想着：带别人的娃真难，打不得，骂不得。

但转念一想，孩子既来之，咱也得想想办法"治"之。

我深吸一口气，默默告诉自己：不是亲生的，火不得、打不得、骂不得，那就冷处理试试。我耐下性子告诉孩子："我要去做个核酸，你自己先做一会儿。阿姨相信你是一个自律的孩子，等我回来，相信你会给我一个大大的惊喜。"

于是我头也不回地出了门。其实我就是想呼吸一下新鲜空气，顺便打电话向大表姐咨询孩子的情况。我从表姐那里了解到，她已经跟她堂姐约好，下午去游乐场玩。临时被妈妈强行带到我家，她心中不快。

原来是这样。我略一思考，回了屋。

孩子可能觉得我回来有点早，瞄了我一眼，继续写字。

我坐在她对面，让她停下手中的笔，温和地告诉她："兮兮，中间休息一下，咱们来聊聊天，阿姨要表扬你。"

她疑惑地看着我，我继续道："看，今天是休息日，你居然来我家做作业，我觉得你很好学。我听说你本来是要出去玩的，结果被半路拦截，送过来做作业，如果是我肯定是不乐意的，可见你多想变优秀呀！刚才我不在家，留你一个人在一个陌生的地方，你一点儿也不害怕，是多么勇敢啊！没有人监督你，你自己一个人独立完成作业，虽然速度上有很大的提升空间，但也足见你的自律性很强。只要你愿意，提速是秒秒钟的事，对吧？"

我的一顿猛夸，搞得她不好意思起来，但从她的表情可以看出，她的内心是愉悦的，抿着嘴巴笑。估计家人的长期打击，让她忘记了被表扬的滋味。

我见正向引导起到了一定的效果，想继续为她的情绪"添把火"。于是我给了她10元钱，让她去外面放飞自我，顺便帮我买几支笔回来。她欣然答应。没过几分钟，她就神采奕奕地回来了，递给我两支笔，并把多余的钱放在桌角上。

我故作惊讶："小小年纪，这么能干，能独立去超市买东西，谢谢你的帮忙。你把剩余的钱还给了我，说明妈妈把你教育得很好。"看得出来，她特别开心，竟然主动拿起笔来继续写作业。

我教她练了三个字，做了一篇阅读理解。与刚才的表现截然不同，她的字变漂亮了，她的思维变灵敏了，她的回答正确率极高。

我没有放过任何一次可以表扬她的机会，告诉她："以我当老师的眼光判断，你完全具备一个优秀学生的潜质。只要你保持现在的学习状态，提高成绩，逆袭成为想要的样子，指日可待。"

再看她的眼睛，她的眼里已经充满了光，那是被良言暖到的足以改变现状的力量之光。

下午4点左右，她妈妈回来了，我又一次当她妈妈的面夸奖了她的优点。表姐惊呆了，一脸不可思议。

我把孩子支开，交代了家长回家该怎么改变自己的言语，与孩子正向沟通的具体事项，她们开开心心地回家了。

期末考试后，表姐打来电话，说孩子总成绩提高了40多分。孩子特别开心，要求妈妈第一时间告诉我。

育儿小妙招

一、切勿给孩子贴负面标签

像上面的妈妈一样，许多家长因为缺少育儿方法，而对孩子的教育束手无策。长期堆积的负面情绪，使他们不分场合地倾诉内心不满，给孩子贴负面标签，如认为孩子懒惰、磨叽、胆小、调皮、不专注……殊不知这些负面标签犹如放大镜，不断放大孩子的缺点，给予孩子消极的心理暗示，在他心中树立了一面"反向镜子"，让孩子觉得，他就是这样的孩子。这样反复强调，打击了孩子学习向好的积极性，否定了孩子的学习自信心。长此以往，孩子破罐子破摔，不再改变，学会接受你的"标签"，孩子真被家长说"烂"了。

二、切勿常对孩子说"不"

有些家长很喜欢以告诫的形式提醒孩子"不要乱跑""不要玩游戏""不要跟人打架"……不难发现，这些语言有一个共同的特点，带否定词"不"。这让孩子听了很混乱，不知道自己究竟要干什么。尤其是年龄比较小的孩子，他可能转化不了由"不"字组成的词组意思，不明白父母的指令是什么，可能只听见了"跑、游戏、打架"这些指令。所以孩子可能跑得更欢、玩得更嗨、打架打得更激烈，完全将父母的警告当耳边风。

三、要常与孩子说"正"话

中国的大部分父母有望子成龙、望女成凤的心愿，只不过他们没有很好地运用正向语言，没有给孩子贴正向标签的习惯。正向语言，正向标签，就是让父母说正面的话、正能量的话、有利于孩子健康生长的话，给孩子心中种下一棵"正向"之树。但很多时候，孩子并不是完美的，总会表现出一些不被父母接纳、理解、包容的言行，而父母又不会智慧引导，无形中向孩子发出错误信号，对孩子成长造成消极影响。这个世界并不完美，人也一样，父母要接纳孩子的不完美。因为这并不影响他们去创造、改变这个世界。

语言是一种非常奇妙的东西，只要家长与孩子沟通时，采用积极向上的语言，给予尊重、理解、接纳的态度，运用正向语言，贴正向标签，与孩子沟通，教会孩子该怎么做，相信孩子也会如家长所愿，长成参天大树。

父母的言行里藏着孩子的未来

——如何引导孩子拒绝不文明的语言

问题触发器

踱步上楼，我准备去办公室批改作业。在拐角处，我听到一个孩子大声喧闹："窝嚓（谐音），你他妈的找死啊，谁让你这么犯贱的。"后面的很多话已经刷新了我的三观。在我们的校园里怎么会出现这么多不文明的，甚至是不堪入耳的言语？

出于班主任的职业本能，我调转方向，直奔声音的源头去。我看到了楼梯口蹲着两个正在玩耍的男孩，正在投入地玩着什么，嘴里一直嘟囔着。我默默地站在他们身后，期待着他们发现我。

过程巧沟通

他们转过头来了，终于发现了我。

我居高临下地看着他们。他们仰起头惊慌失措地瞥了我一眼，又低下头去。看到他们手足无措的样子，我的心柔软了一点，看来他们知道自己犯错了，说了不该说的话。

我继续等待，过了一会儿，一个小个子男孩抬起头，支支吾吾地告诉我："这话不是我先说的，是我爸爸在家里常常这样说，然后我觉得好玩，就学会了。"他在努力为自己开脱。见我没有反应，他更加惶恐了。

我思考片刻，觉得教育的时机已经成熟，于是蹲下身子，与他平视：

"你觉得这话是爸爸说的,源头不在你这里,就觉得自己没有错,对吗?"

他若有所思,然后抬起头回答我:"老师,不是的,我也有错,我不应该学习不良语言。我没有管住自己的嘴巴。"他适时地捂住了嘴巴。

"看来你是一个自我觉察力很强的孩子,知道自己错在哪里。犯错不可怕,但……"我故意延长了声音,等待他接下话茬。

"我知道,我要改!我以后不学爸爸的不良语言。"他抢着说道。

我抚摸着他的头,语重心长道:"孩子,你说得没错,我们要善于辨别不良语言,对不文明语言说'不'。当我们听到父母口中的不良语言,可以做点什么呢?"

在我的循循善诱下,他豁然开朗:"我知道!我知道!以后如果爸爸再说脏话,我就制止他。"

"哇,你是一个有勇气的孩子,敢于跟不良言行举止说'不'。我要为你的知错就改点赞,也要为你的勇敢喝彩。不过说起来容易,做起来很难。坚持更难哦!"

"我会坚持的!"他看向了天空。

育儿小妙招

老话说得好,"学好三年,学坏三天"。父母是孩子的第一任老师,是孩子语言的启蒙者,糟糕的言语不仅影响孩子的健康成长,也会影响社会大环境。所以,父母要管住嘴,什么话该说,什么话不能说,至少在孩子面前要三思而后行。

一、人格滋养:父母要做有教养的人

每个父母都望子成龙、望女成凤,从孩子出生开始,就期待自己的孩子有个美好未来,但往往忽略了自己的言语和行为,会对孩子产生怎样的影响。好的言行会给孩子好的引领和起榜样作用,而不好的言行却会给孩子发出错误信号。"龙生龙,凤生凤,老鼠生儿打地洞。"老话说得好,不仅说明

父母的基因影响孩子的未来，而且父母刻在骨子里的教养也对孩子影响深远。

二、言语浸润：父母要说得体的话语

有专家说："父母是复印机，孩子是复印件。"父母的言行里藏着孩子的未来。英国心理学家罗伯特·戴博德说："我们的价值观来自父母，他们是最能左右我们行为的人。父母的言行塑造了我们的童年，也不可避免地对我们之后的人生产生影响。"父母温文尔雅，说话文明礼貌，有礼有节，培养的孩子也会是温润有礼、温暖有加。父母要努力为孩子创造文明的生活环境，在孩子没有明确的是非观之前，为了孩子的身心健康，尽量给他一个得体的语言环境。

三、行动指引：父母要传授基本的社交礼仪

高尔基说："爱孩子，是母鸡都会做的事。"然而，单纯凭爱是无法教育和影响孩子的。父母要有意识地向孩子传授与人相交的基本社交礼仪，这将会使孩子终身受益。

父母带孩子出去与小伙伴们一起玩，如果没有有意识地对孩子加以引导，传授基本的待人之道、社交礼仪，父母说话随便，不经大脑思考，满嘴脏话胡话，那么这些负面语言不断冲击着孩子的心灵，孩子也会学着说脏话、不文明的话，甚至会以此为"荣"，顺口将这些"新鲜"的话语传播出去，影响更多的人。成人世界的脏话，对于孩子来说，并不存在成人世界的意义，他们并不了解脏话代表着什么，只是单纯地在模仿成人的语言，通过模仿来习得表达和交际。慢慢地，这些语言降低了孩子的情商，他们不懂得如何有效控制自己的情绪，如何理智处理人与人的冲突，在交际中就会频频受挫。

不要在孩子面前诋毁另一方

——如何给予孩子安全感

问题触发器

暑假我碰到一个初三的孩子，他很苦恼。原因是他的爸爸妈妈离婚了，他判给了爸爸，哥哥判给了妈妈。妈妈对财产分割不满意，一直有怨气，时常找两个孩子抱怨、吐槽，抹黑爸爸。妈妈对他说爸爸是个渣男，甚至说了很多不堪入耳的话语。哥哥与妈妈同住，受妈妈影响，开始对爸爸产生抵触，也像妈妈一样怨气冲天。哥哥觉得是爸爸亏欠了他们，父亲的形象轰然倒塌。

弟弟跟爸爸住在一起，知道爸爸的不易和难处。他能体谅爸爸，时常规劝妈妈和哥哥，让他们放下成见，想想爸爸的好。可这激怒了妈妈和哥哥，他们变本加厉地攻击、诋毁爸爸，有些语言简直有点毁三观，他都听不下去了。妈妈有时还逼迫他当挡箭牌、传声筒，要求爸爸给予物质补偿。他很无奈、很崩溃、很混乱，想逃离这里。

这位爸爸，我是认识的，一直在外打拼，孩子们小时候没有在他们身边，但他尽了父亲最大的努力，自己省吃俭用，给孩子们创造优渥的生活条件。爸爸不像他妈妈说得那么不堪，算是一个有责任、有担当的男人。但唯一的缺憾就是待在孩子身边的时间较少，缺席了孩子的好多成长时刻，他不会带孩子倒是真的。

暑假，我与一个朋友小聚。她一个人带着孩子，很是不易。我们就聊起了上述孩子的苦恼以及朋友孩子的父亲。

过程巧沟通

朋友将孩子支开，让他去肯德基买吃的。见孩子走远了，她悄悄告诉我："上面的妈妈做得不对，虽然他们做不成夫妻，但毕竟他是孩子的父亲，是亲人，怎么可以当着孩子的面诋毁对方呢！这让孩子多为难呀！如果孩子三观不正，会被带歪。我认为这样做并不理想。"

她想起了自己的婚姻，独自一人抚养孩子，个中辛酸只有她自己知道。她叹了口气道："离婚这么久了，离婚协议上写得清清楚楚，每月抚养费准时给我1200元。两年了，他爸爸一分钱都没有给过。孩子的爸爸没有责任，没有担当啊！"

"我见过他，感觉他应该不是这样的人。当时对孩子挺好的，是否有什么难处？"我表示怀疑。

"可不是吗？他投资失利，亏了很多钱。孩子本来是判给爸爸的，我舍不得这么小的孩子每天见不到妈妈，现在孩子由我抚养着。今年我自己手头也不宽裕，所以打电话催他给点抚养费。我不打电话，他就不给。没见过这么不负责任的爸爸。"朋友越说越生气。

"更可气的是，孩子爸爸时常忘记与孩子的约定。比如孩子生日，明明他答应孩子过来一起庆祝的，孩子从早上等到下午，爸爸一直没有出现。还得我偷偷打电话联系，询问为什么失约，爸爸却说忘记了。你说这样的爸爸有见过吗？"

我听了她的话，内心真替这个父亲汗颜，但又不得不开导她："这的确让人不省心，你太不容易了。不过你知道瞒着孩子给他爸爸打电话，足以说明你是一个开明的好妈妈。"

朋友说："我为这事跟他爸爸据理力争过，希望他把孩子的事放在心上，不要让孩子失望。"

"是啊，你要跟他爸爸好好沟通。你做得很好。"我附和着。

"打完电话，我又不得不去安抚孩子，瞒着孩子说，'爸爸一直记得你的生日，只是单位突发状况，一时走不开，礼物已经准备好了，马上送过来。'"妈妈又叹了一口气，看得出来，妈妈很是无奈。

"在很多事上，我为了不使孩子对父亲的爱产生怀疑，常用善意的谎言为爸爸开脱；为了不使孩子失望，我总是不断提醒爸爸该尽的义务和责任。我觉得自己心好累呀。但为了孩子的健康成长，我一直忍着，努力不跟儿子的爸爸闹掰。"妈妈越说越激动，越说越生气。

我赶紧安慰道："你应该感到庆幸，因为你的隐忍，孩子过得幸福、快乐。"

听到这，妈妈也很欣慰，她告诉我："我时常告诉孩子，虽然爸爸妈妈离异了，但他跟别的孩子一样，拥有爸爸妈妈完整的爱。爸爸妈妈因为不合适，所以不住在一起。儿子理解我的苦衷，所以也没有因为父母的离异而感到失落、悲伤。"

"你做得很棒！如果中国大部分离异家庭能像你一样，关注孩子的情绪，关心孩子的成长，将孩子的健康成长放在首位，相信孩子也不会因为父母离异而变得与别人不一样。"我非常肯定地告诉朋友。

远远的，孩子拎着一袋食物朝我们走来，我们马上切换话题，不再聊孩子的爸爸。

育儿小妙招

教育是一场无法重来的直播，一辈子只有一次。

一、互相诋毁毁了家庭幸福的根

不管是完整的家庭，还是离异的家庭，夫妻关系不管走到哪一步，都不要在孩子面前诋毁另一方。要多说对方的好话，要寻找父母身上可以给孩子当榜样的优点。哪怕找不出一点，也请慎重地告诉孩子，他们有血缘关系，不管发生什么，爸爸妈妈都是最爱他的人。

如果夫妻一方总是在孩子面前说另一方的坏话，不断抱怨、诋毁另一方，甚至威胁、讽刺孩子，可能会让孩子潜移默化地学会抱怨、怨恨生活；另一种可能就是让孩子得到错误信息，带着仇恨生活，父母的形象在孩子心中轰然倒塌。

教孩子恨对方，拉着孩子站队，让孩子心生抱怨，产生分裂感，虽然自己解气了，但是却对孩子的成长非常不利。这样的孩子对生活充满恐惧，没有安全感。这对他的身心健康、未来婚姻情感发展等会造成不可逆的伤害，甚至会使他产生报复的心理。

二、夫妻和睦是安全感的来源

专家说，妈妈影响孩子的情感世界，是家里的定海神针，是孩子爱的源泉。妈妈的情绪是家里的魂，是孩子成长的晴雨表，妈妈的情绪稳定，孩子就心安。如果妈妈情绪激动，就会制造鸡飞狗跳的场景。所以不管发生什么事，妈妈请先稳定自己的情绪。

很多时候，妈妈是照顾孩子的主力军，但妈妈也有精力不足、分身乏术的时刻，爸爸的积极参与是妈妈精神上的最大支持。

家，是爸爸和妈妈共同支撑起来的。孩子的成长，需要夫妻双方的共同努力。夫妻和睦、家庭稳定，就是孩子安全感的来源。爸爸爱妈妈，多承担一些家务，多照顾孩子的日常生活，对妈妈多一些包容和理解，便是给孩子最大的安全感。如果妈妈被爸爸的爱温暖着，一切情绪能被理解，心态就会平和，家庭才会温馨。生活在爱意流动中的家庭，孩子就会眼里有光、心中有爱，更能感知生活的美好，友善待人、温和包容。

母爱如水，父爱如山，在孩子的每个成长期，父母如果能做到相亲相爱、相濡以沫，那将是孩子一生的幸福感的来源。因为父母的互爱将给孩子到达爱的彼岸指明方向。

如果父母不能相守到老，请不要在孩子面前互相诋毁对方。不管家庭发生什么变故，都请共同培育家庭的根，只有这样才能使孩子这棵幼苗枝叶繁茂，茁壮成长。

走近孩子，聆听需求

——如何真正看见孩子

问题触发器

早上碰到一个孩子，一副无精打采的样子。未等孩子开口，妈妈已经迫不及待地抢着告诉我："孩子这次期中考砸了，70多分，又回到原来的样子，这段时间的努力白费了。"妈妈说话像机枪一样，可见在家里时，她对孩子说了不少这样的话语。再看看孩子，她低着头，似乎要找个地洞钻进去。我用手势制止妈妈讲下去。

过程巧沟通

我牵起孩子的手，扶她坐下，然后搭着她的肩膀问她："孩子，你能不能告诉我，以前能考几分？"

孩子弱弱地告诉我："前四个单元，我都考了90多分。"

"考得这么好！你是怎么做到的？"

"老师让我提前做一些练习，早做准备。妈妈提前辅导我做类似的内容，这些知识我都掌握了，所以考得好。"听着孩子诚恳地回答，我点了点头。

"哪些内容得分较高？你怎么做到的？"我继续刨根问底。

她想了想说："基础题做得最好，因为考试前一天晚上我读了课文，还把不会的词语抄了一遍。"

我竖起大拇指，表扬道："你看，你很会学习，知道怎么做才能提高成绩。同样的，其他失分较多的题目，以后该怎么做呢？"

"嗯，下次也复习复习，看看错题，查漏补缺。"

"多好的想法啊，一下子就找到解决问题的办法了。我相信以你的能力，下次提高一点点没有问题。"听了我的话，她的眼里闪出些许光芒。

孩子妈妈若有所思："今年你帮她辅导过几次，给了她一些提高学习积极性的策略，以及提高成绩的方法，也辅导我从唤醒学习内驱力开始协助孩子。我都照着做了，所以孩子在前半学期的学习主动性变强了，愿意改变，愿意学习了。哪知……"

我用手势让妈妈打住，然后对孩子说："孩子，期中考试你进步了。"孩子一脸不可置信，我解释道："随着年级的升高，知识结构更复杂，难度在增加，以前你的水平是70多分，这次也是70多分，没有退步说明是小进步。"

孩子一脸兴奋，转向妈妈："你看，麦子老师说我进步了。"

孩子妈妈有些疑虑，我继续解释："单元考试能考好，一方面原因是考前的充分准备，另一方面原因是考察的知识仅仅是一单元的内容，复习起来容易。而期中考查内容多了几倍，有可能有些知识联结到前几年的内容，加上复习不充分等原因，提高不明显，很正常。"

我又摸摸孩子的头，微笑道："不过你的学习成绩有很大的提升空间哦！"孩子点点头，开心地玩去了。

孩子妈妈若有所思："记得你辅导时讲过，孩子注意力严重缺失，导致课堂听课效率低下，影响学习成绩的提高，希望父母先协助孩子学习一段时间，辅导她提高成绩，改变她的学习动力，激发她的学习兴趣，然后再慢慢放手。我有点太着急了，放手太快。"

孩子妈妈似乎又想起了什么，她告诉我："考试前一天，因为没有好好复习，孩子担心自己考不好，有点焦虑。我当时没有太上心，只是笼统地告诉她复习一下，并没有把期中内容分成一块块小目标，进行复习辅导。看来我也有原因。其实通过你的几次家庭教育辅导，她现在学习积极性变高了，挺努力的。我应该感到欣慰才对。"

我半开玩笑道:"你只听见孩子说的内容,但是没有听懂她说话时所表达的情绪和需求,没有真正看见孩子。现在能回过头来觉察自己的问题,并看见孩子的需求和感受,说明你很会反思、总结。相信以后你会关注孩子的情绪,听懂孩子真正的需求。"

我肯定了孩子妈妈的自我觉察能力,最后告诉她:"随着年级的升高、知识的积累,题目越来越难。只要她不退步,就是进步了。语文能力的培养和学习成绩的提高需要时间,这是一个慢活。我们要培养一个阳光、向上的少年,关注孩子的情绪,就得抱着'牵着蜗牛去散步'的心态去陪伴,静待花开,让时间给你答案。"

育儿小妙招

每个人来到这个世界,最深切的渴望是被人看见。

杭州师范大学心理学教授刘宣文曾在培训时,倡导从缺陷视角,即从父母的挑错视角,转向优势视角,即以欣赏的眼光去看待儿童发生的行为问题、言语沟通问题。

如在一张纸上,白色部分好似优点,黑色部分恰似缺陷、缺点。父母往往喜欢利用橡皮擦等工具,试图消除这些缺陷。而孩子可能喜欢通过掩饰掩盖自己的缺陷,躲避父母的责骂,犹如化妆师喜欢抹厚粉底掩盖黑痣一样。这两种方法殊途同归,都在试图消除缺陷。

而有智慧的父母则善于扩大白色部分的面积,如巧用白纸上的黑点做文章,画成小花狗,增加情趣。面对孩子的不足,父母应转变教育思路,由挑错转向欣赏。关注孩子的优点,不断发现孩子身上的正向力量,转变观念,寻找缺陷背后的成长空间,这不失为一种创新做法。

反观上面的案例,当孩子提及期中考试,说明这件事对她来说很重要。此时,家长应怎么做呢?

耐心听完:这时父母要竖起耳朵认真听完,听清她讲的内容。

用心听见:用心感受此刻孩子的想法和感受,体会她考前的焦虑和害怕等情绪，加以安抚疏导。

尽心听懂：敞开心扉用心听懂，理解并接纳孩子的心理需求，给予及时辅助，亲子关系会更加和谐，更有利于孩子的心灵健康、学业提升。

当事情已经发生，考试结果没有如父母所愿，怎么办？

理解接纳：当孩子取得不好的成绩时，其实她的内心比父母还要煎熬、难受。也许有些孩子表面上看起来无所谓，其实内心已经翻江倒海，因为每个孩子都希望自己考好一点。所以，此时的父母要用同理心理解孩子，接纳孩子。让孩子宣泄自己的情绪，把伤心、难过、害怕等不良情绪释放出来，化压力为动力。

协助解决：不管什么时候，父母都要先处理情绪，再处理事情。安抚好孩子的情绪后，父母再与孩子商讨这次考试考砸的原因，协助孩子完成自查自纠工作，然后在孩子乐意的情况下协助他查漏补缺，寻求适合的解决办法。

只有这样，父母才能真正看见孩子，读懂孩子，给孩子的成长插上一对翅膀，让成长不再烦恼。

第6章
青春萌发园

如何引导孩子结交良友？

如何满足青春期孩子的好奇心？

如何引导孩子克服攀比心理？

有爱就请大声说出来

——如何引导孩子正确欣赏异性

问题触发器

我参加浙江省骨干教师"领雁工程"培训,共半年时间,人在杭城心系班级。活动一结束,下了火车,推着行李,我火急火燎地直奔六(3)班教室,希望马上见到朝思暮想的孩子们。刚到教室门口,迎面走来了一向以幽默著称的老项。他推了推金边眼镜,笑眯眯地告诉我:"麦子老师,你小半年没在班级,你们班哟——"我心里咯噔一下,难道发生了什么大事,我拜托老项别卖关子。"你班的孩子在叫春。"他非常邪魅地笑着"飘"走了,我顿时石化。

过程巧沟通

听完老项的话,不能否认,我的内心是有点小波动的,将行李箱放到讲台桌旁,站定凝视着孩子们。

他们看见我严肃的样子,由惊喜变成了惊吓,不敢吭声。我在黑板上写下了两个大字"叫春",然后让孩子们大声地朗读这个词三遍。从孩子们的眼神里,我读懂了什么叫"疑惑不解",紧接着教室里爆发出一阵笑声。我仔细观察一些女生,她们捂着嘴巴偷瞄一些男生,而一些男生涨红了脸,不好意思地低下了头。

我咳嗽了一声,高声问道:"谁能告诉我'叫春'是什么意思?"

漂亮的小婉是个智多星，她怯怯地举起手说："老师，叫春就是春天的时候，母猫要交配，然后在屋顶等地方呼唤公猫，我奶奶告诉过我。"

"我有补充，应该是动物在发情期呼朋引伴发出的声音，一般在春天发情，所以谓之'叫春'也。"小杰补充了一些。

我不禁竖起大拇指夸道："回答非常精准，此处应该有掌声！"班级顿时响起了热烈的掌声。伴随着掌声，他们再也没有忍住，哈哈大笑起来。

等他们笑够了，我半开玩笑道："看来不用麦子老师解释，你们都懂。知道这个词是谁送给我们的？他为什么说这样的话？"

"因为我们班有男生给女生写情书。"

"因为有男生给女生送鲜花和巧克力。"

"其实当麦子老师听到这个词的时候，内心是有点不高兴的、尴尬的，因为总感觉这玩笑开得有点……但转念一想，这或许不一定是坏事。我要感谢老项的坦言相告，让我知道了我的孩子们正在悄悄长大，开始有喜欢的人了。"孩子们一脸难以置信地盯着我看。

"喜欢别人没有错，反倒让我感到欣慰。你看，男生喜欢漂亮的女生，女生喜欢学习优秀的男生。爱美之心人皆有之，男人爱江山更爱美人，女生爱才惜才爱英雄。这一切都说明你们有上进心，向美、向善、向好。老师是过来人，理解你们现在的心情，请为自己纯洁的爱鼓掌。"掌声热烈而持久。

"接下来进入我们重要的环节：有爱就请大声告诉你喜欢的异性同学，告诉她（他），你喜欢她（他），以及是因为什么欣赏她（他）。看谁声音最大，代表他（她）最坦诚，我们要做君子，坦坦荡荡。"

班里沉默了好久，谁也不敢第一个站起来说。这时我瞄准了一个大男孩——给女生送花又送巧克力的小贝。我足足看了他一分钟，看得他心里发毛，他不好意思地站起来，捂着嘴巴不好意思地笑，说得语无伦次。我鼓励他继续努力组织语言。他终于在练习第三遍时大声地说了出来："我喜欢小婉，因为她长得漂亮，学习也很好。"

"小贝，老师为你鼓掌！你非常坦然地说出自己心中喜欢的女生，勇气可嘉，是个坦坦荡荡的君子。你很有眼光，也很有上进心，喜欢优秀的小婉没有错。我相信班级很多男生喜欢她。"

在我的不断鼓励下，他们竟然开起了小火车，一个接一个地向自己喜欢的异性同学"表白"。

开完整列长火车，我让孩子们说说发现了什么。孩子们发现班级的小婉最受男生青睐，有20个男生向她表白；班级的小达最受女生追捧，尽管不帅，但大家觉得他才华横溢，有16个女生喜欢他。

我又开起了玩笑："看来，小婉和小达是我们班的'大众情人'哦！"大家忍不住哈哈大笑起来。小婉和小达有点不好意思，但又有点自信。

"小贝，你面对的竞争很激烈，喜欢小婉的人实在太多了。你要给自己不断充电，让自己变得更加优秀才行哦！因为女生都喜欢学业优秀的男生哦！"我对着小贝又是一顿"输出"，小贝狠狠地点点头。

"其实麦子老师想告诉大家，我读小学的时候，正如你们一样，也喜欢一个男生，因为他学习很棒。我知道很多女生喜欢他。但多年以后发现，小学同学很少成为夫妻的，那时的我们真是想多了。开同学会时，我发现那个我曾经喜欢的男生竟然秃顶了。哦！真是鄙夷自己当初眼光怎么这么差！"听完我幽默的话语，同学们忍不住大笑起来。

"老师，我们明白了，小学不是谈恋爱的时候，我们要将精力放在使自己变优秀的事情上。"小潘站起来说。

"小学生之间的喜欢纯属青春期的懵懂感情，是简单的喜欢，是单纯的爱，这可以是友爱、崇拜之爱，但唯独不是爱情。因为你们还没有能力为自己的爱情负责。但麦子老师不会阻止大家的胡思乱想。"

大家发出一阵唏嘘声："哦——"

自从这件事挑明之后，送礼物表情意这样的事情，似乎一夜之间销声匿迹，一切相安无事。因为大家在紧锣密鼓地准备人生的第一场重要考试——小学毕业考。

育儿小妙招

随着生活水平的提高，孩子们的发育年龄也在不断提早。小学五六年级，孩子们就会陆陆续续迎来青春期。随着荷尔蒙的分泌，他们的心也跟着躁动起来，许多孩子对异性交往产生了很大的兴趣，开始盲目模仿成年人开启恋爱模式，如写情诗、送礼物、递小纸条等。这是青春期孩子的正常现象，父母们要正确看待这样的事情，理解接纳他们的情绪，给予心理支持和辅导，正面引导他们理性处理对异性的好感。

与孩子沟通过程中有哪些小妙招呢？

一、明明白白，什么是爱

"性"是一种生理需求，"爱"是一种心理现象。家长要让发育成长中的孩子明白，这些需求都是正常的现象，爸爸妈妈小时候是这样过来的，所有的成年人都是这样过来的，爸爸妈妈极大程度地理解接纳孩子的这种青春期行为。大人也可以分享自己的成长经历，与孩子产生共鸣和共情，极大地满足孩子对"爱"的好奇心。然后与孩子一起像朋友一样，理性探讨青春期的"爱"，让孩子自己感悟，自己弄明白什么是"爱"，"爱"的界限在哪里。

二、轰轰烈烈，大声说爱

整个青春期，孩子的生理和心理处于不协调的发展时期，他们盼望独立，喜欢交异性朋友，求知欲望强烈，但又不够成熟稳重，无法正确抵制网上、社会上的一些不良色情影响。他们对爱的认识朦朦胧胧，如果家长不给孩子进行健康的性教育，他们就会通过网络等其他途径获取，并尝试着去模仿大人的行为。这时候的家长除了巧妙地、坦诚地引导外，还要给他们一个宣泄的口子，如案例中的老师一样，让孩子有爱说出来，大胆表达；寻找爱对方的理由，正确理解爱。家长要挖掘孩子向善向美的心，告诉孩子现在小学阶段的爱无关爱情，只是喜欢，是自己有上进心，学会欣赏别人了。总之，要将孩子这种朦胧的情感引导到健康的、纯洁的友谊上来。

三、坦坦荡荡，鼓励交往

随着青春期的到来，孩子对爱有了朦胧的意识，开始对异性产生极大的兴趣，这个阶段是少男少女们想要开始人际交往的起始阶段。男女开始尝试交往，异性相吸，性格互补，建立新的相处模式。有时异性交往会比同性交往更和谐谦让，起到很好的性格互补作用，可以为孩子以后进入社会生活，打下坚实的基础。

因此，父母应该支持孩子与异性相处，并教给他们一定的交友礼仪。女生落落大方、诚恳友爱；男生勇敢大度、礼让谦逊。并鼓励孩子周末策划小组活动，一起聊天交流。但是，父母也要叮嘱孩子遵循交往原则。尽量白天在公共场合交往，把握亲密的度，特别是女生要学会保护自己。

同时，家长也可以与孩子一起，开诚布公地聊聊网上的一些交往不当案例，让孩子发表意见，明白交友规则，善于把控自己的意志力。

大教无痕，慧眼识友

——如何引导孩子结交良友

问题触发器

凌晨，我接到小学同学的电话。他告诉我，孩子读中学住校，结交了一批不良少年，白天睡觉，晚上逃课夜游，周末相约外出玩耍。孩子不想做作业，缺失学习动力，学业滑坡严重……他想让孩子在交友上调整一下，不要与那些人为伍，将所有精力放在学习上，因为马上面临中考。

过程巧沟通

天空泛着灰蓝色的光，还没有完全变亮，我睡得正迷糊。"丁铃铃"的电话铃声打破了黎明的宁静。

"麦子，不好意思，这么早打你电话，实在是找不到一个可以商量的人了，心里着急。"电话那边传来焦急的声音。

"你是？"我正在寻思这是谁，我怀疑他打错了电话。

"麦子，我是丫丫的爸爸啦！"看不见表情，但我能感觉到他的不好意思。

小学同学找我会有什么急事，我百思不得其解。

他说道："上星期，丫丫班主任打电话让我去趟学校。她把孩子在校的学习情况跟我交流了一下。老师告诉我，丫丫现在总跟一些不想读书的、没有正能量的'小混混'厮混在一起，成绩明显下滑，让我赶紧管管孩子，引导孩子交一些良友。"他的语气里明显多了一些焦躁，叹了口气。我似乎能看到他紧锁的眉头，他继续道："孩子正处于青春期，我不知道怎么与孩子交流，所以想到了你，希望你能帮帮我。"

我终于了解了事情的大概。看来这是一个比较慎重的父亲，他能在多年以后想起小学的老同学，这是对我莫大的信任。我安慰道："别急，这些问题任何青春期的孩子都会碰到，我的女儿以前也碰到这样的情况，我来帮你想想办法。"

"嗯，谢谢麦子。我就知道你有办法，而且孩子们也愿意听你的话。"丫丫爸爸一个劲地感谢。

"首先，老师找你谈，这是她对你家孩子的重视，说明她看到了孩子的问题所在。作为家长，的确需要重视，你做得很好。但孩子交的朋友一定就是'坏'孩子吗？你不要着急给她下定论。我们相信丫丫的眼光，说不定这些孩子只是不爱学习而已。"

"对哦，这些孩子我见过一面，好像也还行。"丫丫爸爸附和道，"可能是丫丫自己的问题，自我把控力太弱了。"

"是啊。你可以找个时间约这帮孩子吃个饭，帮孩子把把关。耳听为虚，眼见为实。另外也可以找一些同学侧面了解一下。如果孩子朋友的人品没有问题，只是不爱学习，你联系对方家长，一起想想办法，唤醒孩子学习的内驱力，让孩子们悬崖勒马，为时不晚。如果孩子人品的确有问题，你也不要急着切断她们的关系，以免'打草惊蛇'，可能会引起她的反感。你可以随意选择一个时间段，与孩子散散步、聊聊天，润物细无声地讲讲自己的交友经历，引导孩子选择益友同行。"我慢慢地分析给他听。

"哦，明白了。我按你的思路去试试。如果有什么问题，我再打扰你。实在不行，我就给她换一个环境，将她转回到自己身边读书，不再住校，自己接送。"爸爸忽然想到了这个办法，很高兴。

"想想也对，陪伴缺失是孩子迷失的原因之一。既然身边有好的学校，自己又有时间带她，这不失为一种办法。回家后，交流时间多了，可以将交友秘籍传授给她，让孩子重新结交益友。"我分析道。

育儿小妙招

现在的孩子大部分时间在学校或者家里，圈子就这么大。特别是中学住校生，圈子更小。他们大部分时间与同班同学一起玩、一起休息、一起学习。有些不爱动的孩子交往范围仅局限于自己座位附近的同学、寝室的室友，别无他选。爱交往的、交际能力强的孩子，可能会将圈子扩大到别的班、别的年级，但也仅此而已。

这个时期的孩子正处在人生的十字路口。你说他什么都懂吧，其实他没有太多的人生经历，事事需要父母、师长加以点拨引导；你说他不懂吧，其实他也经历了不少事，学了不少文化，对事情具备一定的判断能力。比如交友这事，他会选择与自己合得来的人一起玩。由于自我把控力的不足，近朱者赤，近墨者黑，他们也会在不知不觉中受到"熏陶"，沾染上一些不良的习气，如喝酒、抽烟、打架、说脏话等，身边的不良少年也屡见不鲜。一个涉世未深的少年，浸润在一个不好的"大染缸"中，结交了一批不良少年，难免会做出不利成长的事情。

这个时期的孩子特别敏感多疑，不愿被说教。如果父母试图以说教的方式教育孩子，阻止他交自己喜欢的朋友，他会急得跟你跳脚。面对择友问题，父母该如何有效地引导呢？

一、漫谈，摸清底细，正面了解交友动机

当父母发现自己的孩子在交友上出现偏差时，首先要保持冷静，不露声色。然后找孩子交谈，问问孩子，学校最近发生了什么事，包括好事和坏事，进而无痕切换"频道"，聊聊他最近交了哪些朋友，为什么喜欢对方，他们身上有什么特别吸引孩子的优点。在这过程中，你只要倾听，不要急于回应。当听完孩子倾诉后，也不要急于发表意见，切记不要在孩子面前说他朋友不好的一面，而是要努力寻找朋友的闪光点，夸夸他的朋友。如可以夸对方有情有义，很高兴孩子找到谈得来的朋友等。家长的目的是摸清底细，

了解孩子交友的动机，知己知彼，才能进一步沟通以解决问题。

二、宴请，旁敲侧击，侧面了解交友动机

如有可能，为了让孩子感受到父母对他朋友的重视，可以借生日为由，让孩子把朋友请到家里来，宴请他的好友。为了表示重视，可以与孩子的朋友聊天，侧面帮孩子把把关，亲自过目，方知这些孩子的本色。也许他们就是一群不被老师看好的孩子，只是缺少正面引导的力量，暂时迷失了学习的方向而已。

父母在孩子结交所谓的"不良少年"时，往往会方寸大乱，然后直接要求断交。但这种"断腕式"的"绝交"方式，显然无法被青春期的孩子理解、接纳，更不可能让孩子迷途知返。逃避解决不了问题，有心的父母需要加以智慧引导，帮助这些孩子重新点燃学习的热情，在友谊之光照亮下，大家一起奋发图强。

三、传授，画龙点睛，传授交友"武功秘籍"

亲子之间最浪漫的事，莫过于父母有时间牵着孩子的手，轻松愉悦地在月光下散步，漫谈人生。你可以与孩子聊聊自己的青春故事（可以虚构，虚实相结合），谈谈自己当年的择友观。告诉孩子，交友是一种缘分，也许只是偶然的一次回眸，就成就了彼此的情义。交友就像生活中买水果、买菜，可以自主挑选的情况下，谁愿意挑选一个烂苹果呢？我相信家长那幽默的语言、生动的事例、丰富的人生经历，会无形地影响着孩子的择友观。

如果孩子不排斥交流，父母方可继续前进一步，深入沟通，传给他们一些交友秘籍。父母要教会孩子观察朋友一段时间，思考对方哪些优点吸引了自己。比如：学习好，学习特别勤奋；时间管理强，拥有好习惯；性格乐观开朗，积极向上。也许孩子会反驳家长，认为家长功利，家长可以郑重地告诉孩子，学生的目的就是学习，让自己变优秀是学生的使命。"见贤思齐焉，见不贤而内自省也。"这个道理古人早就告诉我们了，所以交友也要学习古人的智慧。

四、智育，学习提升，做智慧型父母

父母想要读懂孩子每个时期的需求，与孩子实现无障碍沟通，唯一的办法是不断地学习，不断地充电，提升自己的教育水平。如到网络上搜索关键词寻求答案，也可以购买与家庭教育相关的书籍学习研究。自己解决不了的，可以找老师协助帮忙，借助外力，以此寻找育儿智慧，追赶孩子成长高飞的脚步。

不是孩子不争气，只怪游戏太有趣

——如何引导孩子正确认识网络游戏

问题触发器

小外甥呦呦最近迷上了网络游戏，晚上不睡觉打到深夜，早上太困起不来，总是迟到挨批评。但他"死猪不怕开水烫"，老师批评完，他继续打他的游戏，打得天昏地暗。周末两天，为了躲避父母的管束唠叨，他竟然躲到电子游戏厅里与同学一起打游戏。从这个游戏厅打到那个游戏厅，呦呦与父母玩起了游击战。与此同时，呦呦的成绩也一落千丈，老师约谈了父母。父母心力交瘁，深感问题棘手，打电话向我求助，将这个艰巨的任务交给了我，试图通过我的力量挽救一个临时走失的"灵魂"。

过程巧沟通

挂断电话，我思绪万千。回想自己的女儿，似乎挺让人省心的。再看沉迷网络的小外甥呦呦，父母与他斗智斗勇，堪比金庸的武侠小说。现在的孩子智商高，情商高，知识面广，家长与他们交锋，如同与武林高手过招，招招刀光剑影，剑拔弩张。

呦呦很聪明，悟性极高，成绩一直不错。小学毕业前一学期，就被当地的重点初中提前签约录取。不知从什么时候起，他迷上了网络游戏。初一、初二最叛逆的时期，他天天打游戏到深夜。周末总约上三五个"志同道合"的同学，瞒着父母去网吧打游戏。父母找他犹如猫逮老鼠，很是崩溃。

我该怎么办？我很彷徨！

我曾想过很多种解决的办法：威胁、恐吓、交换、利诱……以我从小在他心目中的威慑力，威胁恐吓他，短期内似乎能起到一点作用。自古还有"棍棒之下出孝子"的做法可以效仿。但现在的孩子一旦叛逆起来，肯定会跟家长撕破脸，弄得家里鸡飞狗跳，不得安宁。威胁、责打不但不能解决问题，反而有可能使事态变严重，家庭矛盾升级。

这招看来不行！

否定了第一种方案后，我想到了交换条件：如果呦呦不再打游戏，我可以进行物质奖励或者金钱刺激。转念一想，这些是外在的影响因素，很难唤醒孩子自我管控的内驱力。只有他自己觉醒了，想清楚网络游戏的利与弊，收拾心情，自律起来，才能变被动管理为主动约束。

我陷入了沉思。

后来一段时间，我翻阅了大量的教育资料，寻找一种温和的、能被他接受的唤醒方式。

一次偶然的机会，我看到了一篇文章，于是我开始了我的教育行动。

第一次　初涉浅谈

暮色像一张灰色的大网，悄悄地洒落下来，笼罩了整个大地。漆黑的夜晚，除了我们的呼吸声和偶尔的树枝摇摆声，周围一片寂静。呦呦与我并肩走在乡间的小路上。呦呦很紧张，似乎在等待着我劈头盖脸的怒骂，而我却沉默着。就这样，我们大概走了十来分钟。

"小姨，我知道，你想找我说点事。"他瞟了我一眼，继而道，"说吧，我已经做好了被教育的准备。"

看着他一副死猪不怕开水烫的神情，我气不打一处来。但转念一想，压下心中的怒火，我微微一笑："怎么了？小姨好久没有见你，纯属想你，陪你出来散散步，不行吗？"

他一副打死也不相信的眼神看着我，似乎想说点什么。

"真的，怎么，最近有什么心事？说出来，也许小姨可以帮到你。"

他的神情缓和了很多，但仍然没有放下警惕。

"是爸爸妈妈有什么做得不对，让你烦心吗？说出来，如果是他们不对，小姨肯定批评他们。"

他知道，这个家里也只有我能说上两句。他犹豫了一下，叹了口气："是啊，前段时间特别烦，我爸爸总要求我这样那样，可是他自己整天拿着个破手机，碰上点什么事问他，他马上甩锅，'这个我不懂，你还是问你小姨吧！'"他的脸上明显多了一丝不耐烦，"更可气的是我妈妈，整天唠叨个没完，烦死了。"

他无奈地看了看四周，深吸了一口气道："最近他们愈演愈烈，天天吵架，白天吵也就罢了，晚上还吵，唯恐隔壁邻居不知道。他们互相指责，互相推卸责任，搞得我现在都不想读书了。烦！"他压抑已久的情绪似乎得到了宣泄，轻嘘了一口气。

这时我无地自容，难以想象孩子的世界里经历了什么。我们只知道要求孩子怎么样，很少想到他需要什么，他快乐吗，家长说的话他爱听吗。父母往往以爱的名义，说着伤人的话，做着冷漠的事情，甚至把孩子逼到崩溃的边缘，还不会进行反思。

此刻，我揽过他的肩膀，叹了口气："孩子，你受委屈了，原来你的心里这么苦，小姨不了解，真的很抱歉。"

此刻，他的眼泪犹如断了线的珍珠一直往下滑落。我什么也没有说，轻拍他的肩膀，陪着他一直往前走。

第二次 深入沟通

过了一周，我特地去学校接他回老家。上车后，他似乎比平时健谈了好多："小姨，这星期我被班主任表扬了，周三打电话回家，我爸爸妈妈居然没有说一大堆我不爱听的废话了，就说'好样的，周末请你去吃肯德基'。"我能明显感觉到他话里话外的感激之情，语气里平添了几分热情。

"那是你改变了，爸爸妈妈替你高兴，你的改变带动了一家人的改变，小姨替你高兴。"

我话锋一转："最近学校有什么烦心事吗？"其实我通过班主任了解到，他是个话痨，上课总爱接话茬，今天跟科学老师杠上了。

他稍有些犹豫，我转过头，瞅了他一眼："怎么，小姨是自己人，有什么事不能跟我说的？你还不相信小姨的能力？"

"那也不是这样，总感觉小姨是老师，你说什么，肯定是站在老师这一边的。"

"那要看你有理没有理了！"

他立马急了："我就是觉得他讲课方式不对，多嘴提了一下。他就说我顶嘴。"

其实我知道，科学老师是刚换过来的，有点年轻，与之前的老师比，经验上可能有点差距。呦呦心中产生了一点小落差，心理上就没有接纳老师。初中的孩子会根据自己的喜好学习，如他们不喜欢哪个老师，可能就会讨厌学习这门学科；如果喜欢、崇拜哪个老师，可能就会爱上这门学科。我思考片刻，语重心长地说："孩子，现在你为谁而学习？为老师，为父母，还是为自己？"

"这还用问，肯定是为自己。"

我继续道："那老师的教学是为自己，还是为学生？"

"肯定是为我们了！"他毫不犹豫地回答道。

"既然学习是为自己，老师无私地教我们，尽管老师的教学方式不是我们所喜欢的，我们仍应怀着感恩的心去接受，因为这是为了我们自己，而非为了给我们传授知识的老师。我们只有改变自己，去适应他人，因为我们是改变不了老师的。"我循循善诱道。

他略有所思。"或者，你也可以尝试着自己去解决问题，私下找老师沟通，婉转地表达你的想法，把老师变成你的良师益友，小姨绝对支持你。"

他点了点头，看向车窗外。

第三次　方法小试

第三周，我从他爸爸口中了解到，孩子有了些许变化，不再很排斥和他们谈话，偶尔会帮爸爸妈妈打点下手。他爸爸妈妈也根据我的指导，改变了很多。如很少在孩子面前玩手机、吵架，更多的是心平气和地与孩子商量沟通，家庭气氛悄悄地发生着改变。

周末，我仍然开车去接他回家。我看到他气喘吁吁地跑过来跟我聊着爸爸妈妈的改变，学校发生的大小事件，但就是绝口不提自己戒网游的事情。

我看时机差不多了，就把车停在路边："呦呦，小姨想请你帮个忙。"

他一脸诧异："你确定，请我帮忙？我能帮上什么忙？"

我不等他说完，抢着兴奋地说道："你姨父有个同学是游戏公司老总，他想开发一款新的游戏软件，开发之前需要找一个孩子调查摸底，你愿意帮忙完成调查问卷吗？当然你也可以找同学一起，但必须如实回答。"

他听完顿时来了兴趣："回答什么？这个我应该可以帮忙。"看得出来，他有点激动。于是我把事先设计好的调查表给了他。

游戏盟友调查表

简答题：

1. 你喜欢打游戏吗？
2. 喜欢哪几款游戏？
3. 喜欢的理由是什么？
4. 请列举5条打游戏的好处。
5. 请列举5条打游戏的坏处。
6. 请给自己列出坚持打游戏的理由。
7. 请给自己列出拒绝打游戏的理由。
8. 你觉得每周打游戏多长时间比较合理？
9. 如果要制订"游戏公约"，你认为合理的内容是什么？你会跟谁签订？
10. 如果克制不住，违反"游戏公约"，你比较愿意接受什么处罚？

操作题：

设计：如果让你设计一款游戏软件，你会设置哪些关卡？（目的：闯关

成功，可以获得更多的充值，公司将获得更大的经济利益）

投资预算：开发的资金是多少？回报率是多少？

"小姨，上面的这几个问题，很容易回答；最后一个问题我需要回家研究一下再回复，可以吧？"

我将计就计："可以呀，那就拜托你了，周末尽量弄好。"

周末两天，他爸爸打电话向我汇报情况："孩子一直待在房间里，没有出门，不知道在干什么。我和他妈妈也不敢打扰他。不会又在拼命打游戏吧？"我安慰道："静观其变，静待花开！"其实我心里也没有底。

回学校那天，我特地去接他，大老远地看见他向我走来，但没有预料中的那张调查表。他告诉我："小姨，我想来想去，感觉有点不大可能会有游戏公司老总找上你，即便这样，我也认真思考了，觉得这段时间自己的确挺荒唐的，浪费了很多时间，自己的学业也荒废了。其实刚开始打游戏，纯属好奇，因为周围很多同学在打游戏，下课与他们聊天，感觉自己与这个圈子格格不入，没有话题，插不进话，很难融入进去，所以就慢慢去接触游戏。后来由于爸爸妈妈的原因，我心里烦，就去打游戏，因为游戏里的厮杀搏斗能使我找到前所未有的快乐。前段时间，我与老师闹得不愉快，不喜欢这门功课，导致学习一落千丈，我无法从单一的学习中找到成就感、满足感、归属感，只有游戏才能满足我，所以就越陷越深，无法自拔。"

听完他的一席话，我觉得孩子似乎一夜长大了，此刻无须千言万语，一切说教都显得苍白无力，我只是欣慰地笑了笑："看来小姨的用心良苦被你识破了。"

"我懂，小姨，但你要给我时间。"他郑重其事，似乎在宣誓，"我自己都规划好了，平时住校也没有时间打游戏，抓紧时间把落下的功课补上。周末，做完作业，我每天只打1个小时游戏。如果做不到，我就自行断网，初三了，学习来不及了，我要自律起来。"他悠悠地叹了一口气，"这么多课落下，我不知道怎么补上去了。"我明显感觉到他的脸上多了一些焦虑。

"只要你愿意，我可以动用所有的力量帮你补上。"

"嗯！"

生活没有彩排，结果来得有点突然。我设想好的N种结果，却唯独没有这种。我以为我会长期地、慢慢地与他过招，戒掉他的游戏瘾会是一个长期的斗争工程，但问题解决似乎来得有点早。

初三下半学期，他明显变得焦虑，患得患失。他说自己拼尽全力在学习，但学习很难有起色。每门功课似乎都跟他闹矛盾一样，与他所期望的背道而驰，连几乎人人满分的体育，他都落后别人一大截。

他打电话向我倾诉，尽管嘴上不说，我也能读懂他的需求。

后来，我和他父母一起四处张罗，在关键的时刻推了他一把。初三毕业考，我们终于一起把他拉到了岸上，至于以后能走多远，就看他自己的造化了。

我想，这段刻骨铭心的与游戏结缘的时光，将成为他一生的回忆。

育儿小妙招

身边这样的例子很多，特别是男孩子，似乎会有这种沉迷游戏而引起的过激行为。父母在与之交锋的过程中屡屡败下阵来，有些父母使尽威逼利诱等管教方法，试图控制失控的局面，但收效甚微，甚至愈演愈烈，直至放弃管教，一切听天由命。面对孩子沉迷网络游戏不能自拔的局面，父母和老师该怎么办呢？

一、追根究底，寻找原因

要想戒掉孩子的游戏瘾，首先父母要用自己的智慧，寻找孩子迷上游戏的最初原因，从根部解决问题。孩子游戏成瘾通常有以下几种原因。

原因一：学习枯燥乏味。现在的教育是应试教育居多，倾向于选拔教育，而不是孩子真正需要的生存教育，获得幸福生活的能力教育。这就让当下的教育变得单一，孩子从早上上学一直到下午放学，都在不断学习。对于优等生来说，他可以从学习成绩中获得一些成就感、满足感、幸福感，而对于成绩中下的孩子来说，他可能感觉不到幸福，所以就会寻找一些释放的出口，而游戏创造了他们喜欢的虚拟世界，让他们找到了精神的寄托，获得精神的快乐，他们通过游戏获得了学习无法获得的被认可的价值感。

原因二：父母缺乏言传身教，榜样失格。沉迷游戏的孩子，他的父母或者他的家庭结构、家庭教育多多少少会存在一些问题。父母首先要深刻反省，如夫妻关系是否和睦和谐，是否给孩子起到良好的榜样示范作用。有些父母互相指责，特别是爸爸没有责任心，妈妈每天唠叨，在孩子面前整天拿着个手机，无形中对孩子产生不良的影响。老话说得好，"有其父必有其子""龙生龙，凤生凤，老鼠生儿打地洞"。

原因三：来自同学和老师的外界影响。很多时候，孩子的游戏瘾，可能来自班级同伴的影响，他们有自己的交际圈子，他们需要共同的话题密码。又或者，孩子的学习有时候会因为喜欢某个老师，这门功课变得特别好；或是讨厌某个老师，而讨厌这门学科，从而迷上游戏。

所以父母和老师要找到原因，方能对症下药，从源头抓起，抑制网瘾。

二、疏堵结合，多管齐下

网络游戏并不是"十恶不赦"，我们也无须谈"网"色变。网络是把双刃剑，利用得好，益智又长见识，同时又能缓解人的压力，宣泄人的情绪。所以一旦发现孩子沉迷网络不能自拔，不要盲目禁止，也不要硬碰硬，更不要充当"消防员"，哪里起火哪里灭。因为这时候的孩子，已经深陷其中，家长如果强硬干预，只会两败俱伤。特别是青春期的孩子，你越不让他干，他偏对着干。这样只会让矛盾激化，亲子关系破裂。

那家长该怎么办呢？

需要正面管教弱处理，解决孩子的认知失调问题，让他内心获得自省。

策略一：与时俱进，读懂孩子。要想走进孩子的心，读懂他的快乐，家长得投其所好。特别是爸爸，可以先打入"敌人"内部，刺探情报。比如跟孩子聊天，问问最近最火的游戏是什么，好玩在哪里，怎么获胜，然后让他教你打游戏，你去亲身体验，方知游戏的魅力，然后才能寻找解决的办法。

策略二：因势利导，发人深省。爸爸体验游戏后，可以找孩子谈游戏带来的感受，可以像案例中的操作一样，设计网络调查表，孩子填写后也许能获得一些意想不到的体验和收获。他发现父母的用心良苦，通过自省而迷途知返。

策略三：制订契约，保驾护航。游戏瘾不是说戒马上就能戒掉的，会反弹并卷土重来。父母可以跟孩子一起制订"游戏契约"，比如商议什么时候可以打游戏，打多少时间比较合理，如果违反契约怎么惩罚。而且契约双方应说到就必须做到，父母此时就得为孩子的健康上网保驾护航，严格执行，培养孩子的时间观念和自控力。

策略四：以羊易牛，活动更替。玩游戏是人的天性。古人有云"忙趁东风放纸鸢""蓬头稚子学垂纶"，喜欢玩耍是孩子的天性，孩子能从玩耍中体验快乐、收获成长，这代孩子也不例外。有心的父母在周末和寒暑假，要创造时间和机会，陪着孩子多接触大自然，走进河流山川，听鸟叫虫鸣，看绿水青山，放飞心情；也可以寻找能替代电子游戏的新游戏，如教孩子打扑克，也能从中体会到快乐，从而忘记游戏。

策略五：亲子陪伴，长情告白。父母要培养孩子的多方面兴趣，如周末一家人可以看一场电影，踢一场足球，一起奔跑，一起去图书馆借书看书，约上三五好友一起野餐。让孩子的生活变得充实而繁忙，没有时间打游戏，父母多陪伴，会使亲子关系更和谐。

三、及时反馈，多夸少批

好孩子是夸出来的。父母要对孩子多些赞美，少点指责。一般来说五次表扬，一次温和而坚定的指引教育，比较合理。家长的反馈要及时，刚开始可以每天反馈，随时随地反馈，等孩子已经养成自律行为，能合理安排学习时间时，家长可以以家庭会议的形式，每周或每月开展一次表彰大会，用最动听的语言、最饱满的神情、最具感染力的语言，夸夸孩子的行为。如：你的自律性越来越强了，你的学习状态很好，你的改变很大，老师表扬你了。总之家长的反馈要让孩子找到归属感、责任感、荣誉感，获得精神的滋养，达到快乐双倍的效果。

也许有的父母会说,"我太忙了,哪有时间管孩子";也许有的父母会说,"我没有文化,没有这个能力去教育";也许有的父母会说,"上面这些方法,我都试过了,孩子油盐不进",但我想告诉大家的是,陪伴是最有效的良药,任何理由都没有养好孩子来得实在动听。没有时间,父母可以去挤;没有文化,父母可以学习;没有方法,父母可以寻找。方法总比困难多,但如果没有心,那就一切免谈,只能静等花开花落。

晓之以理，辅之以心，导之以行

——如何引导孩子走出情绪困扰

问题触发器

下午放学前，我接到朋友的电话，说读高一的孩子突然不想上学了，而且要求转学或者休学一年。父母询问原因，而且答应不管发生什么事，只要孩子说出来，父母都愿意尽量帮忙解决，但孩子就是闭口不谈。早上因为这事，父母联合起来，强制将儿子送到学校。父母还打电话向班主任咨询情况，班主任也尽量协助调查解决，但仍然无法让孩子敞开心扉。爸爸很焦虑，也很无奈，不知接下来怎么办好。

过程巧沟通

吃完晚饭，我火急火燎地赶到孩子学校。

刚到教室门口，孩子顿时警觉起来，直奔向我，一脸惊讶地问我："你怎么来了？找我有什么事吗？"我看到了他眼里的掩饰和惊慌。我本来想直奔重点，说点大道理教训他一顿，但转念一想，青春期的孩子特别敏感、易怒，如果逆他而行，说不定会起反作用。

我在脑中寻思着，忽然灵光一现，毫不避讳地迎上去："啊，你不是说要休学和转学吗？你爸爸这方面不内行，委托我帮你处理这事。"他低下了头，没再说什么。

"今天实在太忙了，学校举办教研活动。"我絮絮叨叨着，然后拉着他往楼下走去。

他有些迟疑，问我要带他去哪里。我挽着他的肩膀，不露声色地说："刚刚我已经给校长打过电话，沟通了一下休学事项，他说要面谈了解休学原因。你自己想好原因了吗？"我知道他现在肯定不愿意告诉我。

沉默了一会儿，我又继续道："对了，下午我联系了教育局的朋友，官方回复，原则上是不允许休学、转学，除非心理上、身体上出现状况，无法正常上课。个别的由于跟同学打架、闹矛盾、事闹大了，可能会被学校开除。这都得经过层层审批审核，最后可能得省教育厅批复。"

不等他回复，我继续说道："哦，对了。"我似乎又想起什么，郑重地停下脚步，"有一件事必须跟你说明白，休学记录在档案里，可能要永久留存下来，高考、上大学直至工作都有可能保留着。而且休学一年，意味着你上大学比别人晚一年，工作也会比别人晚一年，有很多无法预估的不确定性。"

"还有一件事，你必须做个规划，在家一年，你要去干什么？出去打工还是在家待着？在家待着，家里没有人照顾你，肯定不行。再说在家一年，人也颓废了，我还是帮你找份工作吧！"我叹了一口气，自言自语道，"不过，初中刚毕业，你能干什么呢？估计只能干些最简单的粗活吧。"

我又叹了口气，凝视着夜色，校园的操场上没有一点嘈杂的声音，只有偶尔风吹树叶发出的沙沙声。

他沉思着，我们默默地走着，没有再提休学的事。

我看时机差不多了，于是拉他到国旗台旁坐下来，与他聊起了初中三年的情况，特别提起初三最难熬的岁月，我是如何陪他一起学习的。然后问他，是否信任我，是否觉得我是一个值得依靠的人。我也敞开心扉地表达了我对他的爱。孩子其实是感觉到了，他说这些他都懂。

然后我抓住这个契机问他："现在你能告诉我想休学的原因了吗？"他有些顾虑，仍然犹豫着。

"你是否担心我告诉别人？你放心，只要你不愿意，我可以跟你签个契约，保证缄口不言。"

他悠悠地叹了一口气说："其实也没有什么大事，就是我们学校有个高二女生，长得挺漂亮的，我主动加了她的微信，并常常在她的抖音或者微信朋友圈点赞评论。"

没等他说完，我惊艳地看着他："天哪，你想谈恋爱了。"我半开玩笑道。

他非常不好意思地否认着，但我能看出他脸上的绯红。

"这是好事，我替你感到高兴。说明你很有眼光，很有魅力。爱美之心，人皆有之，只要不影响学习，我倒不反对你们高中生谈恋爱。"我继续打趣道，"难道这事被学校发现了，或者还发生了什么？"

经我一顿猛夸，他卸下防备，开始讲述他的故事："你也知道，从小到大，我是一个自尊心特别强的人，班级有个初中玩得挺好的男同学，将我的秘密传播了出去，弄得全校皆知。更过分的是他还在女同学抖音评论区留言，搞得我很尴尬，所以我……"

我默默地听他倾诉着，时而迎合着他的情绪："是呀，这真让人尴尬，这同学的做法真让人伤脑筋。"我在不断地揣摩着他可能出现的情绪。我甚至跟他开起了玩笑："这同学的做法太让人气愤了，我要找他理论讨说法，为你讨回公道。"

这下他急了眼，说："现在事情已经平息，我也不想重提往事。"

我竖起大拇指表扬了他的胸襟和勇气，然后话题一转，跟他聊起了自己读师范时发生的事情。我告诉他："青春期由于荷尔蒙的分泌，很多同学很好奇并热衷于传播这些新鲜事。每个时代都一样，大家喜欢八卦。其实多年以后，当你回忆起那时的自己，只会觉得是多么幼稚可笑。"

见他若有所思，我宽慰他道："现在，可能对你这个当事人来说，是挺难受的。但过几天，回过头来想想，这些都不是个事儿。其实传播者本身并没有太大的恶意，只是没有站在我们的角度考虑问题而已。如果实在不喜欢同学这样的行为，可以私下跟他沟通，或者写信告诉他。我相信同学肯定会觉察自己不对的地方并改正的。"

他点点头，告诉我："我会想办法尝试着自己去解决问题，调整自己的情绪。"

后来我通过深入沟通了解到，孩子近几周为了减肥，不吃早饭和晚饭，肠胃已经出现问题。多天的营养不良影响了他的正常睡眠，他已经几天没有睡个好觉了。

如果我猜测得没有错的话，他应该是因缺少维生素产生了精神方面的急性焦虑，加上这次考试成绩落下很多名次，又引发了他新的焦虑情绪。孩子自己不会主动排解、调整，这些情绪累积起来，让他喘不过气来。后来我与班主任商量，给他请了一个月的晚自修假，允许他回家做作业。让他离开那个大环境，采取短期静默，遗忘不愉快的事情，也让父母好好准备一日三餐，多陪伴他。一周后，他回归正常学习生活。

育儿小妙招

孩子厌学，出现不良情绪，这是家庭的重大问题，父母必须高度重视。上述案例中的男孩因为同学的无心泄密，伤了自尊心，从而变得郁郁寡欢；饮食不当、营养不良、考试成绩滑坡等多种原因的结合，引发他萎靡不振、焦虑不安，致使他想做一只鸵鸟，以逃避的方式远离学校。

这时，父母要理解接纳孩子的不良情绪，常伴孩子左右，及时觉察孩子的情绪变化，及时进行沟通疏导。如果父母、老师不好好疏导，而是采取极端的围堵方式，只会让孩子的状况越来越糟糕。

应该如何疏导呢？

一、晓之以理，让孩子自己权衡利弊

不管发生什么事，父母都要站在孩子的角度考虑问题，理解他、包容他。在理性的场景中换位思考，站在别人的角度看问题，感受体验他人的情绪，给予孩子足够的安慰和关怀。告诉他，父母都是从青春期过来的，也有过类似的遭遇，只是随着时间的推移，已经忘记了。所以上述案例中，我先遵从孩子的意愿，顺着他的思路去沟通。晓之以理，让他权衡利弊，由他自己决定休学还是转学。

二、辅之以心，让孩子为你打开心门

要想解决问题，父母先要整理好自己的情绪，设计好沟通的预案，以温和的语气与孩子沟通。就像上述案例中，我看似在和孩子拉家常、忆过往，实则是唤醒孩子以往的记忆，感受家人的付出和爱，让孩子放下心理防备，明白家人是他的依靠，可以帮助他。这样的安全感才会让他敞开心扉，告诉我困扰他的原因。找到了原因，父母才能对症下"药"，解决问题。

三、导之以行，让孩子回归正常生活

父母先要处理孩子的情绪问题，再去处理困扰的事情。如要关注孩子的身体健康、正常的饮食作息、落下的学业成绩、和谐的人际关系等。其实接下来的工程会更大，所以父母要放下手头工作，给孩子多一些陪伴、多一点鼓励、多一些理解，父母要将关爱落实到点滴的行为当中，才能让孩子一扫往日的心理阴霾，调整不良情绪，回归到正常的生活中。

如何引导孩子将胸襟变宽、格局变大，不要因个别同学的干扰而影响自己的生活呢？父母可以教给孩子一些处理人际关系的方法，真正让孩子学会把控自己的不良情绪，做情绪的主人。如找一个机会，跟孩子恳切地谈谈心。告诉孩子，塞翁失马，焉知非福。通过这件事，让孩子更清楚自己想要怎样的朋友。不必再为此事揪心，好好调整自己的情绪，将重心调整到学习上，查漏补缺。只有学业提高了，才能根治情绪问题，促成良性循环。

总的来说，面对青春期孩子出现的情绪问题，父母要耐心聆听、理解接纳，宜疏不宜堵。先给孩子梳理休学的后果，让孩子自己权衡利弊；再从心理上去疏导他，让孩子愿意向你倾诉内心的苦闷；然后通过温暖长情的陪伴，让孩子走出困顿，回归正常生活。

他山之"玉",可以攻"石"

——如何引导孩子进行理性分析

问题触发器

晚上,正在读高二的麦迪联系我,他说初中好几个同学都去浙江某大学读自学考本科。他觉得高中学习太苦,也不想读高中了,主要担心自己考不上本科,又难以接受上专科学校。他还发来了很多的数据和信息,是想告诉我,这是一个好的学校,这是一次难得的学习机会,他的决心已下,明着询问我,与我商量,实则通知我,他去定了。

过程巧沟通

"麦子老师,在吗?"微信里忽然跳出一串文字。

"我在,有事?"我秒回。

"是这样的,我想跟同学一起去某某大学读自学考本科。"

"哦,还有这等好事。这似乎是一个不错的主意哦!谢谢你能将这么重要的决定告诉我,说明你很信任我。不过你能告诉我去的几个理由吗?"我高兴地打出一串文字。

他犹豫了片刻,发回一串文字,条理非常清晰:"第一,高中学习太苦了,我担心自己辛苦后也考不上本科,我也不乐意读专科。据不完全统计,我们学校每年考上大学本科的人数不足300人,以我目前排名,希望渺茫啊;第二,某某学校是一所非常好的学校,自学考的证书是国家承认的;第三，自学考条件之一是满16周岁，我刚好符合要求；第四，我们初中的好几个同学准备去那里读，有伴，我信任他们；第五，以我现在的高中成绩，肯定要花钱补课，还不一定能考个公办大学，万一我上了民办大学，学费很贵，去读自学考也为了省钱。"他滔滔不绝地发来很多种理由，并发来了学校的毕业证书和招生简章。

其实，我明白他现在的想法。他对学习没有信心，又不想吃苦好好学习，总想着寻找一条捷径，打通前路。我很想对他讲一些大道理，但话到嘴边又吞回肚子里："你的分析很透彻，自己也明白想要什么。我很想支持你。但麦子老师不是这个领域的专业人士，怕轻易回复你，影响你的选择和判断，担心你以后后悔。"我故意犹豫了好久，再发出另一段文字："这样吧，你别急，这毕竟是人生大事，咱们要好好研究再做决定。稍等，我帮你问问大学教授，他们对这些很有研究，听听他们的意见。"

"嗯，好的，如果你现在同意了，我就去那所学校读。"他满怀期待地又追加了一句。

"你已经是高中生了，自己的事情自己拿主意，我只是帮你调查，协助分析。"我非常肯定地将主动权还给了孩子。

我将与麦迪的聊天截图发给了欧阳教授，附上一段话："欧阳老师，朋友孩子现在读高二，担心自己考不上本科，想去读这个学校的自学考，您是这方面专家，能给我一些建议吗？"

欧阳教授也第一时间回复了我："国家承认自学考试学历，但工作单位往往是要全日制普通高校毕业的学生！自学考往往是给在职的人就读。所以你要让他断了这个念想。"

"明白了，太感谢了！"我打心底里感激欧阳教授的真诚回复。

"浙江的高考相当规范，一分耕耘一分收获。这么容易上的大学本科，你觉得含金量会高吗？自学，啥时候都可以！孩子上全日制普通高校，人生只有一次机会，错过了，就再也没有了。"欧阳教授意味深长地又发来一串文字和一个笑脸表情包。

我赶紧将欧阳教授的聊天记录截图发给孩子，那边有片刻的沉默。我不放心，帮他解读了几句："欧阳教授告诉你，第一要断了这种念想；第二自学考文凭不好找工作；第三不经历高考，你会丧失上全日制大学的唯一机会。其中利害关系你要仔细考量。"

孩子啥也没说，只是发了一张和招生部老师的聊天截图，老师大致说的是这毕业证书不影响考公务员和考事业编制，后又追加了一句，如果不参加高考，这是认可度较高的毕业证书。

我让孩子细细品读老师的话，传递了什么信息，并不忘提醒他："如果我是大学招生老师，我会想尽一切办法将你招到学校去，因为这是我的工作。但请你相信，我不会害你。自己好好想想吧！"我发完信息，没再说什么。

过了好久，孩子回复了我："我清楚了，我不去了。"但看得出他情绪有点低落。

我有点不放心，打电话与他又进行了细细的沟通，听得出来，孩子已经释然，语气中带着些许感激。我适时地表扬他："孩子，今天你能打电话跟我商量，说明你信任我，我感到很欣慰，谢谢你！你已经长大，我替你感到高兴。"

育儿小妙招

边玉芳所著《读懂孩子》中说，面对青春期的孩子，权威型父母懂得理解接纳孩子，会以温和的态度对待孩子，尊重、理解孩子，鼓励孩子表达自己的想法。他们不会无限纵容孩子，会给孩子一定的限制。这种教育下的孩子，即使进入青春期，也不会无理取闹，无限夸大自己的情绪。他们反倒会觉得自己被父母重视、关注、理解，而更愿意听从父母的建议，让不良情绪得到宣泄。父母应如何与青春期的孩子沟通呢？

一、摁下"积极的暂停"

青春期被称为"疾风骤雨"的时期，这个时期的孩子情绪多变，难以把控。他一会儿想哭，一会儿想笑，一会儿沮丧，一会儿悲伤，他们就像变色龙，多变而敏感，想一出是一出，让父母防不胜防、不知所措。生活中，孩子的有些行为和决定让人恼火，甚至让人无法接受，让父母崩溃。父母很想站在理性的一面，与孩子来一场"声嘶力竭"的辩论，想通过自己的人生阅历改变孩子的想法，扭转这个糟糕的局面，但往往事与愿违。这时的孩子所做的决定是一时兴起的、不理性的，家长如果试图通过硬碰硬、火星撞地球的方式控制这个局面，非但解决不了问题，反而会使事情更加糟糕。所以，父母应在试图说服孩子前，先给孩子一个冷静的思考期。如简·尼尔森所著《正面管教》里所说，让大脑从"原始脑"切换到"理性脑"，可以先摁下"积极的暂停"键。

二、寻求"迂回的沟通"

青春期的孩子情绪多变、冲动，变得让人难以把控。家长要无条件接纳他们的不良情绪，理解他们、包容他们。也许他们的决定只是一时兴起，口是心非，并不能代表他一贯的观点和想法。父母不要试图通过讲道理，来说服孩子。如上面的案例所述，父母不要在孩子面前显山露水，表明态度和立场，就不会让孩子产生逆反心理。父母倒不如跟孩子示示弱，退一步，告诉孩子这些事情自己不懂，但很愿意为孩子的决定去寻求专业人士的帮助。父母尝试借他山之"玉"（金玉良言），采用迂回战术，来说服孩子。自己的头让别人来剃，也许真能攻下这块冥顽不灵的"石"头。

三、分析"逻辑的后果"

《正面管教》这本书中提到两个词组，让人印象深刻，即"自然后果"和"逻辑后果"。自然后果是没有大人干预的自然而然发生的结果，侧重让孩子承受或者抵挡各种责难、痛苦和磨难；逻辑后果是家长预先告知可能发生的事情和后果，让孩子自己选择或决定要不要采取这样的体验方式，但前提是父母要保持"置身事外"。

显然，上述案例中，父母适合采用"逻辑后果"中的预先告知法，让孩子预知自己选择离开高中后，自学考所获得的文凭会不会影响找工作，并且帮他分析人生中能上全日制大学的机会只有一次，要不要珍惜全凭他自己决定。这么大的孩子自己会权衡利弊，知道这些决定需要他自己承担结果，有能力判断这是不是他自己想要的生活。

　　他山之"玉"，可以攻"石"。智慧的父母在面对青春期的孩子时，不宜以强硬的态度，高高在上的先知视角俯视孩子，宜以平等、尊重、理智、客观的态度与孩子沟通。积极摁下暂停键，给予孩子独立、冷静的思考时间。然后借他人之口，婉转地表达正确意思，让孩子自己分析逻辑的后果。父母有理由相信，孩子会理性对待、无悔选择。

我捅破了"窗户纸"

——如何满足青春期孩子的好奇心

问题触发器

下课后,一群女生义愤填膺地跑进办公室。小婉告诉我,上课时,后桌调皮的小天总是不断干扰她。有时拿笔戳她,有时拿脚踹她,有时揪她头发,花样百出,直接影响她正常听课。这节是美术剪纸课,小天很过分,跟几个男生一起出了一个馊主意,怂恿捣蛋鬼阿豪拿剪刀剪了小婉的新内衣带子。大概是青春期的原因,小婉说完,脸红红的。其他女生捂着嘴巴咯咯咯地笑。小婉还告诉我,这帮男生这段时间不知怎么了,总对女生指指点点,男生之间偶尔还会互相玩"摸生殖器"的游戏。听完,孩子们都露出鄙夷的目光。我安慰了几句,让她们先回去上课,答应她们会处理这件事的。

过程巧沟通

上课铃声响了,我大踏步走进教室,扫视了全班同学一眼,然后将目光停留在小天的脸上,目视良久,继而转移到了阿豪身上。孩子们连大气也不敢出,似乎在等着疾风骤雨的到来。我叹了一口气,然后收回目光,悠悠道:"孩子们,这节是语文课,我想跟大家聊聊青春期的那些事儿。"

孩子们长长地舒了一口气,你看看我,我看看你,相视一笑。有些孩子则看着我,眼里充满了好奇。

我打开电脑,将优盘里的文件夹打开,页面上展示了很多艺术人体照片。孩子们这时开始躁动起来，互相议论着，不知老师葫芦里卖的是什么药。我看了看他们，然后说道："孩子们，今天老师给大家带来很多艺术照，这些都是国际摄影大师和画家们留下的伟大作品。我们借此可以了解人体的构造，了解男生、女生究竟有什么显著的形体差距。你们进入青春期，与之前比较，身体会有哪些不一样的变化？这些变化对你们的情绪会产生哪些影响呢？我们该如何对待青春期的变化？"

不知哪来的灵感，我连珠炮般问出一系列关于青春期成长困惑的问题。

孩子们可能没有想到，我会如此开诚布公地与他们聊这些敏感话题。他们既兴奋，又有点尴尬，有些孩子不好意思地低下了头。

当我直接点开这些艺术人体照时，他们都"嗷嗷"直叫，有些居然将眼睛捂上了，可又架不住好奇的心，又将手指露出一条缝隙来偷窥。

我被他们可爱的样子逗笑了，半开玩笑道："你们别装了，不是很想了解青春期的那些事吗？麦子老师今天满足你们的愿望，大胆看，过了这个村，就没这个店了。今天我们要用艺术的眼光欣赏这些人体艺术，同时满足大家的好奇心。但有一点必须申明，今天了解清楚了，以后就别在这些事上瞎折腾。如果再出现，必严惩。"我的言语温柔中带着威严，孩子们点点头意会。

我继续道："大家抬起头，勇敢地欣赏一下这些人体艺术图片。看，这是成熟后的女性体型，女孩青春期最大的变化是，乳房会渐渐变大，需要用小背心来保护，因为这是为以后哺育下一代做准备的。随着青春期的来临，女孩也会第一次来潮，叫月经，每个月会来一次，这是长大的象征。月经来时，我们要善待自己，忌吃生冷食物，不要剧烈运动，上体育课遇上跑步，可以申请免跑。这时的男生要特别照顾我们女生哦！"

男孩们兴奋地叫了起来："哦哦，女生这么幸福，可以不用跑步。"他们表示了极大的羡慕，向我投来了期待的目光。

这时，第二节课的上课铃声刚好响起，数学老师推门而入，一看这些艺术人体照片，唰地红了脸，赶紧说："麦子老师，你们继续聊，这节数学课给你们。"

"谢谢金老师!"孩子们意犹未尽,异口同声感谢金老师的大方让课。

小天吆喝了一嗓子:"麦子老师,您也聊聊我们男生的那些事吧!"

"切!"男孩们向小天投去"鄙视"的目光。

"喔噢,你们难道就不想了解吗?哼,我才不相信呢!"小天一脸委屈地看着我。

我被他们可爱的样子再次逗乐了,竖起大拇指夸赞小天道:"我比较欣赏小天的性格,敢爱敢恨,心里想什么就说什么,敢表露真心,很真诚。"

孩子们嘿嘿地笑了,表示其实自己也很想知道。

我没再逗他们,说:"男孩青春期最明显的变化是声音会变粗,长出喉结,偶尔清晨起来,会发现短裤上有黏液,这叫遗精,这些都是正常的生理现象,大家不要有心理负担,也不要惊慌。这是你们长大拔节的标志。麦子老师要祝贺你们,等时机成熟,我准备给你们办一个隆重的成人礼。"

孩子们津津有味地聆听着,教室里不时发出几声唏嘘声。

临近下课,我告诉孩子们:"今天,麦子老师用两节课满足你们的好奇心,让你们明白了青春期的那些小秘密。从此以后,咱们不要再做一些无聊的傻事。"男孩们嘿嘿地尬笑着,狠狠地点点头。

"晚上,我给大家布置一个好玩的作业,你们回家,男孩跟爸爸一起洗澡,女孩与妈妈一起洗个澡,将自己的疑惑不解说给父母听,狠狠满足自己的好奇心。相信爸爸妈妈们会给你们满意的答复。"我灵机一动,下达了一个新指令。

孩子们一离开,我就在钉钉群跟家长交代了这件事,并请家长配合学校,做好青春期教育,家长们意会。

后来有位爸爸跟我私聊:"麦子老师,您布置的作业太有意义了。我正愁怎么跟儿子聊青春期的那些事儿,您居然帮我们捅破了这层窗户纸。晚上我们一起洗澡时,孩子主动问了我好多问题,我就顺势解答了,一点都不觉得尴尬。晚上,我忽然感觉,我跟儿子的心靠得好近。"

育儿小妙招

跨入小学五六年级，孩子们陆续迎来青春期。身体发生着惊人的变化。男孩长喉结，声音变粗了；清晨起来会有偶尔的遗精，短裤变得黏糊糊的；身上多处长出体毛。女孩乳房开始发育，月经第一次来潮等。这些变化都在暗示着大人，孩子们正以惊人的速度成长。他们或许因为变化而变得害羞、胆怯；也会因为自己的变化，感觉到与别人的不一样，他们既担心又好奇。家长该如何满足他们的好奇心，正确引导青春期的孩子呢？

一、理解接纳，解青春尴尬

随着荷尔蒙的分泌，孩子们难免会如上面案例的男同学一样，试图通过一些"搞怪动作"引起异性同伴的注意，也试图通过了解别的同龄人的变化，来感知青春期的异样。家长要做生活的有心人，关注孩子的变化，以过来人的视角，理解接纳他们的怪异行为，包容他们，将关于青春期的谈话当作一次普通的交谈，以平静的语气和表情，全面客观地与孩子交流，传授孩子一些知识。家长表现得越淡定，孩子们越觉得这是一件普通的事情，这将很好地缓解青春期带来的尴尬。家长可以与孩子聊聊自己青春期发生的一些糗事，暗示孩子，这些生理变化、好奇行为都是正常的现象。如果好奇，可以与家人一起沟通交流，但不能做异性同伴不喜欢的事。有了家长的解惑、引导，相信孩子会平稳地度过恼人的青春期。

二、满足好奇，揭神秘面纱

好奇心人人有之。大胆一点的男孩，会试图通过触碰同龄人的生殖器来了解别人是否跟自己有一样的变化。但他们可能不太会站在别人的角度考虑问题，不会思考自己的触碰别人是不是抵触的，是不是冒犯了别人。所以家长要在孩子的懵懂期，坦诚地与孩子交流成长的话题，不要因为害羞而难以启齿，这会让青春期变得神秘莫测起来。若大人不告诉他们，他们为了满足自己的好奇心，通过上网、咨询他人等方式，探寻秘密，搞不好会做出很多出格的事情来。父母要先发制人，孩子们想知道什么，父母就满足他们的好奇心，给予正面的引导，帮助孩子揭开青春期的神秘面纱，将青春期的不良行为及时扼杀在萌芽当中。

三、家校合力，促生命成长

不管是在学校发生的事情，还是在家里发生的事情，家长和老师可以互相沟通交流，家校合力，互相协助，将达到事半功倍的功效。如上面的案例中，老师通过班会课的形式，跟孩子们详细介绍了青春期男生女生的变化，男女生理上有什么不一样，青春期要注意哪些事项等，帮孩子们揭开青春期神秘的面纱，大大满足了孩子们的好奇心，这在很大的程度上，缓解了青春期带给孩子们的冲动和情绪影响。他们不再小鹿乱撞，自己盲目去探索未知的世界。如果家长能协助老师一起进行青春期教育，如通过一起洗澡的方式，与孩子坦诚相对，正面引导，告诉孩子不可以随便将自己的生殖器给别人看，也不可以去摸同伴的生殖器，严禁冒犯女生等，教给孩子青春期的相关知识，那么孩子们在大人面前好奇心得到了极大的满足，也就不会去找其他同伴的麻烦，制造困扰了。这样，青春期将变得可知可控。

投其所好，顺水推舟

——如何引导叛逆的孩子接纳意见

问题触发器

周六，我正准备写点文字，忽然接到邻居梅梅的电话。梅梅也是老师，她让我赶紧下楼，帮她一个忙。大致情况是这样的：梅梅有一个亲戚的小孩正读五年级，似乎提前进入了青春期，变得异常叛逆。最近他迷上手机游戏不能自拔，晚上不睡觉，白天起不了床，连续熬夜导致情绪失控，不想上学了。父母多方寻找解决方案，如父母多陪伴，转学转移情绪，找心理老师疏导等，这些有力措施让孩子的情绪得到了很好的修复。但由于五年级下学期孩子休学在家两个月，数学知识落下了很多，跟不上进度，数学成绩直线下降。父母很担心，偷偷跟亲戚梅梅联系，拜托她帮忙给孩子补补落下的功课。

父母在没有跟孩子商量的情况下，将孩子哄到这个小区，美其名曰带他去玩。孩子一到小区，发现情况不对，情绪崩溃。父母硬拉死拽准备强行拉上楼，结果孩子躲到车的后备箱里，一边哭，一边说着"滚！滚！"。

过程巧沟通

我抓起手机出了门。一路上都在思考，我该怎么跟他沟通？打开谈话的入口在哪里？忽然，计上心来。我将梅梅的电话备注为他们学校校长的电话。

远远地，我就听见车后方发出呜呜的哭声，夹杂着"滚！滚"的怒吼声。他妈妈看见我过来，想要控诉孩子的一些行为。我对她使眼色用手示意她别说话。

我大声对父母说道："孩子不愿去补课，我是理解的。你们做错了，怎么可以不跟孩子商量，就硬把孩子送过来呢！如果是我，也是会生气的。你们要向孩子道歉。"

妈妈愣了愣，马上意会："对对，是我们做错了，对不起。"

钻进车里，我发现孩子躲在两厢车座位后面的储物箱里，低着头。他听完妈妈的话，哭声有所收敛，抬头惊讶地看着我。

我清了清嗓子，说："呀，孩子，你怎么坐后备箱里了？感觉你的想法很独特，能告诉我坐在后面的感受吗？"我半开玩笑道。

不等他反应过来，我拿出我的手机，给他看我的通话记录："你知道我是谁吗？我为什么来到这里吗？"

孩子一脸茫然。我摸摸他的小脑袋说："我是麦子老师，我是受你们校长的嘱托，过来帮他看看你。因为他告诉我，你是他见过的小朋友中，为数不多的天才少年。"

他一脸不相信地看着我，但看得出来很开心，也忘记了哭泣。

"校长最近要在学校选拔一名孩子参加省级编程大赛，校长认为你是最佳人选。不过……"我故意慢吞吞地不再说话。

"我不想参加比赛，我只喜欢打游戏，画电子小报。"孩子弱弱地回答我。

"哦，你喜欢打哪些游戏？画的电子小报能给我看看吗？"我一脸小迷妹的样子，深情而期待地看着他。

他顿时来了兴致，呼喊着让妈妈将平板电脑递给他，而后打开电脑兴致勃勃地介绍起来。

我故意歪着脖子说："呀，我好喜欢你画的电子小报，不过这样斜着看好难受。"

他妈妈很配合地说了一句："你坐到椅子上来吧！"我顺势拉了他一把，他钻出后备箱，坐到我身边。他神采飞扬地聊着自己在电子小报上的"丰功伟绩"。我时不时地应和着："嗯，哦，天哪。"我们的感情在渐渐升温。

后来，他还告诉我他的网名、网友、游戏进阶情况，交谈很融洽。

看时机差不多了，我也跟他聊起我喜欢干的事情，我告诉他我喜欢拍学生玩的短视频；我告诉他我喜欢写作，一本书即将出版，我现在正在构思写一本儿童小说。他对我肃然起敬，忽然跟我说："麦子老师，我好喜欢你，我可以认你当干妈吗？"

我抱住了他，开心地说："哟，我今天居然白捡了一个儿子。不过要当我的干儿子，你必须听我的。我要让你变成一个优秀少年。你愿意吗？"

他狠狠地点点头。

"那我现在就要测试一下，你是不是一个听话的聪明小孩。你能不能告诉我，为什么不愿意去补课让自己变优秀？"

"因为我不认识这个阿姨，没有做好心理准备。"他非常诚恳地告诉我。

"谢谢你告诉我原因。我能理解你的心情。的确，忽然要去接受一个陌生老师的教诲有点为难。我可以向你介绍一下这个老师吗？"他点点头。

"她是一个非常优秀的老师……"我连着夸了老师的十大优点。

孩子听得一愣一愣的，他说："我跟着她学习后，成绩真的能变优秀吗？"

"当然，你这么聪明，补几次落下的功课就应该有大的变化。不过你今天这么一闹，我估计那老师不太愿意帮你了。"

孩子没再说话。

"数学是所有学科的基础学科，只有学好了，才能更好地做你喜欢的事情，如你可以开发游戏软件，画更好的电脑小报。"

孩子点点头。

"要不，咱们下去跟老师好好聊聊，互相了解一下，也许她看你这么聪明，看在麦子老师的面子上，说不定愿意帮你补一下知识漏洞。"我故作为难地提议道。

孩子与我下了车，在我的引导下，我们打着雨伞在小区里漫步。梅梅很有智慧，很能抓住孩子的喜好，与孩子的沟通很融洽。

临近午饭时间，孩子说要请我们去吃烧烤。我说老师们都很忙，以后有机会再约。孩子忽然问梅梅："老师，我想请您帮我补课，但时间放到周日早上，可以吗？"

我和梅梅相互配合，终于协商好下次见面的时间，孩子恋恋不舍地回家了。

育儿小妙招

一、寻找支点，建立情感联结

一个孩子能否与你好好相处，好好沟通，建立良好的谈话模式，并认同接纳你给出的建议，取决于你与他是否认识，是否有情感联结点，他是否喜欢你、信任你、敬佩你。所以，我在初次接触每个孩子时，总会在我的圈子和他们认识的或感兴趣的圈子里寻找支点，与他聊聊我们共同感兴趣的人和事，以此打开谈话突破口，让他认同我的观点，接纳我的意见，为顺利解决问题埋下重要的一笔。

同样的道理，父母在与叛逆的孩子起冲突时，可以先采取冷处理的方式，给彼此留点舒缓情绪的时间，让彼此想想、捋捋事情的经过，理性分析自己的对错得失，然后再心平气和地坐下来谈谈彼此熟悉的、感兴趣的人和事，唤起他的美好回忆，重新联结修复破坏的情感，建立新的更加稳固的亲子关系，为他接纳你的意见铺路搭桥。

二、理解共情，寻找情绪原因

每次与孩子沟通，父母都要静下心来，认真聆听孩子的声音，听懂他内心的想法和需求，读懂他情绪背后的原因，方能找到解决问题的密码。所以父母要站在孩子的角度，理解接纳他的情绪，并告诉他这些情绪表达是正常的，如果大人碰到这事，也会这样。父母只有与孩子共情，孩子才能打开心扉，与父母畅谈。

上面案例中，我通过理解共情，告诉孩子如果是我在不知情的情况下，被要求补课，也是难以接受的，从而让孩子放下防备，愿意告知原因。然后再告诉孩子想要了解的真相，协助孩子直面问题，解决问题。

三、主动选择，巧妙解决问题

有些沟通从表面上看似乎已解决问题，但却隐藏着情绪可能再次爆发的危机。就如上面的孩子，看似他认同了我的观点，也在我们的引导下，与老师见了面，增进了彼此的了解，建立了些许情感亲密关系，并在短期内认同、接纳了我们给出的建议。但这关系是不牢固的，稍有不顺，就容易坍塌。

所以，父母要尊重孩子，给他几个选项，让他自主选择。只有这样，他才能认同观点，接纳意见，并为自己的选择负责。放手让孩子做选择的第一责任人，这有利于培养他的责任和担当。家长可以稍作妥协，给孩子一个台阶下，如孩子选择今天留下来补课，家长却给出延迟补课的福利，今天不谈学习，给孩子意外和惊喜。这样，他对下次见面就充满期待，打心底里接纳。

静以修身，俭以养德

——如何引导孩子克服攀比心理

问题触发器

班级有几个孩子家庭条件不错，每次孩子过生日，父母总会订一个大包间，又是山珍海味，又是卡拉OK。平时家长出手大方阔绰，总给孩子买名牌等奢侈物品。

小清常常参加这些孩子的聚会，耳濡目染下，自己过生日也要这样过，父母想着一年就一次，再说平时经常吃大家的，碍于面子不好拒绝，也只得依着孩子照办。时间久了，孩子越发得寸进尺，最近吵着要买和同学一样的名牌鞋子，1680元一双，还要买两双。父母拗不过，只得照办。没过几个月，孩子又要买鞋子，价格更贵。

小清爸爸是工薪阶层，妈妈没有工作，小清还有一个妹妹，靠爸爸一人每月6000多元的工资养活全家人。父母觉得再这样下去，实在消费不起，于是找到了我，寻求帮助。

过程巧沟通

小清爸爸很后悔，当初不应该同意让孩子去参加那些聚会，不该答应孩子买名牌鞋子的要求。他家是普通家庭，上有老人要赡养，下有小孩要养育，加上房贷等开销，每个月都是捉襟见肘。刚开始，他担心孩子不开心，不忍拒绝。时间久了，孩子的攀比心越来越强，消费已经超出了家庭的承受能力。

我耐心地听他说完，告诉他："别急，随着社会的发展，这些现象已经很普遍了。尽管老师一再强调孩子生日不要大操大办，衣着从简，但很多父母还是很难领悟老师的意图，为哄孩子开心倾尽所有。"

小清爸爸挠挠后脑勺，一脸不好意思："您的意思我们都懂，但因为大家都这样，所以……想不到孩子变得虚荣、爱攀比，苦的是我们这些普通家庭的父母。"

"随着孩子自我意识的觉醒，青春期的孩子试图通过外在的昂贵物品来提升自己的形象，增加自信心，这不一定是坏事，说明他们长大了。"我悠悠地回答道。

"那我们作为父母该怎么引导呢？"

"如果家庭条件允许，可以适当满足孩子的合理要求。以买鞋子为例，买一双贵点的名牌，再买一双经济实惠的性能差不多的大众品牌，让孩子穿在脚上，体会不同的感受，明白为什么买，穿名牌有什么好处。"

小清爸爸连连点头。我继续分析："在假期，可以带孩子去你工作的地方，体会父母工作的艰辛，然后告诉他一天的劳动报酬，让他清楚明白家庭收入情况。还可以给他一个本子记账，清楚家庭每天的花销及所剩的积蓄。"

父亲连声称赞："这个好！"

"如果孩子一定要买，你也不要对孩子态度强硬。在孩子明白家庭状况后，尝试着商量解决，如先夸夸孩子，告诉他这是一个好主意，爸爸支持他的想法，但只能给他部分钱，其他的必须通过自己的努力去解决。如可以干家务，可以好好学习获得奖励，可以摆摊挣钱。"

"你启发了我，我可以引导他自己去赚钱。"父亲豁然开朗。

育儿小妙招

班级就是一个小社会，班级中的每个家庭条件各不相同。在人际交往中，有些孩子不顾自身家庭的实际条件，在个人衣着打扮、生日玩乐中一味攀比，不甘落后，盲目追求昂贵物品，认为贵的就是好的，别人有的，自己也必须拥有。他们想通过外表的光鲜亮丽，吸引众人眼球，引起同伴的关注，其实内心是虚的，因为缺乏自信，才想通过这种极端的方式，试图提高自己的审美和品味，引起他人的关注，让自己变得自信阳光起来。

父母在这之间要把握一个度，既不能全盘否定，这样会伤了孩子的自尊心，也不能全盘同意，无底线地满足，助长他们盲目攀比、奢侈无度的虚荣心。正如诸葛亮在写给儿子诸葛瞻的《诫子书》中写的，"静以修身，俭以养德"，父母从小要给孩子树立良好的家风家训，在他们心中埋下节俭的种子。

一、以身作则，培养正确的消费观念

父母是孩子的第一任老师，一言一行对孩子的影响深远。如果父母对物质追求过多，生活奢侈，也会影响孩子的消费观念。所以父母要以身作则，平时购买物品时引导孩子买舒适、实惠的东西。告诉孩子不是父母买不起，而是根据需求合理考量，合适的就买，更需在意的是物品本身的价值，不要太在意价格。父母也可以偶尔购买一些价值不菲的名牌，让孩子去比较考量不同物品给人的不同感受和使用功能，了解为什么买，评估值不值。通过大量的购物体验，从小培养孩子正确的金钱意识，倡导节约、合理的消费观念。

二、参与理财，唤醒自我觉醒力

青春期的孩子，父母只会跟他们讲道理是行不通的，甚至会起反作用。他们不能站在父母的角度，理解父母的难处，体会父母的不易，甚至会变得不可理喻，无理取闹。父母可以变通一下方法，如上面案例中，可以让孩子亲身体验父母劳动的辛苦，感受赚钱的不易。同时让他参与家庭理财，通过"今天我是家长""今天我当家""小小理财师"等角色互换活动，让孩子清楚家庭每天的收入、支出，也可以给孩子一个记账本，记录每天的家庭开销，清楚家庭积蓄。当家才知柴米油盐贵，不用家长的苦口婆心，孩子就自

我觉醒了，他可能再也不好意思开口买贵的东西了。

三、理解接纳，维系良好亲子关系

有些孩子可能天生就比较倔，此时家长可能无法指望他变得通情达理。父母只能改变教育航道，试着理解孩子的渴望心理，接纳他的迫切需求，告诉他爸爸妈妈在像他这么大的时候，也有类似的心理，别人有的，自己也想拥有。父母可以鼓励肯定他："这是一件好事，说明你有上进心，想赢过别人，获得别人的关注。爸爸无条件支持你。"甚至可以告诉他："这是一个好主意！爸爸爱你，所以愿意拿出一部分钱（私房钱）满足你的需求，但剩下部分必须通过你自己的努力达成。"先处理好孩子的情绪，维系好亲子关系，再去处理事情，引导孩子设立愿望清单，分层设置小目标，小步达成。可以如上面案例中讲到的，让孩子通过努力学习获得奖励，也可以通过社会实践赚取零花钱。总之要通过自己的努力解决问题。父母要让孩子感受到他是无条件被爱、被支持的，但由于条件所限，达成心愿还需要靠他自己努力。

对待青春期的孩子，需要智慧引领。

第7章
成长规划廊

如何重视**方言**传承？

如何**引导**孩子**分房睡觉**？

如何**提前**做好孩子的**职业生涯规划**？

守护乡音，让方言流动起来

—— 如何重视方言传承

问题触发器

叔公家有两个孙女。每当逢年过节，家里聚会，大孙女总是深受大家喜爱，上至80多岁的太婆，下至几岁的小妹妹，几乎老少"通吃"。她一边用方言与左边的太婆聊天，一边用普通话与右边的小妹妹逗乐，甚至还可以跟屋里的大哥大姐飙上几句英文。三种语言自如切换、得体应用。

而小孙女尽管智商挺高，学业有成，但相比姐姐就"逊色"多了。她话语不多，目光躲闪，不是很愿意跟大家交流，更多时间沉浸在自己的世界里，很少参与互动。我们问她问题，她会及时回应。但家里的太婆一问，她就只能不懂装懂地点个头，礼貌性地回应一下。

过程巧沟通

我很好奇，于是就悄悄问她爸爸："孩子在家里，或者在学校也是这样吗？"

爸爸说："不是这样的，在学校她可健谈了。"

"难道跟我们有代沟，不愿与我们沟通？"我继续问他。

孩子爸爸想了想，似乎也发现了孩子在不同地方的不同表现。

这时妈妈发话了："我是外地嫁过来的，方言不同。爸爸这里说的是台州话，我只会绍兴话。孩子小时候，爸爸忙，工作在外，孩子是我带得多，缺少台州方言的语言环境，没有教孩子说方言，所以你们说的大部分方言内容，她听不懂。尤其是老人家的话，她更加无法理解，所以沟通成了障碍，沉默成了常态。"妈妈感慨，每次回家，母女成了"孤家寡人"。

"多可惜呀！其实小孩子是学习语言的专家，她可以同时接收好多种语言。你们家孩子本来至少可以学会三种语言，与双方家人实现无障碍沟通。"我开玩笑道。

"对啊，我也是这么认为的，但爸爸不同意我教她说绍兴话。说国家现在提倡说普通话，怕方言接触多了，影响孩子说纯正的普通话，担心班级小朋友笑话她是外地人。后来我们意见不同，就不了了之了。"妈妈露出一脸的遗憾。

这时爸爸也接话了："大环境所趋，大家的学习语言、工作语言都是普通话。再说我们也不常回家跟老人聊天，不需要学习方言。"爸爸很偏执，仍然坚持自己的意见。

"以前国家提倡说普通话，是因为中华文化博大精深，56个民族就有120多种方言，国家让大家必须学会共同的语言——普通话，是为了更好地促进各民族的团结交流。现在不一样了，会说普通话已经成为一种普遍现象。从幼儿园到大学都是说普通话，你还担心自己孩子不会说呀！"我也是一根筋，据理力争。

爸爸没有回答我，我继续发表意见："每个人都有家乡情结，哪怕是身在外地的游子，心里也总记挂着家乡的一切。乡音、乡土、家乡文化等元素，需要代代传承。"

我忽然想起了教一年级时，利用台州方言的独特发音，教小朋友学习拼音的情形。我开心地分享道："有些孩子由于先天原因，对拼音不敏感，发音困难，想要记住就更难了。当时我就是利用方言的优势，教家长将方言的一些发音替换成拼音的发音。家长会了，就实现了一对一的拼音专业辅导，爷爷奶奶成了教拼音的'主力军''智囊团'。如'儿子'的方言恰好是前鼻音尾音n的发音；'鱼'的方言恰好是后鼻音尾音ng的发音；方言'鸭''衣'相加，快速组合发音，是ai的发音；呼唤回答的'诶'加'衣'快速组合发音，刚好是ei的发音。"

我咽了一口唾沫继续分享："从小会说方言的孩子，学习拼音时表现出极大的天赋，教一遍就学会了，自信心爆棚。而不会方言的孩子，老师教得崩溃，孩子学得吃力，家长辅导得无奈，一度打击到学习积极性。这让家长非常后悔当初没有让孩子学会说方言。"

孩子爸妈被我这怪异的教学方法所折服。孩子爸爸依样画葫芦，居然跟着我学起拼音来。他说："呀，我的普通话说得不标准，原来是小学老师没有发挥方言优势呀！"

我们都被他逗乐了。

育儿小妙招

"十里不同风，百里不同俗"，华夏大地，民族众多，五方杂处，方言缤纷。据一些专家学者统计，我国56个民族，共有120多种方言，近一半方言处于衰退状态，有20多种方言濒临灭绝。

一、文化流失，缘于何因

可能是随着普通话的普及，老百姓已经将多民族文化有机融合，实现了无障碍交流，忽视了方言存在的价值，忽略了对方言的传承。

很多家长担心孩子学习方言后，会影响学习普通话的口音，怀有抵触心理；有些家长可能认为方言有点"土气"，交流中容易暴露各地语音语调特有的"身份证"密码，对自己的文化背景有自卑感。

二、开"口"有益，切换自如

俞敏洪曾说："孩子的语言能力影响孩子的思维能力。"5个月大的孩子就具备分辨不同语音，接收多种语音，积累大量词汇的能力。

随着年龄的增长，2~3岁的孩子迎来语言的爆发期，此时是他们语言发展的黄金时期。他们能调动自己的多种语言储备，流畅自如地表达，多种语言切换自如。

学习方言能提高孩子的语言转换能力，协调孩子语言的组织能力，锻炼孩子的舌头灵活度，提高思维敏捷度，提升对事物的认知能力，培养情商和智商以及对多元文化的感知，消除与祖辈之间的隔阂，与家乡人实现无障碍沟通交流。

三、守护乡音，留住方言

家长怎样才能调动孩子学习的动力，说地道纯正的方言，成为家乡文化的传承者呢？

首先，家长要从心底接纳方言、珍视方言，自己愿做方言的传承者。在孩子面前常常用方言和普通话这两种语言与孩子沟通，多让孩子感受事物的不同发音，多讲解，教给孩子一些区别语言的方法，保护好各地语音的特色。

其次，多创设说家乡话的氛围。比如在家时，可以常常用方言跟孩子聊天唠嗑，如果爸爸妈妈来自不同的地方，孩子就有更多的机会学多种语言，了解更多的乡土文化。也可以常带孩子回家看看，多陪陪老人，减少老人与孩子的隔阂，实现无障碍沟通，增进情感联结。

最后，也可以提议社区、学校、小社团组织方言大赛，增加学习方言的乐趣。

方言是地方文化的"活化石"，我们要做文化的传承者，守护乡音，留住方言的根。

循序渐进，自主分房

——如何跟孩子分房睡觉

问题触发器

周末一起爬山，舟舟跟我们闲聊，想让自己3岁的孩子分房睡觉。家里老人不同意，认为分房太早对孩子成长不利。小环也认为3岁分房太早，说自己孩子已经读小学四年级了，还要跟爸爸妈妈一起睡觉，多次准备分房都以失败告终。于是大家你一言我一语的，就分房话题展开了讨论。

过程巧沟通

我很好奇，于是问小环："你了解过孩子为什么不愿分房睡觉吗？"小环说："孩子3岁前是奶奶带的，那时奶奶可忙了，一般把孩子哄睡后，就忙着买菜、做饭、干家务活，又担心孩子睡醒了跑出房门不安全，于是锁了门窗。可是孩子有时睡眠浅，没等奶奶回家自己就醒了，于是就溜下床找奶奶。可是门打不开，呼唤奶奶又没有回应，那时的孩子很害怕，有一次嗓子都哭哑了。"

"我琢磨着孩子不愿分床是有原因的，原来是缺乏安全感呀！"我若有所思。

"你可以告诉他，他现在四年级了，是一个小小男子汉了，应该学着勇敢点。"小潘给她出的主意是跟孩子讲道理。

"你可以到班级做个调查，看看有哪些孩子是独立分房睡觉的，然后询问这些孩子分房睡觉的好处，寻找身边榜样的力量，引导孩子分房睡觉。"又有一个小伙伴给她出主意。

小环说："我和他爸爸尝试过很多办法，都被孩子一口回绝了，即使为他准备了独立的房间、喜欢的被褥，强制他睡下，半夜他也会钻到我们的被窝里。"

舟舟忽然问我："麦子，你还记得你家姑娘是什么时候分床睡觉的吗？你当时又是怎么做的？"

她的话勾起了我的回忆。当时我们住在老房子里，再过半年孩子就要上小学，我和她爸琢磨着，是时候让孩子独立分房睡觉了。于是常常在她耳边告诉她："再过半年，你就可以成为一名光荣的小学生了，说明你是小大人了，可以拥有自己独立的房间。这个房间就是你的公主城堡，里面可以放上你喜欢的床、书架、洋娃娃等，你还可以拥有你自己的小秘密。"就这样，孩子一直憧憬着自己的小房间，但我们一直没有着手布置。

大概过了一两个月，我们也没再提关于分房睡的事。有一天，孩子忽然问我们，她什么时候才能有自己的小房间？我们才带着她去街上挑选她想要的布置房间的物件。为了激发她分房睡的欲望，我们还重新装修了房间，购买了孩子自己挑中的有楼梯、有书架的叠床，白天可以跑到上面玩耍，晚上睡前可以顺手拿到各种书籍，床上还放了很多她喜欢的娃娃等玩具。我们和孩子一起，把房间布置得粉粉嫩嫩的，是孩子喜欢的样子。

孩子对住新房间充满了期待。由于刚贴了墙纸，有点气味，我们担心环保问题，还担心过早满足孩子需求住进去，她会因为害怕使分房睡失败，所以就一直告诉孩子，只有读小学了，才能住进自己心心念念的房间。

孩子信以为真，就这么充满期待地等啊等，等了足足半年。

盼星星，盼月亮，孩子终于盼来了上小学，我们又给她添置了小书桌、小台灯、小夜灯。

上小学的前一天晚上，孩子迫不及待地躺在床上，我顺手拿来一本书，讲故事给她听，并告诉她："拥有自己的房间真好，还有这么漂亮的床，这么多好看的书，明天我也想上小学去。"孩子一脸高兴。

时间差不多了，我亲吻她的脸颊，并告诉她："门开着，爸爸妈妈现在不睡，在客厅陪你。不管有什么事，爸妈在隔壁房间听得见，随时叫我们。"

于是，我离开了房间。里面的小夜灯还亮着，但我们能感受到孩子恬静地睡着了。

其实当时的很多细节已经记不清了，但那时分房真的很顺利，似乎水到渠成。

舟舟听完，拍手叫好："啊，我觉得自己也可以照着这么办。"

我告诉她："孩子现在还小，特别是男孩，心智成熟较晚，建议不要着急分房，可以先考虑分床。"

平时很少发表意见的阿海忽然想起自己小时候分床的故事，她说："我那时因为妈妈生了二胎，太吵了，也没有太多时间'搭理'我，于是就主动提出要分房睡觉，因为好久没有睡个好觉了。所以我认为，孩子自己提出想分房睡，这就是最佳分房睡的时机。"

我们大家互相调侃道："为了大宝能顺利分房睡觉，大家赶紧生二胎三胎去。"

育儿小妙招

专家说，3岁是分床睡的最佳时期，5岁是分房睡的黄金时期。因为从3岁开始，孩子的自立、自理意愿加强，自我保护意识已经形成，正处于独立自主发展期，是分房睡较为理想的时机。

但要跟孩子分房睡，就像给孩子断奶一样，要将亲子共睡的模式打破，重新建立属于孩子自己的独立睡眠周期，对孩子来说，这是一个比较艰难的决定。

所以父母在时间的选择上，孩子心理安全的重构上，要慎重。父母要慢慢等待、细心观察、智慧引导，搭建分房睡的心理衔接期，让孩子建立足够的安全感，在比较乐意接受的情况下再分房睡。

如果孩子没有做好心理准备，父母强行分床、分房睡，操之过急，孩子可能因为怕黑，怕脑中自己想象的鬼怪而导致分房睡失败，严重的可能造成心理阴影。

一、晓之以理，激发分房睡期待

要想让孩子自愿分房睡，父母需要智慧引领，动之以情，晓之以理，不时给他灌输分房睡的好处，让孩子对分房睡产生很大的期待和憧憬，但又不及时满足。

二、合理布置，自主选择装饰

当孩子已经做好心理准备，自己主动提出分房睡时，父母要及时满足。让孩子亲自挑选房间物品摆件，一起布置房间。整个过程，孩子充满了参与感、成就感、熟悉感、愉悦感，从而减少抵触和害怕心理，乐于分房。

三、把握时机，欲分房而不得

房间布置好，孩子分房睡的欲望也被家长成功激发，但不要操之过急，可以再缓缓。把握好时机，让孩子学会等待，欲分房而不得，直至分房睡心理完全成熟。

四、亲子共读，建立心理安全感

要想成功与孩子分房睡，需要一个循序渐进的过程，要让孩子充分感受到拥有独立房间的好处、妙处，与此同时，让孩子明白爸爸妈妈的爱和陪伴一点也不会减少。睡前依偎在一起，开启美妙的亲子共读时光。然后在父母离开孩子的房间前，和善而坚定地告诉孩子，爸爸妈妈一直都在，有什么事随叫随到，请不要害怕，给予孩子安全感。

当然，第二天起床看见孩子，父母的及时鼓励和奖励也非常重要，因为孩子已经迈出了成功的一步。

孟母三迁，择善而居

——如何重视孩子教育

问题触发器

3月上旬，我与同事一起前往杭州，参加全国班主任培训。晚饭前，我们一行八人漫步在西湖边，聊起各自的家庭教育和教育困惑。大家觉得现在的生活节奏让很多年轻人不想结婚，不想生娃，不想养娃。在这样的大环境下，家庭教育出现了两极分化，高素质的家长越来越重视孩子的教育；低素质的家长以自己的实际经历，证明读书"无用论"，对孩子的教育不太上心，也不大愿意配合学校和老师，忽视自身的教育责任。为了省心省力，一些家长直接把孩子放在辅导班。至于孩子有没有完成作业，行为习惯养成得如何，父母一无所知。大家普遍发现，家长对孩子教育的重视程度，一届不如一届，这是真的吗？

过程巧沟通

这个话题引起了很多班主任的共鸣。小珊尚未结婚，走上工作岗位还不到三年。平时，她与各位家长沟通中时常碰壁，她叹息道："我们班有几个孩子天资聪颖，但自我管控能力不佳。如果父母能在平时稍微抽点时间监管、督促一下孩子，其实孩子的可塑性是很强的。"她叹了口气继续道："孩子父母总以自己工作太忙为由，尤其在孩子低学段最重要的时期，对孩子长期放任不管，现在孩子学业上开始滑坡，行为上也出现各种状况。"

"我们班这样的家长也有几个。"小迪接过话匣子道,"有一天,我约了一个家长。她的孩子常常因为一点小事,与同学发生口角,甚至大打出手,人际关系很紧张。我想以见面的方式让她对孩子的教育上点心,指导她如何引导孩子与人好好相处。可是孩子妈妈告诉我,自己没有时间,放学要去中学接女儿,直接让家教老师过来跟我谈。我当时真的有点无语。"她很无奈地叹了口气。

萌萌老师也跟着吐苦水:"这些情况我可以理解。我们班有个家长就更不可思议了。孩子与同学打架,对方牙齿掉了。爸爸妈妈让奶奶来处理,奶奶一到现场,马上拉着自己的小孙子问,'是谁先动手的?不用怕,奶奶在。'孩子一听,马上推卸责任,于是双方家长产生了矛盾。后来这事还闹到了校长室。"

暖冬老师是一位身经百战的老班主任,曾经带过"80后""90后""00后"等不同时代的六届学生,接触过不同时代的家长。她说:"'70后'的家长最淳朴,虽然说不出很多感恩话语,但每次看到老师总会迫切地问上一句,'我家孩子让您费心了,现在表现怎么样?如果有什么不听话的地方,直接狠狠打手掌,我们不会心痛的。'他们自己不大会教孩子,但愿意放权给老师。孩子真犯了什么错,他们会很不好意思地说,'对不起,给您添麻烦了。我们回去会好好教育的。谢谢您对孩子教育的上心。'转头又会提醒孩子要谢谢老师。平时时不时地问上一句,'老师,我家孩子最近怎么样?'他们总希望通过积极的沟通,让老师多关注孩子一点。那种迫切的心理一览无余。"

这时阿霞老师回忆起自己的妈妈来。她说:"我爸爸常年在外务工,妈妈一个人承担起一个家的重担,白天在厂里上班、去地里干农活,晚上回家干家务,还要教育两个孩子。"

我们很惊讶,夸赞道:"你母亲真能干。一个人居然把两个孩子都培养成才,一个是老师,一个是机关工作者,你母亲的文化程度应该挺高的吧?"

阿霞老师却告诉我们:"我妈妈是个目不识丁的农村妇女。她吃尽了没有文化的苦,所以在心里暗下决心,要把我们这一双儿女培养成才。"

"天哪，我们好奇一个不识字的妇女，究竟是怎么重视孩子教育的？"我们异口同声道。

阿霞回忆起那段令人难忘的岁月，悠悠道："那时我在完小读书，非常幸运地碰上了阿贵老师，他认真、负责、有耐心，从不惩罚女学生。所以我喜欢老师、喜欢学习，学习成绩也是名列前茅，妈妈是放心的。"

阿霞随手拂过身边的柳条，继续说道："弟弟即将上小学的时候，妈妈了解到一年级都由代课老师上课，她不满意。于是就想办法凑钱将弟弟送到镇上的中心小学，这是当地小有名气的百年老校。弟弟上学时，正逢我去上中学住校。弟弟有很多作业不会做，需要人辅导，这可愁坏了不识字的妈妈。后来她了解到我们村的邻居阿婆住在学校旁边，阿婆的儿媳妇高中毕业，有文化，于是妈妈就将房子租到学校附近。吃完晚饭，妈妈就领着弟弟，带着不会的作业，等在阿婆家门口，眼巴巴地等她儿媳妇吃完饭再教弟弟。当时她的儿媳妇有点不理解，总说妈妈自己不识字，还指望孩子能读好书呀！"

我很好奇她妈妈听到这些话后的反应，于是问道："那你妈妈当时有怎样的感受？下次还去问吗？"

"肯定厚着脸皮去呀！因为妈妈那时很迫切希望弟弟学好，妈妈跟阿婆关系很好，阿婆总是鼓励妈妈不要放在心上，尽管去问。后来隔壁又搬来了学校的金老师，妈妈偶尔也会带着弟弟去问题目。"阿霞不停地回忆着，让我们感受到了她对母亲的感激之情。

萌萌老师思维很跳脱，突然想起什么，问阿霞道："后来那儿媳妇的孩子学习怎么样？"

"后来她的两个孩子都不怎样，因为那时的她总认为读书没用，也不怎么教孩子、管孩子。"

听完她的话，我不由发出感慨："看来，孩子能否成才，跟父母的文化高低没有太大的关系，只要父母有决心，肯重视，一切皆有可能。"

育儿小妙招

孟母为了给孟子一个好的学习环境，多次举家搬迁，最后将家安在了学校附近，从而改变了孟子的行为，让他爱上学习，成为伟大的思想家、哲学家。孟母三迁的教育故事流传至今，给当代父母很大的启发，仍有极大的教育意义。

现在的很多父母也效仿孟母，为了让孩子接受更好的教育，实现更好的亲子陪伴，购买学区房，跟随孩子上学的脚步，举家搬迁到名校附近。而有些家长虽然文化水平不高，但望子成龙、望女成凤的心很迫切，与时俱进，不断通过看书学习充电，提高自己的育儿能力。就像上面的阿霞妈妈一样，哪怕不识字，但希望孩子学好的心很坚定。她想尽办法为孩子创造条件，租房找辅导老师，不顾别人异样的眼光，哪怕别人不理解，仍然坚定信念，勇往直前。这样的决心也能感染自己的孩子，让孩子奋发向上、勤奋好学。

所以一个好的母亲，就是一个家庭的金矿银矿，为孩子的未来埋下精神财富、前行的力量。

父母应如何重视孩子的教育呢？

一、创造条件，打造优良学习环境

"再苦不能苦孩子，再穷不能穷教育。"这句话被很多人挂在嘴上，记在心头。物质富足的当代，大部分家庭的生活水平达到了小康，物质上对孩子非常慷慨；学习上也能创造条件，如买学区房，让孩子进入好的学校，享受好的教育资源；给孩子装修布置独立的学习空间，放上书桌，摆上书架等，极力打造良好的外部环境，在教育上实现"富养"。

人的童年只有一次，学习很重要，但感受体验幸福、获得幸福的能力也同样重要。父母给予孩子物质满足的同时，也要关注孩子的精神环境，让孩子有充足的睡眠时间、高质量的阅读时间、快乐放肆的游戏玩耍时间。

二、关注孩子，抽点时间高质量陪伴

"陪伴是最长情的告白。"对于孩子来说，父母留再多的财富，不如花时间实现高质量的陪伴。在孩子伤心时，给予一句温暖的话语；在孩子遇到困难时，伸出援助之手帮他一把；在孩子高兴时，感受着孩子的快乐。每天上学，牵着孩子的手，温情脉脉地送他进校园；每天放学，牵着孩子的手，看着落日余晖漫步回家。那将是一段多么美好而又浪漫的成长之旅！父母应尽可能参与孩子的成长瞬间，感受生命跳动的脉搏。如放学时，问问孩子今天在学校开心吗，有什么作业，关注孩子的点滴成长，及时发现孩子成长路上的绊脚石、拦路虎，引导孩子勇敢面对挫折、克服困难，让他的人生走得更稳健。

三、勤于问询，实现家校无障碍沟通

除了父母之外，老师也深爱着孩子们，希望他们学有所成。但由于班级人数多，老师很难关注到每个孩子，特别是那些不吵不闹、成绩中等的乖孩子。老师的关注、表扬对小学时期孩子的影响很大，所以父母要隔三岔五问问老师，勤于了解孩子在校的表现；也可以告诉老师孩子在家的良好表现，让老师看到不一样的孩子，及时予以表扬、鼓励；更可以向老师倾吐育儿困惑，让老师站在专业的角度帮助你，让自己在育儿路上不孤单。

需要注意的是，千万别像案例中的个别父母，漠视老师的关心和期望，以工作太忙为由，忽视孩子的教育，拒绝家校合力，那样最后损失的只有父母自己。家长要做当代的"孟母"，重视孩子的教育，因为孩子的童年只有一次，成长的时光不会倒流，成长不会重来。

条条大道通罗马

——如何培养不善学习的孩子发展专长

问题触发器

西西的学习成绩很不理想，处在班级的尾端。有一天，她妈妈碰到我，很是焦虑，说自己的孩子做别的事样样能，可是一到做作业时间，就东张西望，无法集中注意力，几分钟不到，不是想着去上个厕所，就是想去弄点吃的。她快要崩溃了，现在干脆把孩子放到补习班，眼不见为净。可是半学期下来，学业滑坡严重，似乎已经到达人生的"底端"，无法"自救"。她问我有什么良方可以"治愈"。

过程巧沟通

我听完家长的一肚子苦水，一直在思考孩子在班级的表现。三年下来，这孩子在学习上的确是滞后的。我不得不诚实地告诉她妈妈："我能感觉到孩子想好好学习的，但持续学习力跟不上。不出几分钟，她不是低头干点别的事，就是人在心不在。连记忆生字这些简单的学习要求，别人可能记住十几个了，她勉勉强强记住一半就不错了。除了学习兴趣不足以外，似乎先天动力也不足。"

家长一个劲地点头附和着："对对，麦子老师您分析得很对，我根据她在家的表现，就能想象她上课的样子。"

我犹豫好久，继续告诉家长道："孩子目前能勉强跟上班级的学习节奏，这跟你们家长一路辅导有关，但恐怕很难有所突破。"

家长的目光顿时暗淡了许多。我为了鼓励她另辟蹊径，告诉她："但除了学习之外，她阳光、活泼可爱；她艺术细胞充足，给她看小视频里的表演，能在几分钟内学会，并活灵活现地表现出来；她温暖体贴，总在不经意间感动着我们，中午给你打个汤，下雨天给你送把伞，偷偷把你的水杯灌满。桩桩件件，显示出这是一个情商极高的孩子。我很喜爱她。"

妈妈也产生了共鸣："老师，您说得太对了。我和她爸爸常说，这孩子除了学习，其他都好。"

"也许，这孩子是来报恩的。"妈妈听了我的玩笑话，开心地笑了。

"学习不是唯一的出路，你们可以根据孩子的兴趣特长好好培养她。"

"我知道学习不是唯一的出路，但目前的教育大环境，如果成绩不好，她连普通的高中都上不了，连进大学的机会都没有，怎么寻找出路？"

她妈妈的话似乎也有道理，我安慰她："那我就教你一些家庭辅导策略，你每天努力辅导她，做她的一对一金牌家庭辅导师，尽力而为，只问耕耘，不问收获，让时间给你答案，静待花开。如果努力了，还是没有好的结果，也就问心无愧了。"

于是，我尽我所能，对妈妈进行了家庭教育指导。辅导后，我问她的妈妈："你除了对孩子学习不满意，还有什么不满意的？"

妈妈立马笑开了花，无不透露着欣喜说："孩子什么都好，就是……"

我继续引导："那你能列举孩子身上的十个优点吗？这些优点中，最大的优点是什么？"

她竟然跟我想到了一块去了，骄傲地说："我家孩子爱跳舞，爱唱歌，不缺艺术细胞。"突然，她似乎意识到了什么，也明白了我的用心良苦。

我们相视而笑。为了继续给她打气，我又给她分享了两个同类孩子的故事。

"小侄女小乐小时候在我家长大，我是老师，对她和我女儿一视同仁。但我发现，她真的不是读书的料，数学学得一团糟，那时的她跟西西很像。后来初中毕业，去了职教，开始懂事，努力学习，考上了特殊教育师范专科。差不多学习能力的孩子相聚在大学的殿堂，她的优势就体现出来了。她专业很强，时常参加大学生的各类比赛，获奖颇丰。专科毕业后，她居然考上了教师编制。每当看到她打扮得时尚漂亮，谈吐不凡，眼里有光，心中有爱，我就倍感高兴。这不就是我们教育的终极目标吗？培养孩子获得幸福生活的能力。现在的她阳光、上进，一直想继续深造，读本科、读研究生。我们有理由相信，她会获得属于自己的幸福生活。"

妈妈听后惊呆了："真的，听你这么一说，我家孩子也未来可期。那另一个呢？"

"外甥女甜甜，小时候学习怎么样我不得而知，只知道中考时，家里人担心她上不了普高。后来她经过努力，考上了一所艺术高中，成了一名艺术生。从此她开启了每周从台州到杭州奔波的艺术培训之旅。可能是这段时间对杭城的认知，让她爱上了这座城市，所以大学选择了在杭州。据她自己所述，大学以后变得懂事，开始思考人生和以后的打算，以及要留在哪里工作，要怎样努力。机会是留给有准备的人的，四年后的今天，她报考了杭州的小学教师招聘，击败多位名校毕业生，以第一名的优异成绩入编教师队伍，成了杭城的一名小学音乐老师。我跟她开玩笑，你的人生开挂了。她笑笑，她明白这不是偶然，而是自己努力后的必然结果，也是正确选择的结果。所以一个人只要想学习了，任何时候都不会晚。"我满脸骄傲地告诉她。

听了我的介绍，西西妈妈对孩子的未来充满了希望和畅想。她握着我的手说："我很庆幸今天碰上了您，为我指明了方向。我决定给孩子报特长班，发挥她的优势，让她在舞台上发光发亮，由爱好特长带动她的学习热情，弥补学习上的短板，也为她未来多一种选择作准备。"

我竖起大拇指道："您很有想法和行动力，为您点赞。我们有理由相信，孩子以后在专业的路上做自己喜欢的事，会过得更幸福、更有成就。"

西西妈妈乐开了花。为了激励她更好地引导孩子做好提前的职业规划，我告诉她："我可以助孩子一臂之力，班级的抖音号就是她展示的舞台。你让孩子一周排练一个节目，我负责帮她拍摄，完成她的初期梦想——她想成为小网红。"

经过三年的锻炼，孩子成了当地家喻户晓的网红小达人。现在的她自信、阳光、充满活力。走在校园里，她就是一道亮丽的风景线。很多老师和小朋友都会投来羡慕的眼光，询问我："她就是你们班的小网红呀？"

其实大家不知道她学习怎么样，因为这不影响她获得幸福。

育儿小妙招

老天是公平的，为你家孩子关闭一扇门的同时，也可能为他打开了另一扇窗。如果孩子的学业滞后已成事实，家长努力了，辅导了，孩子的成绩也难以再前进一步，家长就要放平心态，接受孩子在学习方面的普通和平庸。因为没有在学习上发出闪耀的光芒，孩子会为自己寻找更多的出路，往往会发展其他的爱好特长，如交际能力比一般人好，具有很好的审美能力，善于处理人际关系，可调动利用的资源多，做事更勤快、嘴巴更甜、性格更阳光等。

条条大道通罗马，三百六十行，行行出状元。只要孩子的心理健康，心态阳光，有追逐幸福的能力，就不影响他以后发光发热，做大家心中的小太阳。

家长如何未雨绸缪，平和对待孩子学习平庸，同时发展孩子的特长呢？

一、辅导功课，不言"放弃"

如果孩子学习资质平庸，无法在学习上有所突破，成绩较差，影响其他方面知识的理解和接收，该怎么办？作为父母，不要过早"放弃"他们，要当孩子一对一的家庭教育辅导师，尽力辅导孩子的功课，让他有信心跟着班级一起学，积累更多的知识，为他以后的人生选择打下基础。

二、接纳平庸，承欢膝下

父母每天坚持辅助孩子学习，孩子也努力了，但学业仍不见起色，家长就应选择接纳、理解、包容孩子。正如网上所说，父母要善待学习平庸的孩子，他可能是父母最好的天使，是来报恩的。因为优秀的孩子，往往因为工作的原因，远离父母，无法在父母跟前尽孝。而普通平庸的孩子留在了父母的身边，常伴膝下。塞翁失马，焉知非福，这不见得就是坏事。

三、挖掘特长，另谋出路

父母接纳孩子的同时，要挖掘孩子的特长爱好，从小多给他锻炼的机会，给予精准培养。让孩子专注一件事，把它学精，做到极致。让孩子因为有某样技艺傍身，在未来谋出路时多一个选择机会，为以后做自己喜欢的事、擅长的事，成为这一方面的专家做准备。

也许孩子在学习上不擅长，能力也一般，更无特长可言，那就引导他做个好人，能自食其力，不给社会添堵，不做啃老族。活成自己的小太阳，平平淡淡过一生，也是人生的一道风景。

麻将桌上的教与学

——如何挖掘"麻将精神"

问题触发器

一直以来，我对麻将是没有太大兴趣的，所以无法理解身边的亲人朋友对麻将的痴迷。但一次偶然的打麻将经历，却让我对麻将有所改观，甚至让我产生了一些教学上的遐想：如果把麻将精神搬到我们的课堂教学中，或是搬到对子女的家庭教育中，让孩子像大人爱打麻将一样，爱上学习，又会产生怎样的效果呢？

过程巧沟通

2022年7月18日，我参加了小徒弟夏夏的婚礼。这是一次独特的参加婚礼的体验，集海边旅游、民宿住宿、星空团建、娱乐麻将等活动于一体。我感觉自己不仅见证了一对新人的婚礼，而且像是去度假休闲娱乐，陪着新郎新娘蜜月旅行。

晚上回到民宿入住，姑娘们看着屋内的麻将桌很是兴奋，她们提议道："我们刚好一屋四人，一起打打麻将吧！"

原本我想拒绝，但碍于情面，不能扫了大家的兴，我抱着成全大家的心理，给他们凑个人数。于是我配合着说道："好啊，好久没有玩过了，正好可以练练手。不过首先声明，麦子老师不太会哦，你们可要教教我。"

姑娘们异口同声道："哈哈哈，我们也不会。说不定麦子老师是我们中稍懂的那位。"

"我连麻将都没有摸过呢！你们愿意教我吗？"小舒姑娘弱弱地问道。

你看看我，我看看你，大家不由得笑起来。

于是，在这个屋里，平时公认的麻将菜鸟，连胡了麻将都弄不清楚的我，居然不是最不懂麻将的人。

我们不得不先开启充电学习模式，拿出手机先百度，找打麻将入门法则、获胜武林秘籍、胡数计算法等各种速成方法。

小婷忽然问："我们打杜桥麻将还是临海麻将？"

"我们还是选择最简单的临海放冲麻将玩玩吧。"小浅提议道。

小舒面露难色道："实践过程中，谁来负责当老师，解决出现的问题呢？谁来指导毫无打麻将经历的我呢？"

你看看我，我看看你，我们不由得爆笑起来。我估计大家都没有勇气接下这活。但车到山前必有路，办法总比问题多。

真应了古话，"三人行，必有我师焉"，麻将新手局正式开始！

我们大家七嘴八舌，最后由我总结道："哈哈，现在我宣布：麻将授课正式开始！我们采用公开授课法，人人为师法，一招教会法。敞开天窗翻牌打，就是所有的牌友将摸的麻将翻开铺在桌上，然后一边打，一边解说摸了什么（认识麻将：洞子、条子、万字、花花……），该打什么（麻将规则），为什么这么打（知其所以然），还有麻将排序法、胡了规则法［AAA（三个一样）、ABC（拖拉机）、AA（做脚）］。这样独特的教学方式，相信会让小舒马上学会麻将规则的。"

小舒一边听我介绍，一边看我摆布麻将，似乎看出点门道来。她摩拳擦掌，跃跃欲试道："赶紧，我已经迫不及待想冲锋陷阵了，哈哈！"

大家你打一个，我碰一个，横冲直撞，毫无章法地"厮杀"起来。这样的麻将传授打法，让晚上的麻将娱乐活动变成了一堂别开生面的有趣的"公开课"。

不到两局，小舒姑娘已经被我们带出师，能单独开车"上路"了。不知是她的智商高，还是我们这批师父教法独特，屋子里充斥着获胜后的欣喜的欢声笑语。

快乐的时光总是过得飞快，我成了那天晚上的大赢家，手里不知不觉攒齐了姑娘们手里的纸牌，而三个姑娘输得片甲不留。到后来，她们只得向我申请透支了五张牌。

哈哈，我简直要开心得发狂！

育儿小妙招

原本对麻将没有兴趣的我，为什么体会到了前所未有的快乐呢？我对麻将的态度转变，隐藏着怎样的学习契机呢？麻将里的输赢法则是否可以为老师家长借鉴呢？

一、机会平等，营造人人皆可成才的环境

麻将桌上，人人平等，机会均等，只要你的手气够好，牌技在线，每个人都有出彩的机会，谁都有可能是今天的最大赢家。这给每个牌友一个很大的心理暗示：我是最棒的。即使这盘不行，只要保持良好的心态，一切皆有转机。牌桌上不断地给人必胜的信心和决心。

课堂教学中，如果老师能用心营造"人人皆可成才"的育人环境，把这种精神传递给班级的每个学生，让每个学生对每一段时间的学习都充满渴望、希望、信心，那么学生的内驱力就会被唤醒，学习兴趣提高，他们必将越学越有动力。

二、即时刺激，化长远目标为多个目标

成事者往往将长远目标化成一个个易达成的小目标。麻将桌上，我们的长远目标是赶在牌友前面胡了麻将。但这个终极目标往往不能一蹴而就，需要先将散牌一个一个打掉，将麻将凑成一组一组小组合，换成联盟军（AAA、ABC或AA），只有所有的小目标都达成了，才能取得最后的胜利，悬着的心才能放下来，可谓刺激至极。当凑到最后一个决定胜负的牌时，那

种喜悦感、兴奋感会溢满全身心。手里收到的战利品，又让刺激更上一层楼。

学习中，老师如果能引导学生将长远的学习目标转化成一个个短期小目标，当达成小目标之时，将延迟满足转化为多个即时兑现的反馈，就可以降低学生的学习难度，提高学生的学习积极性。

三、勇于创新，苟日新，日日新，又日新

《礼记·大学》有云："苟日新，日日新，又日新。"它告诉我们不管是生活还是学习，我们要不断创新，才能适应新环境、新挑战、新需求，成就更好的自己。麻将桌上也是如此，每一局的开始，抓到的牌不一样，要对手中的牌重新组合、布局，新局新打法。这犹如老师教的每一届学生都不一样，每个孩子都有自己的个性。我们作为师长，要运用一些新办法去教育，不能总穿新鞋走老路。

职业规划要从娃娃抓起

——如何提前做好孩子的职业生涯规划

问题触发器

今天接到一个初中同学的电话,她向我咨询儿子专升本选择什么专业好。我问她儿子的兴趣爱好是什么,在哪个领域比较擅长。她一脸茫然,说自己从来没有留意过,也没有问过孩子。

我问她,孩子从小到大,有没有参加过什么培训,有没有学得比较好的、也很喜欢的、一直保留到现在的技能。

她回忆,孩子小时候,她见自己的小姐妹送孩子去学唱歌、跳舞、画画等,她也想让儿子提高素质,送去学过一段时间,但没有坚持。一直到现在,她不知道孩子的特长是什么。

她说自己对孩子要求不高,以后干点轻松的工作,当个临时工也行。我跟她开玩笑:"临时工工资每月2000多元,你也愿意吗?"她沉默了。我问她为什么不尝试着让孩子去学一样技能,把这样技能学精,成为这个领域的"工匠",工资不低,多好。

她告诉我,孩子爸爸是木头雕刻师傅,工资挺高,但手艺人工作太辛苦。她希望孩子以后当白领,坐办公室。

过程巧沟通

其实我不是很懂这些选专业的问题,但老同学能在多年以后想起我,咨询孩子学业问题，那是对我的信任，我觉得我应该知无不言，言无不尽。于是我告诉她："老同学，实在抱歉，其实我不太懂选专业这事。我感觉当前比较热门的，找工作比较好找的，就业一般在大城市，铁路、轻轨、地铁之类的专业是否可以考虑一下？我有几个同事的儿子今年刚选了这几个专业，他们的家长在高中当老师，研究比较多。待会我帮你打听一下，再告诉你。"

老同学很开心："好的，谢谢麦子。你是老师，虽然研究不多，总比我们听得多、懂得多。"

我婉转地提醒她："老同学，你是否先征求一下孩子的意见，了解他的爱好特长，再引导孩子选择一些技术类的专业，如机械类等大家不是很看好的冷门专业。进入大学后，有学校的技术引领，有国家的政策扶持，孩子未来就业前景广阔。如果孩子选择了这些技术型的专业，将手工打造、机械技术、智能制造有机融合，说不定更容易在这个行业立足，出类拔萃，成为优秀的工匠大师，进行发明创造。工匠也能闻名古今中外，成为大家膜拜的一代制造大师。"

老同学听了，似乎有所触动，但她迟疑了好久，说出了自己的顾虑："我觉得在我们国家技术类职业似乎不被大家看好，工资是不低，但感觉似乎低人一等。"

我坚定地告诉她："你要相信我们的国家，重视工业技术的时代已经到了，'工匠精神'将引领我们发明创造更多的东西。"

我在与老同学的谈话中，产生了一连串的思考，于是我反问家长："我们为什么要到选专业的前几天才匆忙选择专业呢？为什么不提早规划？为什么不遵循孩子的喜好去选择专业呢？为什么现在的家长不愿子承父业呢？什么时候去规划孩子的职业生涯比较好呢？"

一连串的问题，让老同学也陷入沉思。

我忽然回忆起我家姑娘高一时，曾经请一个上海的职业生涯规划师来帮孩子做过一次咨询，探寻孩子未来的专业方向。

老同学很感兴趣，她催我赶紧给她讲讲。

记忆的大门被打开，我向她娓娓道来："记得生涯规划师先给孩子一张

'生涯规划测评表格'，通过表格分析孩子的喜好特长，帮孩子选定几个比较适合的专业方向，然后与孩子继续聊天，从交谈中捕捉孩子未来可能从事的职业方向。"

"看，你们老师就是不一样，这么早就找人规划就业方向。"老同学不停夸赞。

"我记得当时生涯规划师告诉过我们，只要是孩子喜欢的、擅长的工作，以后走上工作岗位，一定会做得风生水起。"

"做自己喜欢的事，的确容易把事做好。哪怕文化不高，也可能成为这个行业的翘楚。你看，我老公尽管小学没有毕业，但在木雕行业就是大师傅，很多大学生跟着他实习。"听得出来，老同学那满满的自豪感油然而生。后来老同学又追问了一句："孩子的职业生涯规划一般几岁开始比较好？"

"记得当时我也问过这个问题。她告诉我，中国家长是比较传统的，一般在高考后才扎堆请人帮忙填报大学志愿。孩子可能还没有整明白，志愿就已经填报结束。有些孩子因为这个原因，没有选择自己喜欢的、擅长的专业，到大学才重新转专业；有些孩子转专业没有成功，一辈子干着自己不喜欢的工作；有些孩子可能只是拿了一张文凭，结果干着毫不相干的工作。"

我一边回忆一边与老同学继续交流："临行前，她告诉我，职业生涯规划越早越好，要从娃娃抓起，幼儿园就可以着手规划了。父母越早规划，越能发现孩子的兴趣在哪里，特长是什么。然后有针对性地对孩子进行培养，将孩子的长处发挥到极致，他才能在以后的专业领域成就一番伟业。这样也不至于在幼儿期，父母跟风似的，人家报什么兴趣班，我们也报什么兴趣班，不管孩子喜不喜欢，学得如何。"

> 育儿小妙招

一、工匠精神是职业教育之魂

党的十九大报告提出："建设知识型、技能型、创新型劳动者大军，弘扬劳模精神和工匠精神，营造劳动光荣的社会风尚和精益求精的敬业风气。"这句话让我们深刻认识到工匠和工匠精神的重要意义。希望孩子们能熟练地掌握一种技艺，将自己毕生的精力献身于这一工艺领域；父母要明白并不是所有的孩子都适合坐在办公室当白领，不要太拘泥于这一点。

有些孩子善于动手、善于创造，能在劳动实践中发挥自己的天赋，为社会创造更多的效益，能在职业中获得极大的满足感。因为擅长，所以喜欢。因为喜欢，所以出类拔萃，成为这个领域的精英。当然社会也会回馈他丰厚的令人满意的薪资，同时他也能实现自己的个人价值，获得幸福感。

时代需要技艺精湛的工匠，呼唤工匠精神。现在很多大学向职业大学转型，随着国家对工匠精神的重视，随着各大学对工匠精神的方向性引领，我们的工匠型职业也会迎来新的春天。

二、生涯规划得从娃娃抓起

生涯规划师指出，职业规划越早越好，得从娃娃抓起。现在回想起来，我那时送孩子去各类机构培训，是多么的盲目。我一会儿让孩子学唱歌，一会儿让孩子学跳舞，一会儿让孩子学弹琴。钱花了几十万，却在孩子不擅长的领域瞎折腾。多年以后，我才知道孩子缺乏艺术细胞，这些根本不是她的特长。她不喜欢学这些，学得很痛苦。而我却一直在错误的道路上带着孩子奔跑，荒废了孩子的天资。

作为老师，其实当时我对孩子的天分是有所觉察的。我知道自己的孩子动手能力强、观察仔细、善于分析、逻辑思维缜密。但那个时代流行报音乐、体育、美术等培训班，没有经验的我也跟风认为，女孩子要富养，琴棋书画需样样精通，所以不管孩子喜不喜欢，都逼着孩子去参加培训。

那时如果我清醒一点，选择孩子擅长的乐高、编程、手工等领域去培养，发展她的强项，保留她的长板，说不定多年以后，她工作的方向完全不一样，工作中表现的能力也截然不同了。

父母在孩子的弱项上补习，就好比箍一个成型的桶，但是砍掉了"长板"，成全"短板"，这样箍出的桶只能是一个普通的矮桶。培养孩子也一样，在孩子不擅长的领域投资，顶多把孩子培养成普通人，绝不会是优秀的人才。

不做"隐形"父亲

——如何参与孩子的成长

问题触发器

小溪昨天加班回家，翻看孩子爸爸在家陪娃的视频后很是生气。视频中，孩子坐在地上搭积木，搭起了高高的城堡，可开心了，她呼喊着爸爸过来帮忙完成最后的搭建工程。爸爸没有反应，仍然拿着手机打游戏，沉浸在自己的世界中，时而大笑，时而攥紧拳头。这时，孩子被爸爸的无动于衷恼了，生气地喊了一声："爸爸！"爸爸缓过神来，准备搭一把手，可是眼睛仍然没有离开手机屏幕。一不小心，爸爸伸手把孩子辛辛苦苦搭建的城堡碰翻了，孩子哇哇大哭。爸爸不但不去安抚孩子，反而生气了。

过程巧沟通

今天中午，小溪坐在办公室气愤地聊起此事："气'死'我了，孩子他爸表面看是在陪孩子，实则沉浸在自己的世界里。"

大家谈起了家里的"顶梁柱"爸爸。欢欢非常满意自己的另一半，赞不绝口道："我家先生对孩子倒挺上心的，跟他相比，反而是我不够称职。"

艳艳说："我家公婆从小对老公管束比较严，所以我老公对孩子的管束也比较严苛，很容易忽略孩子的情绪。为这事，我们还吵过几回。"

"我家孩子爸爸对娃照顾得无微不至，好得没话说。就是他带娃方法不够多样，缺乏情趣。"旭旭若有所思。

旭旭的话引得大家一阵唏嘘："得了吧，会带就已经很不错了，要求不要太高哦！"

这时方舟妈妈走进了办公室，大家见状赶紧让她聊聊孩子的爸爸。方舟妈妈一脸幸福道："他是一个非常称职的爸爸。不管工作多忙，每天都会抽三十分钟左右的时间陪着孩子玩游戏、运动、阅读、聊聊人生，这是他跟儿子的约定，雷打不动。碰到临时有急事，他也会抽时间打个电话沟通几句；周末节假日还会带着孩子去山林观察花草树木、鸟兽虫鱼，亲近大自然，探索世界；暑假带着孩子去游乐场感受现代乐园带来的激情，放飞童真童趣。"

"哇哦，这样的爸爸未免太好了吧！我们好羡慕哦！"小溪感慨道。

方舟妈妈想了想，继续道："学业上，他爸爸也是尽最大耐心去辅导讲解。记得上学期期末，孩子的成绩滑坡严重，出现了很多不应该出现的错误。爸爸急在心里，但绝不表现在脸上。因为他认为父亲在孩子面前应该是好脾气的榜样。考完后，爸爸和孩子以朋友的身份、商量的口吻聊聊这次考试，分析错误原因，寻找解决问题的办法。当发现孩子是会做的，因为马虎而犯错误时，他有点生气，但最后还是克制自己的情绪，蹲下身子跟孩子好好说话，陪着孩子一起商讨解决问题的办法。所以方舟总喜欢爸爸给他辅导功课，因为爸爸比当老师的妈妈更有耐心。"

"爸爸关注孩子的情绪，致力于培养孩子解决问题的能力，太棒了。"欢欢不禁鼓起掌来，她忽然问道，"爸爸平常是怎么跟孩子交流的，说得比较多的经典语录是什么？"

方舟妈妈想了想说："爸爸平时跟孩子说得最多的一句话就是'方舟，过来，爸爸想跟你商量一件事。你看这样行吗？如果不行，咱们再商量一下'。爸爸总是以商量的口吻探讨问题，尊重儿子，包容孩子的缺点，接纳孩子的平凡。他总是把孩子的需求放在心里，想孩子所想，急孩子所急，极大地理解孩子，让孩子感到被尊重。所以，我觉得我家儿子的童年是很幸福的。"

方舟妈妈倒了一杯水喝了一口，继续道："孩子上小学后，爸爸为了给儿子树立'顶梁柱'的光辉形象，建立儿子对男性形象的心理期待，报考攻读了浙江大学的研究生，当时懵懂的儿子不明白地问他，'为什么工作后还要读书？'爸爸给了最励志的回答，'一方面为了找到好工作，赚更多的钱，让你们娘俩过更好的生活。另一方面为了提升自己的学识，获得更大的进步，活到老，学到老'。"

我竖起大拇指道："爸爸给了儿子教科书一样的回答。不管什么时候，我想方舟应该会骄傲地向伙伴们介绍，'这是我爸爸！'"

"对啊，麦子老师真是太了解我儿子了。他的确每次都会这样介绍他爸爸给小伙伴们认识。连我都羡慕我老公与儿子的父子情深呢！"方舟妈妈拍着手回答道。

"我好想拥有这样的爸爸哦！"艳艳惊呼道。

大家赶紧让艳艳打住，催促着方舟妈妈继续分享爸爸的育儿故事。

"今年暑假，儿子说自己想坐绿皮火车，坐豪华游轮周游世界，爸爸就说服公司领导，主动策划团建项目，满足孩子的愿望，实现高规格的、有情趣的陪伴。生活中，每一次陪伴、玩耍、探险、交谈，看似漫不经心，实则都是他经过深思熟虑，事先用心规划的，过程尽心引领，结束后总结提升。"

听完她的分享，我们佩服至极。我开玩笑道："让方舟爸爸开个家庭教育分享会，引领办公室的爸爸们，让带娃这份事业能蒸蒸日上。"

大家都鼓起掌来欢呼道："嗯，这是个好主意。"

育儿小妙招

生活中，看似长时间陪伴孩子，实则是个"隐形"爸爸的很多。而有些爸爸以工作忙为借口，是名副其实的"甩手掌柜"，理所当然地认为养育孩子是妈妈的事，即使人在孩子身边，也是心不在焉的。孩子稍稍顽皮，爸爸便严苛地批评、斥责。他们一边漠视着低质量陪伴给孩子带来的隐患，一边还认为自己"劳苦功高"。这样的爸爸对孩子不闻不问，如同虚设，没有很好地承担"父职"。

孩子成长的每一个关键期，爸爸都不能缺席，要和妈妈一起全程参与。

不管是爸爸的爱还是妈妈的爱，对孩子的成长而言，是相辅相成、不可或缺的。妈妈的温柔陪伴让孩子心思细腻、品性纯良；爸爸的可靠陪伴铸就孩子坚强、乐观、豁达的品格，影响孩子的社会能力。

爸爸在孩子的成长关键期，应起到哪些具体作用呢？

一、做孩子的"知心爱人"

0～6岁，是孩子建立安全感、依赖感的关键时刻。特别是男孩，他会参照自己爸爸的形象，建立自己对未来男性形象的心理预期。爸爸是孩子钦佩模仿的榜样，是家里的顶梁柱。爸爸的一举一动，会对孩子产生深远的影响。他对孩子的个性品格、社会化行为的养成，规则意识的建立，逻辑思维、良好心态的形成都起到至关重要的作用。而良好品格意识无法在学校完全习得，需要家庭的配合形成。所以这时爸爸要多抽时间陪着孩子游戏玩耍、亲子互动，共享快乐的父子时光。父亲不仅要陪着孩子玩，还要做孩子的"知心人"，善于沟通，培养孩子的"真善美"、责任担当和主见，不要做"隐形"的爸爸。

二、做孩子的"爱心伙伴"

6～12岁，是培养孩子探索欲的最佳时期。这个阶段父亲的角色应该是陪伴者与合作者，成为孩子的"爱心伙伴"，允许孩子以自己的方式长大，并适时给予引导。父亲应陪着孩子一起疯、一起冒险、一起挑战、一起格斗，在玩耍探索中培养孩子的规则意识、探险精神。玩物不一定丧志，爸爸带着孩子玩，孩子在玩中体验、实践，无形中接受大自然老师的馈赠，视野变宽了，能力也提升了。

三、做孩子的"真心英雄"

12～18岁，是孩子的三观塑造期。孩子心中除了父亲，还有自己所崇拜的偶像，他既希望在青春期的"疾风骤雨"中，能得到父亲的心灵支持，又渴望独立自由，不被父母过度关注。所以这时的父亲既不能缺席，不要做孩子的"隐形家长",又不能过度显现,不要在孩子面前做"显眼包"。父亲与孩子的沟通应保持合适的距离,让自己的行事为人作风符合孩子心中的英雄形象,对孩子形成潜移默化的影响,供他模仿,建立正确认知,慢慢培养正确的三观。

其实,青春期的孩子,比父母想象中更有能量,当他能时时感受到父母的爱与尊重时,必定也会让父母看到他们身上的正能量,如勤勉、善良、豁达等。

朴实无华，情真意切

——如何写家长会发言稿

问题触发器

教师节前夕，我忽然接到一个读师范时的同学的电话。他告诉我，他接到了一个光荣而艰巨的任务，初中老师要求他作为家长代表，在家长会上交流孩子的教育话题。他觉得孩子不够优秀，更担心自己底蕴不够，写不出好稿子，而给儿子丢脸。他翻来覆去整宿睡不着觉，于是想到了我。他希望我能帮他写份稿子。我感谢他对我的信任，同时婉转表示，他家养育孩子的事，只有他自己最清楚，我无法全权执笔代劳，我鼓励他自己先尝试着梳理，执笔写一写，写好后我可以根据文稿帮忙修改。他听后也觉得有点道理，恳求我给他一些写作方向。

过程巧沟通

"麦子早上好！"电话那头传来亲切的问候。

仔细分辨，原来是多年未见的读师范时的老同学。寒暄几句后，他说道："麦子，最近在朋友圈看见你写的文章，觉得文笔细腻，很有画面感。"

说实在的，能听到他与我交流写文章的事，还是挺意外的。

他继续道："麦子，昨天晚上我接到儿子班主任的电话，老师让我在家长会上作为优秀家长代表发言。"

"哦，这是好事，说明你家孩子很优秀，老师很信任你呀！"

那边有足足一分钟的沉默，然后欲言又止。

"有什么事尽管说吧！"我鼓励他。

"我就想着能否请你帮我写一下稿子，因为写稿子太难了，我怕写得不好，给孩子丢脸。"他吞吞吐吐道。

"怎么会呢！你也是老师，养育孩子又如此上心。我相信你，肯定行的。"我不断给他打气加油。

"麦子，真不会。昨晚我在家已经反复写了好几稿了，都不满意。真不会。"他叹了口气，"要不，你帮我整一篇，如何？"

"那不行，我现在不知道你孩子的情况，也完全不了解你们平时的相处模式。"我一口回绝了。

"那能否请你帮我指导指导思路，我自己再试着写写。写好后，我再到你家去，请你帮我修改。"

看来无法拒绝了，我想了想，告诉他："首先，你要感谢老师给你机会，但由于担心自己讲不好，而非常忐忑不安，讲一讲忐忑不安的原因是什么。"

"哦哦，明白了。"

"接着感谢孩子妈妈小学六年的付出和努力，她做了哪些事，成就了孩子的今天。而自己作为父亲，由于忙于工作，缺席了孩子六年的陪伴，表达内心的愧疚。"

"惭愧惭愧，小学六年确实是她妈妈操心居多，麦子太了解我们家了。不过让我感谢他妈妈，有点说不出口。"他有点不好意思，嘿嘿笑着。

"男子汉，有爱就要大声表达，让孩子妈妈听见。"我半开玩笑道。

"哈哈哈，听麦子的。"妈妈在旁边怂恿着。

"然后你要感谢自己，终于觉醒，不再缺席孩子的成长时刻，具体说说自己三年来为孩子做了什么。"

"就是举几个例子吗？比如我负责接送，负责与老师沟通，负责参加他的一切活动。"

我表扬道："看来这三年，你为儿子付出了很多，是个称职的好爸爸。"

"麦子，难为情！小学我没有尽责呀。"

"初中开始陪伴,为时不晚。"

"不要打断麦子的思路。"妈妈提醒爸爸。

我继续道:"接着,你要夸夸孩子的表现,感谢老师们的辛勤付出。也可以说说父母为孩子的健康成长,一起做了哪些比较好的努力,作为亮点分享。"

"也是举一些实例,对吧?"妈妈问了一句。

"对的。最后爸爸可以畅想一年后的中考佳绩,送上祝福语。"

"哇哦,好棒哦!经过麦子老师这么一梳理,他爸爸应该会写了。他爸加油!"妈妈调皮地说道。

晚上,我认真看完老同学发给我的几份初稿,了解了他养育孩子的大致情况。琢磨着让他自己写,的确有点难度,于是写了稿子,发给老同学作为参考,他开心极了。

尊敬的老师,亲爱的家长们:

下午好!

我是×××的爸爸,今天作为家长代表站在讲台上,与大家一起探讨教育问题,既荣幸又忐忑。高兴的是老师对我的认可,忐忑的是下面有这么多优秀的家长,都是我学习的榜样,担心自己班门弄斧,贻笑大方。

作为父亲,我很惭愧。小学六年,我忙于打拼事业,很少顾及孩子,是个"隐形"父亲,缺席了孩子成长的许多重要时刻。但我很庆幸,孩子的妈妈是个非常称职的人,对儿子的学习、生活亲力亲为、尽心竭力。中国有古话"宠儿多不幸,娇儿难成才""自古慈母多败儿",而我的妻子是个严母,对儿子从不骄纵,注重三观养成,所以造就了今天阳光、乐观、真诚的儿子。

有人说,妻子是家里的魂,是家庭的定海神针。有她,家才温馨安宁,孩子才有今天。妻子很好地诠释了"陪伴是最长情的告白"。

有妻如此,本人之幸!

步入初中，孩子迎来了"疾风骤雨"般的青春期，为了孩子更好地成长，也为了走进儿子内心，成为他的"知心朋友"，我接过了妈妈手中的管理接力棒，不再"隐形"。不管多忙，我都会腾出时间，负责接送儿子上下学，关心孩子，做儿子情绪的"晴雨表"。我努力做一个理解、包容、接纳孩子的好爸爸。儿子喜欢什么，我就支持什么。比如儿子喜欢打篮球，而我们附近球场少之又少，我就在老家附近安装了一个篮球架。学习之余，我陪儿子去球场挥洒青春的汗水。儿子的喜好我懂，儿子的忧心事我知晓，我们父子成了无话不谈的"朋友"。

时间过得飞快，转眼间，儿子也从一个懵懂小孩变成了睿智少年，不管是工作，还是生活，他成了我重要的"铁头军师"。有些事，我找他聊聊，他的回答让我有种茅塞顿开的感觉。很多时候，很多方面，他的眼界、学识、胸襟、谈吐已经超越了我。他不再是昨天的那个莽撞小子，而是今日的翩翩少年。

有儿如此，父母之幸！

所以，我要感谢在座的老师们，是你们耐心、细心的谆谆教导，才造就了今天的孩子们，让他们能行进在越来越优秀的路上。

有师如此，学生之幸！

在此，我代表所有家长和孩子们致以最诚挚的祝福：老师，你们辛苦了！教师节日快乐！

父母是孩子最好的老师，所以家长也要在孩子面前优先做好榜样，比如：父母不希望孩子沉迷于电子产品，那我们在家也尽量少玩手机游戏、少刷抖音。

为了营造家庭浓郁的学习氛围，培养孩子爱学乐学的习惯，我和他妈妈努力做学习型的家长。孩子学习时，我们也拿起书，静静阅读。我们陪着孩子一起长大，学习当合格的父母。

愿大家一起行动起来，做好孩子初中最后一年的保驾护航者，为他们披荆斩棘。也祝愿全体同学在最后一年乘风破浪，做勇敢少年！

> **育儿小妙招**

老师邀请家长作为代表发言，这是对孩子、对家长的肯定，更是阶段性审视自身、关注孩子学习生活的一次总结提升。这发言稿，值得好好写。

一、写稿有"套路"

家长要想写好稿子，其实有"套路"。第一步列好提纲；第二步开场白，向与会人员问好，表达自己的荣幸与忐忑之情；第三步分点罗列，回顾孩子的学习表现，反省自身作为家长有哪些做得比较好的，值得分享的，这需要结合孩子的情况，重点讲；第四步表达对各方的感谢，如老师、同学、家庭的另一半等，表达美好期盼。

二、演讲有"红利"

很多时候，当家长接到老师给的这个艰巨任务时，是喜忧参半的。有些家长可能直接拒绝了。其实，家长要好好珍惜这样的机会，努力写稿，抓时间练习演讲。因为这是家长给孩子做榜样的时刻，家长的优秀表现会让老师刮目相看，更会让孩子刮目相看，家长的出色表现会让孩子觉得脸上有光，自豪无比，从而增进亲子关系；家长的洋洋肺腑之言，也会感动全班与会家长，给家长们一次很好的榜样示范。家长也可以昂起头来，骄傲地告诉全世界：我真的很棒！

后 记

世界上的每一种职业，入职前，大部分人要经过岗前培训，获得一定的资质才能上岗。但当父母没有岗前培训，父母带着孩子自由前行，沿路的经历都是人生的第一次体验，未来结果如何难以预料，酸甜苦辣只有父母自己知道。

父母养好孩子并不难，但要教育好孩子，做个有智慧的家长并不是一件容易的事。

每个家长不仅仅是孩子的家长，更是孩子生命中的第一任老师。让孩子吃饱穿暖，解决孩子基本需求，是绝大部分父母能满足的。可孩子的成长不单需要物质的养育，更需要精神的"富养"。所以，我们要用我们的爱，细心呵护孩子成长，让孩子身体健康、头脑灵活，让他们有强健的体魄、阳光的心态。

作为孩子的父母，我们得积极请教身边的家长们，从他人身上借鉴育儿方法；还得热衷于阅读，从书中汲取育儿经验；更要博采众长，汲取教育专家们的先进育儿理念，结合自己孩子的特点，因材施教，寻找适合孩子的育儿方法。站在巨人的肩膀上，且思且行，用智慧陪伴孩子成长。

父母先上岗，学点专业的知识，才能育儿有道。

我是一个妈妈，在教育女儿方面，我把女儿从一个普通的孩子，慢慢培养成优秀的学生，送她上本地最好的初中和高中，现在她考上了理想的大学，成为知书达礼、知

后　记

性善良的好姑娘。我着实花了很多的精力，也积累了很多宝贵的经验。

当好妈妈的同时，我也全力以赴地当个好老师。我的教学理念是：玩中学，学中玩，玩学两不误。我带领学生创建了班级微信公众号"二小豆巴燕舞""吴大师带班"、班级抖音号"吴大师教语文"，专门记录孩子的成长足迹。带上届学生的六年里，我们班开展了128个活动，以活动促成长，培养孩子良好的习惯和优秀的品质。带这届学生，我开展了为期三年的专注力训练，拍摄学生活动的短视频，每天发在班级抖音号上，流量最大时浏览量超44万，深受粉丝们的好评。

多年的积淀正如酒窖里经年酝酿的美酒，等待一次掀盖。

一次偶然的机会，我有幸认识了人生路上的"贵人"——杭州师范大学的心理学教授刘宣文。无意间聊起我当班主任时遇到过的学生教育和家庭教育培训中处理的案例，教授对我的案例非常感兴趣，说到过全国这么多地方讲学，很少碰到一线老师会用心理学理论解决问题，说我的案例很新颖，有实效，有创意。

浙江师范大学心理学教授王志寰也高度肯定了我们班三年来对学生进行的专注力训练、感统训练，认为是他见过的比较好的训练方法，建议我把内容写下来。

2021年6月，跟家里的作家表哥林热军和编剧表弟金国栋聊起此事，他们也觉得我做的事很有意义，鼓励我将做过的事用文字记录下来。因为说过的话终将不留痕迹，只有文字是永恒的。于是我鼓起勇气开始整理编写，写下亲历的家庭教育典型案例。这些案例帮助很多家庭化解了矛盾，缓和了亲子关系，挽救了很多的问题孩子，让他们重新获得学习自信，点燃了学习热情。

在养育女儿和教育学生双重责任的催生下，在亲人朋友们的鼓励引导下，我撰写了此书。这不仅仅是因为特殊身份赋予我的使命感，更是内心强烈的愿望驱动——希望自己能做个好妈妈，当个好老师，让家庭教育与学校教育联合，一起点亮孩子未来的星空，开启养育新模式，谱写教育新篇章。希望读者能从本书中获得育儿的知识和力量，走得更远更踏实。

参考书目

1. 《读懂孩子——心理学家实用教子宝典（6—12岁）》，边玉芳著，北京师范大学出版社2014年版
2. 《家有小学生：给烦恼父母的实用秘籍》，陈默著，上海教育出版社2017年版
3. 《图解家庭中的感觉统合训练：全彩图解实操版》，李俊平著，朝华出版社2018年版
4. 《亲子互动26问》，刘中良著，海南出版社2021年版
5. 《家庭教育指导专项职业能力资格培训教程——家庭教育指导（基础知识）》，浙江省家庭教育指导中心组编，浙江大学出版社2019年版
6. 《内在动机：自主掌控人生的力量》，[美] 爱德华·L.德西，理查德·弗拉斯特著，王正林译，机械工业出版社2020年版
7. 《看见孩子：洞察、共情与联结》，[美] 贝姬·肯尼迪，美同译，中信出版社2023年版
8. 《青春期的烦"脑"》，[美] 弗朗西斯·詹森，艾米·艾利斯·纳特著，王佳艺译，北京联合出版公司2017年版
9. 《正面管教：如何不惩罚、不娇纵地有效管教孩子》，[美] 简·尼尔森著，玉冰译，京华出版社2009年版
10. 《情绪聚焦疗法：原书第2版》，[加] 莱斯利·S.格林伯格著，周洪超，陈慧译，中国纺织出版社有限公司2023年版
11. 《聪明却混乱的孩子：利用"执行技能训练"提升孩子学习力和专注力》，[美] 佩格·道森，理查德·奎尔著，王正林译，机械工业出版社2020年版

你的育儿策略宝典

扫码领取

成为更好的父母 培养优秀的孩子

亲子智慧课
解育儿难题
增进亲子关系

"能力试炼场
测孩子能力
提升综合素养

养育知识库
学教育知识
成为优秀父母

图书在版编目（CIP）数据

听见孩子：一线名师给你育儿支招 / 吴海燕著.
杭州：浙江教育出版社，2024.9.—ISBN 978-7-5722-8609-4

Ⅰ.G782

中国国家版本馆CIP数据核字第2024C7L916号

听见孩子 —— 一线名师给你育儿支招
TINGJIAN HAIZI——YIXIAN MINGSHI GEINI YUER ZHIZHAO

吴海燕 著

责任编辑	胡凯莉
营销编辑	滕建红
美术编辑	钟吉菲
责任校对	刘姗姗
责任印务	吴梦菁
封面设计	林智广告
出版发行	浙江教育出版社
地　　址	杭州市环城北路177号
电　　话	0571-88909707
制　　版	浙江新华图文制作有限公司
印　　刷	浙江国广彩印有限公司
开　　本	710mm×1000mm　1/16
字　　数	310 000
印　　张	21
版　　次	2024年9月第1版
印　　次	2024年9月第1次印刷
书　　号	ISBN 978-7-5722-8609-4
定　　价	58.00元

版权所有　侵权必究

（如发现印、装质量问题，请与承印厂联系。电话：0571-85221677）